세계관과
기독교 선교
Worldview and Christian Mission

세계관과 기독교 선교
Worldview and Christian Mission

지은이 | 정우철
펴낸이 | 원성삼
표지 및 본문 디자인 | 한영애
펴낸곳 | 예영커뮤니케이션
초판 1쇄 발행 | 2021년 2월 5일
등록일 | 1992년 3월 1일 제2-1349호
주소 | 04018 서울시 마포구 동교로 55 2층(망원동, 남양빌딩)
전화 | (02)766-8931
팩스 | (02)766-8934
이메일 | jeyoung@chol.com
ISBN 979-11-89887-36-0 (93230)

값 16,000원

 모든 인간은 하나님의 형상을 닮은 존귀한 존재입니다. 사람은 인종, 민족, 피부색, 문화,
언어에 관계없이 모두 다 존귀합니다. 예영커뮤니케이션은 이러한 정신에 근거해 모든 인
간이 존귀한 삶을 사는 데 필요한 지식과 문화를 예수 그리스도의 사랑으로 보급함으로써 우리가 속
한 사회에 기여하고자 합니다.

세계관과 기독교 선교

정우철(Timothy W.C. Chung) 지음

Worldview and Christian Mission

주요 9개 세계관 개관과 평가 및
선교의 기본과 현대적 이슈들

An Overview and Evaluation of 9 Major Worldviews
and Basics and Contemporary Issues of Mission

예영

이한영 아세아연합신학대학교 구약학 교수 및 교목

인간은 세계관이라는 하나의 창을 통해 현실을 인식하며 살아간다. 따라서 인간의 사언행을 이해하는 데 있어서도 가장 필수적인 것 중 하나는 세계관의 이해라 할 수 있다.

본서의 저자는 아세아연합신학대학교 국제대학원에서 방문 교수로서 7년이 넘게 비교 세계관 등을 가르치는 사역을 잘 섬기고 계시는데, 이번에 이 책을 통하여 이렇게 중요한 세계관의 본질과 복잡한 구성 요소들이 무엇인지를 실제로 현존하는 아홉 개의 주요 세계관을 학문적으로 면밀히 비교 분석하여 일상적인 언어로 탁월하게 설명한다.

그러나 본서가 정말 특별하고 더욱 귀한 것은 세계관의 이해를 기독교 선교에 접목한 점과 본문을 한영 이중 언어로 기술한 데 있다. 본서를 통해 독자는 세계와 소통할 수 있는 기독교 세계관을 배우게 될 것이며 범지구적인 세계관을 이해함으로 복음적인 선교를 효과적으로 실행하는 데 도움을 얻게 될 것이다. 더 나아가 한영 이중 언어의 독서를 통해 타문화권의 세계관을 미리 경험하게 될 것이다.

글로벌 시대를 살고 있는 현시대에 본서는 신학생들과 목회자들과 선교사들은 물론이고 모두가 꼭 한 번은 읽어 봐야 하는 책임을 확신하며 본서를 강력히 추천한다.

송병현 백석대학교 신학대학원 구약학 교수,
"엑스포지멘터리" 주석 시리즈 저자

　이 시대를 살아가는 그리스도인에게 가장 절실하게 필요한 교육 중
한 가지를 꼽으라고 한다면, 주저없이 '세계관 교육'이라고 말할 수 있
다. 왜냐하면 그리스도인들이 하나님의 말씀으로 이 세상을 성경적으
로, 힘있게 살아내려면 반드시 필요한 것이 건강한 기독교적 세계관이
기 때문이다. 교회는 그동안 하나님의 자녀들이 주님의 말씀으로 이 세
상을 살아내는 실제적인 힘을 키워 주는 교육을 제공하지 못했다.

　저자가 말하는 것처럼 우리가 살고 있는 세상은 매우 다양한 세계관
으로 꽉 차 있다. 그렇기 때문에 하나님의 말씀으로 자신의 마음과 생각
을 끊임없이 점검하지 않고 돌아보지 않으면 세상이 말하는 대로, 세상
이 바라보는 대로 휩쓸려 살아갈 수밖에 없다. 더욱이 다양한 문화와 종
교가 공존하는 선교지에서는 그 위험성은 말로 다할 수가 없다.

　그렇기 때문에 그리스도인들과 선교지에서 하나님께 삶과 사역을 드
리기 원하는 사람은 하나님의 말씀에 대한 연구와 묵상뿐만 아니라, 세
계관 교육에 힘을 쏟아야만 한다. "지피지기면 백전백승"이라는 말이
있듯, 우리가 어떤 문화적 배경에 있고, 우리의 삶을 지배하는 세계관이
무엇인지를 이해할 수만 있다면, 하나님의 말씀을 보다 더 힘있게 살아
낼 수 있을 것이다. 그리고 우리의 삶은 그 자체로 복음의 통로가 될 것
이다.

　저자의 책은 바로 이런 점을 효과적으로 연구하고, 준비할 수 있도록
돕는 책이다. 다양한 문화 환경에서의 삶과 경험이 이 책에 잘 녹아 있
기 때문에, 이 책은 복음을 전하려는 사람들에게 큰 도움이 될 것이다.

　그동안 세계 곳곳에서 강의하며 수고한 저자의 노고가 책으로 출간
된 것을 진심으로 축하드리며, 이 책을 통해 많은 선교사들과 기독교 사

역자들이 세워지고, 그들을 통해 하나님의 나라가 확장되기를 간절히 소망한다.

김승호 전 OMF 일본선교사, 전 OMF 한국대표,
OMF DRM 한국리더, 일본선교네트워크 공동섬김이

우리가 잘 아는 말 가운데 '시행착오'란 단어가 있다. OMF의 전신인 중국내지회의 두 번째 총재였고 훌륭한 선교사였던 D. E. 호스트의 강연 모음집인 『내가 지도한다면』에 망치와 실톱 비유가 나온다. 어떤 사람은 망치와 같이 못을 잘 박는 은사가 있고, 어떤 사람은 실톱과 같아서 나무를 잘 자르는 은사가 있다. 이 두 사람은 서로 다름을 잘 알고 각자의 장점으로 약한 사람을 겸손히 섬겨 주고, 각자의 약점을 솔직히 인정하고 장점을 가진 사람에게 도움을 구할 필요가 있다. 우리가 선교사로서 이 점을 미리 알았더라면 많은 시행착오를 줄일 수가 있었으리라 생각한다.

선교에 있어 초창기에 언어와 문화 이해의 중요성은 아무리 강조해도 지나침이 없다. 그래서 건강한 선교 단체는 초임 선교사 첫 2년을 언어 진보와 문화 이해에 집중하게 한다. 그동안 이 중요한 문화와 세계관 이해를 쉽고도 구체적으로 할 수 있게 도움을 주는 적절한 안내서가 없어 주관적인 경험과 생각으로 시행착오를 해오며 늘 아쉬웠던 차에, 이번에 이 분야의 중요성을 누구보다 일찍 잘 아시고 아세아연합신학대학교(ACTS) 국제대학원에서 가르치시는 정우철 교수-장로님이 좋은 책을 출판하게 된 것을 감사하게 생각한다.

정 장로님은 평생을 국제 개발 전문가로서 그리고 미국의 트리니티

(Trinity) 신학대학원에서 신학을 공부하시고 국내외 신학교들과 OMF를 포함한 선교 기관들을 섬기시는 믿음의 사람이다.

이번에 신학대학원에서 가르치시는 강의안을 중심으로 한글과 영문을 병기하여 『세계관과 기독교 선교』라는 책을 출판하면서 추천을 의뢰하여서 원고를 차근히 읽어 보니 내용이 선교사들에게 매우 유익한 것임을 알게 되었다. 특히 문화와 종교 일반 및 아홉 개 세계관에 대한 평가와 전도적 함의를 구체적으로 나눈 점이 괄목하다. 선교는 일평생 배움과 성장을 요구한다. 초임뿐만 아니라 시니어에 이르기까지 모든 선교사가 최소 일독과 읽은 내용을 반복 습득하여서 시행착오를 최소화할 수 있기를 바라며 기쁨으로 강하게 추천드린다.

김동화 전 한국해외선교회(GMF) 대표,
전 성경번역선교회(GBT) 대표

저자는 오랫동안 국제 기관에서 일하면서 선교적 삶을 살아오신 분이다. 바쁜 중에도 하나님 말씀과 복음 증거에 관하여 공부하고 연구하는 일도 게을리하지 않았으며 청장년들에게 성경공부를 인도하여 말씀을 가르치는 일에도 힘써 왔다. 저자는 또한 한국OMF의 이사와 고문으로, STAR선교회 파송으로 아프리카 등지의 신학교에서 강사로 섬기면서 선교 현장에 대한 폭넓은 이해를 갖게 되었다.

이번에 출판하게 되는 『세계관과 기독교 선교』는 오랫동안 아시아개발은행의 경제 분야의 전문가로 일하면서 아시아의 여러 개발 도상 국가의 경제와 사회 개발 과제를 연구하고 경험하면서 다양한 문화와 종교를 접하게 되었고, 성경적 세계관이야말로 세상과 인간의 문제를 올

바르게 이해하게 하고 그 해결책을 제시한다는 점을 절실히 느끼면서 정리한 것이다. 저자는 현장 경험과 아울러 다양한 세계관에 대한 성경적 이해에 관해 가장 뛰어난 복음주의 신학자들로부터 배우고 연구하여 갖추게 된 탄탄한 이론을 바탕으로 빈틈없이 주제를 다루었다. 아울러 여러 나라의 대학과 신학교에서의 강의를 통해 잘 다듬어지고 검증된 내용을 담아 교재로 사용하기에 적합하게 되어 있다.

본인도 세계관에 관한 연구와 강의를 오랫동안 해 왔지만 이 책의 한글 번역을 감수하면서 많은 것을 배울 수 있어서 저자에게 깊이 감사하고 있다. 핵심을 짚어 주면서도 간결하고 이해하기 쉽게 되어 있는 이 책은 앞으로 타문화 사역자들은 물론이고 다양한 배경을 가진 사람들에게 복음을 변증하는 위치에 있는 모든 그리스도인에게 좋은 지침서가 될 것이다.

이용웅 열방선교네트워크 대표,
타이펠로우십교회 담임목사, GP 선교사

기독교는 오랜 선교 역사에 비해 힌두교와 불교 그리고 전통 종교가 자리 잡은 아시아권에서 한국을 제외하고는 그렇게 큰 효과를 보지 못했다. 그 원인은 다양하지만 서양 선교사들이 아시아인들의 세계관과 종교를 제대로 이해하지 못한 것도 중요한 이유로 본다. 아시아권 우리 한국 선교사들도 같은 문제에 봉착한다. 그래서 선교사는 선교지에서 언어를 배우는 것보다 문화를 배우기가 더 어렵다고 한다. 문화는 책을 통해서 간접 경험으로 배울 수 있지만 현장에서 배울 때에 가장 효과가 있다.

저자는 필리핀과 일본에서 아시아 개발 관련 일을 하면서 선교지 상황을 경험하였다. 그리고 미국에서 신학을 공부하면서 문화와 종교 그리고 세계관의 연관성을 연구하였다. 이 책에는 저자가 수년간 신학교 강의실에서 세계 각국의 학생들을 대상으로 비교 세계관과 아시아 지역 선교와 개발을 강의하면서 정리된 내용이 담겨 있다. 여기에 담긴 세계관과 선교의 방향은 우리 모두에게 유익한 방향을 제시해 주고 있다. 세계의 큰 종교를 포함한 아홉 개의 세계관을 분석하고 평가하면서 복음주의 신학에 맞는 상황화와 함께 그리스도인은 어떻게 살아야 하는지 언급하였다.

이 책은 성경에 초점을 맞추면서 이슬람의 부흥 그리고 포스트모더니즘이 더욱 팽배해져가는 이 세상에서 기독교 세계관의 우월성과 더 나아가 영적 전투에서 승리하기 위해 그리스도인들이 사회적 책임을 다할 것을 요청하고 있다. 전도와 선교의 목적은 개종이 아니라 회심에 있고 궁극적으로 개인과 사회의 변혁으로 나아가야 한다. 한국 교회는 130여 년의 짧은 기독교 역사에서도 놀라운 부흥을 경험했지만 아직도 유교와 전통 신앙의 잔재가 남아 있는 것으로 볼 수 있다. 코로나19 이후의 세계관은 더욱 혼돈스러울 것이다. 그런 점에서 이 책은 독자들에게 기독교 세계관의 핵심이 무엇인지 알려 주는 구심점 역할을 할 수 있을 것이다.

공베드로 한국OMF 대표, 전 OMF 캄보디아 선교사

정우철 교수님의 『세계관과 기독교 선교』 책이 나와서 너무 기쁘다. 한국OMF의 이사와 고문으로 섬겨 오는 약 12년이 되는 동안 타문화 선

교를 위한 신학교 강의와 선교지 신학 강의를 해 오면서 준비된 자료를 책으로 만들게 됐다. 그가 약 24년 동안 '아시아개발은행'에서 일하면서 타문화를 경험하고, 또 아시아 개발 도상 국가들의 경제, 사회 개발을 위한 선교적 관점을 문화와 종교의 관점과 세계관의 관점에서 연구하게 된 것이다. 이 책의 매력은 타문화 현장을 잘 이해하고 절대적 복음을 타문화 상황 속에 있는 사람들에게 효과적으로 전달하는 근간이 되는 것이다.

첫째, 타문화권에 복음을 전달할 때에 꼭 이해해야 할 주제이고 실제 현장에 실천할 영역인 '세계관'을 다루는 책이다. 타문화권의 선교 현장에서 복음을 전달하기 위해 항상 고민하며 직면하는 문제는 하나님을 대적하는 '세계관'에 대한 도전이다. 그래서 복음을 잘 전달하려면 먼저 선교지 사람을 이해하는 것이다. 그리고 그 현지 사람들이 입고 있는 문화의 옷, 또 문화를 형성해 온 종교적 뿌리와 전통 형식 등을 이해하는 것이다. 그러나 더 깊게 이해할 것은 종교와 문화의 옷을 입고 형성된 인간의 중심성을 주도하는 세계관이다. 그런데 이 책에서 이 문화 영역을 다루고, 기독교 세계관과 비교하여 이해하도록 세속 세계관, 이데올로기 세계관 및 각 이방 종교의 세계관을 다룬다. 타문화 선교에 관심 있는 자라면 누구나 그 매력과 유익을 가질 것이다.

둘째, 타문화권에서 창의적 접근 지역이나 제한 지역에서 혹은 열린 지역에서 사역하는 자일지라도 경제, 사회 개발을 할 때에 대질문들(big questions)을 통해 성경적 '가치 개발' 관점이 필요한데 이를 제시한 책이다. 성경의 진리인 복음이 문화라는 옷을 입고 전달되지만, 복음이 세속적이고 전통 종교적 가치관을 변화시키는 과정을 통해서 '사회, 경제 개발'이 성공한다. 이러한 변화 과정을 이해하도록 돕는 책이요, 사람들의 성경적 가치 개발을 통해 '온전한 사회, 경제 개발'을 돕는 데 기여할 책이 나와서 감사하다.

정우철 교수의 『세계관과 기독교 선교』 책이 타문화권 선교를 위한 교육과 훈련을 위해 책으로 탄생하게 되어 너무 기대가 된다.

Contents ——

목차 ——

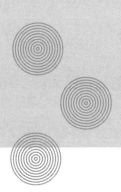

Part III. Christian Mission: Basics and Contemporary Issues

Worldview and Christian Mission

제3부 기독교 선교: 기본과 현대적 이슈들

Preface

It has already been 13 years since I started my so-called second life in Korea to which I returned upon retiring from my first life of 24 years as an international development banker working for the economic and social development of developing countries in Asia. The Lord God whom I have believed in since my early years has led me in His providence and plan to live a life of faith as a lay deacon and elder of Presbyterian and Inter-denominational churches in Seoul, Manila and Tokyo and to study theology and missiology at a theological seminary in the U.S. After letting me learn the tradition and theology of reformed and evangelical traditions of the Christian faith in the U.S., the Lord God led me back to Korea to engage in the ministry of teaching missiology and theology at several seminaries in Korea and abroad, and of serving two mission agencies in Korea. In addition to the blessing of life of faith serving two churches, He favored me with the joy of teaching at seminaries as a visiting professor or lecturer and as a volunteer missionary.

It has already been 7 years since I started teaching many MDiv candidate students from many countries in Asia and beyond as a visiting professor of comparative worldview, Asia regional studies, and mission and development at the Asian Center for Theological Studies and Mission (ACTS). His grace has also led me to serving for 12 years the mission agency, OMF Korea as a council member and an advisor, and for 7 years another mission agency, STAR, as a lecturer at seminaries and Bible colleges abroad. On the other hand, during my professional career of 24 years at the Asian Development Bank, He enabled me through research and field works to appreciate the

저자 서문

주님 하나님의 은혜 가운데 믿음 생활하며 국제 경제 개발 전문가로 아시아 개발 도상 국가들의 경제-사회 개발을 위해 24년간 열심히 일한 후 은퇴하고 한국으로 돌아와서 제2의 인생을 산 지도 어언 13년이 되었다. 어릴 때부터 믿어 온 주님 하나님은 저를 향한 계획과 섭리에 따라 서울과 마닐라, 동경에서 개신교 장로교와 초교파 교회의 평신도 집사와 장로로서 믿음 안에서 살고 섬기게 하시며 미국에서 신학을 공부하게 인도하여 주셨다. 복음주의적 믿음의 전통을 배우고 그 신학을 공부하게 한 후에 한국으로 돌아와서 국내외 신학교 학생들에게 선교학과 신학을 가르치는 사역과 국내의 두 선교회의 일꾼으로 섬기도록 불러 주셨다. 교회를 통한 일상의 믿음 생활 외에 신학대학원 방문 교수로서 그리고 자비량 선교사로서 섬기는 기쁨을 주셨다.

아세아연합신학대학교(ACTS) 국제대학원에서 방문 교수로서 세계 여러 나라에서 온 목회학 석사과정 학생들에게 비교 세계관과 아시아 지역학, 선교와 개발을 가르친 지도 어언 7년이 되었다. 한국OMF선교회의 이사와 고문으로 지난 12년간 섬기게 하셨고, STAR선교회의 파송 강사로서 해외의 세 개의 신학교 학생들을 가르친 지도 7년이 넘었다. 한편, 24년간의 아시아개발은행 업무를 통해서는 아시아 개발 도상 국가들의 경제-사회 개발의 과제와 도전을 연구하고 경험적으로 알게 하셨고, 다양한 문화 환경에서 선교 과제의 일부로서의 개발과 발전을 직

task and challenge of development of Asian developing countries, and to see the development of nations as part of the task of mission, which led me to understand cultures and religions as the context of mission.

Additionally, living in Manila (where Asian Development Bank, ADB's headquarters are) and Tokyo (where the bank's Japan Representative Office is) during my professional career at the bank and my field trips to many Asian countries, most of which were the frontiers of mission provided me with opportunities to meet with many missionaries from Korea and other countries. I especially thanked and prayed for Korean missionaries there for their ministries and dedication, and could see first-hand the difficult circumstances they were in and the challenges they faced. I could also see that while they exemplified enthusiasm for ministries and service, they had constraints in team works and in networking with missionaries from other countries, mainly caused by limited communication abilities in English, which is the common language among missionaries.

For my works at the churches, I was obliged to lead ministries of teaching the Bible to the young and adult groups, which led me to realize that I needed to study the Bible and how to interpret it appropriately. This eventually led me to study theology and mission at Trinity Evangelical Divinity School (TEDS), an evangelical seminary in the U.S. when I was in my late 50's. It was a blessing and joy to learn in-person from respected evangelical scholars and professors of TEDS, including Dr. Harold Netland, Dr. Craig Ott, and Dr. James Plueddemann about missiology (Christian apology, religion, culture, and contextualization of the gospel) as well as the evangelical theology proper. This learning and further reading of many good books and papers written by the professors enabled me to gradually establish my theology on gospel preaching in the context of contemporary religious relativism and on evangelism and mission in the midst of today's global multicultural world. One area of research I gave special efforts was the study of worldviews and their evaluation

접 보게 해 주심으로 선교의 환경으로 여러 문화와 종교를 접하게 하여 주셨다.

또한 아시아개발은행 본부가 소재한 필리핀 마닐라와 주일대표사무소가 있는 동경에서 살면서, 그리고 아시아 여러 나라의 선교 현장을 방문하면서 현지에서 사역하는 국내외 많은 선교사를 만날 수 있는 기회를 갖기도 하였다. 특히 한국 선교사들의 여러 사역과 헌신을 보고 감사하고 기도하게 하셨으며, 그들이 처한 열악한 환경과 도전들을 보게 되었다. 또한 대부분의 한국 선교사들 경우에 사역에 대한 열정과 섬김의 자세는 귀감이 되는데, 타국 출신 선교사들과의 팀워크나 네트워킹에서는 제약이 있음을 보게 되었고, 그 배경에는 선교사들 간의 공통 언어인 영어 능력의 제한이 있음을 보게 되었다.

교회에서는 주로 청년과 장년 성경공부를 인도하는 사역을 감당하면서 성경과 성경 해석을 위한 깊이 있는 공부가 필요함을 알고 50대 후반의 나이에 신학대학원에서 신학 공부를 하게 되었다. 미국의 트리니티 복음주의 신학대학원에 입학해서 복음주의 신학 기본 외에 선교학(기독교 논증, 종교, 문화, 복음의 상황화)을 복음주의 신학계의 정상급인 세 교수(해롤드 네트랜드[Dr. Harold Netland], 제임스 플루드만[Dr. James Plueddemann]과 크레이그 오트[Dr. Craig Ott])로부터 직접 배우는 복을 누리게 되었다.

이 배움과 졸업 후의 이 교수들의 저서들을 깊이 있게 읽음으로 종교 다원주의 하의 복음 증거와 국제화된 다문화 세계에서의 선교에 관한 제 신학을 세워 나가게 되었다.

특히 아직까지 국내외 선교학계에서 제대로 연구하지 않은 세계관

in particular, which in recent years did not draw much attention from scholars of religion and Christian mission. The results of this research became the main contents of the comparative worldview course I taught at ACTS. This and the teaching talents the Lord favored me with enabled me to teach students at International Graduate School of ACTS and another Bible college in Korea, as well as three Bible colleges abroad.

Having served in this ministry of teaching comparative worldview and mission theology for seven years so far, I have accumulated lecture notes amounting to about 130 pages in length. And it came to my mind that sharing the main contents of the evaluation of major worldviews and key basics of theology of mission with the church in Korea, especially current and future missionaries and seminary students, would be of good benefit to them. Previously I thought of publishing a survey and evaluation of major worldviews in the U.S., but came to realize that current and future missionaries and seminary students in Korea would be the priority readers. This prompted me to translate literally the lecture notes in English to Korean, which took some efforts and time. Upon completion of the translation, I asked for editing of the Korean translation to Missionary Dong Hwa Kim, former Executive Director, Global Missionary Fellowships, Inc. He gladly took up and completed the work of editing and gave me comments that the contents would be of good benefit to missionaries. This helped me decide to publish the contents in a book.

Meanwhile, in consideration of the need for Korean missionaries to communicate and network with missionaries from many other countries for ministries in the field, it was decided that a bilingual book with Korean and English editions shown on two pages in parallel be published. The Korean version was edited by a professional editor as well. It is probably the first bilingual book published for such contents. My humble wish in publishing such a book is for the prospective readers: 1) to read and study in two

평가에 대하여 깊이 있게 연구하게 되었고, 그 연구 결과가 제가 가르친 비교 세계관 과목의 주요 내용이 되었다. 주님이 주신 가르치는 은사와 이러한 연구가 바탕이 되어서 아세아연합신학대학원 국제대학원을 포함한 국내외의 다섯 개 신학교 학생들을 가르치게 되었다.

이 가르치는 사역을 지금까지 약 7년간 하면서 그동안 가르친 내용을 요약한 영문 강의 노트가 130쪽 정도 되었고, 그 주요 내용인 주요 세계관 평가와 선교 신학 핵심을 한국 교회에, 특히 선교사들과 선교 지망생들 및 신학생들에게 나누면 좋겠다는 생각이 들었다.

원래 세계관 평가에 관한 책을 미국에서 발행할까 생각도 하였지만 한국 선교사들과 선교 지망생들 및 신학생들을 대상으로 한국에서 발행하는 것이 우선적이라고 생각하게 되었다. 그래서 영문 강의 노트를 한글로 직역하기 시작하였고 번역 작업을 끝내고, 선교 신학을 잘 알고 평생 선교사로 섬기신 김동화 한국해외선교회(GMF) 전 대표의 교정을 받았으며 내용이 선교사들에게 많은 도움이 되겠다는 평을 듣고 책으로 출판하기로 마음을 먹게 되었다.

한편, 선교 현장에서 외국 선교사들과의 협력과 네트워킹이 필요한 한국 선교사들의 필요를 감안하여 책을 영문과 한글로 책의 양면에 가지런히 배열하는 바이링글로 출판하기로 정하고, 한국어 전공자로부터 번역문의 한글을 교정받게 되었다. 아마도 이러한 내용을 한글과 영어 두 언어로 책을 출간하는 것은 처음이 아닌가 생각한다. 개인적인 바람은 한국 선교사와 선교 지망자가 이 책을 한글과 영문으로 읽고 공부함으로 책의 주내용인 아홉 개 세계관의 개관과 평가, 세계관 전도 및 선교의 상황으로서의 문화와 종교, 이데올로기와 선교 신학의 핵심 주제

languages a survey and evaluation of the 9 major worldviews, worldview evangelism, culture, religion and ideology as the context of mission, and an evangelical perspective of key topics of mission theology, and 2) to understand these in two languages, helping them to communicate and collaborate with missionaries coming from other cultures and countries for ministries in the mission field.

Last but not least, my sincere thanks to Missionary Dong Hwa Kim, former Executive Director of mission agency, GMF who read the original Korean version of my rigid Korean writing and revised it into a better readable style, including more correct terms, and to the writer, Jung Hyun Kim, my niece and producer at Fuji TV in Tokyo who transformed my old-style writing and grammar into a readable current Korean. Proofreading of the final English version was done by Stephan, my son in New Jersey. His good proofreading made the version better readable and more consistent in contents, and I appreciate his good work. The manuscripts would not have been published in such a nice book without the decision to publish by President, Seong Sam Won and the professional editorial work of Jeyoung Communication. I appreciate such help by them, a good Christian publisher. Many thanks also to my wife, Eun Jung Kim, who has prayed for me and encouraged me, a slow and hesitant soul, to publish the book.

In conclusion, I prayerfully wish that the Lord gladly accept my small service through the book and that the book helps to better equip many current and future missionaries from Korea so that many of them will be sent to the ends of the earth to preach the good news of Christ Jesus to the multitude of lost souls, leading to the advancing of the kingdom of God on earth. Amen! Hallelujah!

Timothy W.C. Chung
Christmas 2020
Imaedong, Bundang, Korea

에 대한 복음주의 신학의 관점을 두 언어로 이해하고 소통하고, 나아가 다문화 환경의 선교 현장에서 전도와 여러 나라에서 온 선교사들과의 소통과 협력에 적용할 수 있게 되기를 기원한다.

마지막으로, 한글 번역본을 깊이 있게 읽고 좋은 한국어로 교정하여 주신 한국해외선교회의 전 대표 김동화 선교사님과 딱딱한 구식의 한글 번역을 현대어로 부드럽고 정확하게 교정하여 준 동경 후지TV의 조카 김정현 작가에게 깊은 감사의 마음을 전한다.

최종 영문판의 교정은 뉴저지에 있는 아들 스데반이 해 주었는데, 그의 좋은 교정은 판을 더 읽기 좋은 영어로 그리고 내용을 더 일관성 있게 다듬어 주었다. 그에게 고마움을 표한다.

예영커뮤니케이션의 원성삼 대표님의 출판 결정과 편집부의 전문적인 도움이 없었으면 이런 좋은 모습의 책으로 출판되지 못하였을 것이다. 좋은 믿음의 출판사의 전문가적 조언과 도움에 깊은 감사를 드린다.

또한, 민첩하지 못한 사람이 이 책을 집필하고 번역해서 출판하도록 여러모로 도와 주고 기도해 준 아내 김은정 권사에게도 감사의 마음을 전한다.

아무쪼록 이 책을 통한 제 조그만 헌신을 우리 주님께서 기꺼이 받아 주시고 이 책을 읽는 많은 한국인 선교사들과 선교 지망생들이 세상 끝까지 파송되어서 그리스도의 복음을 증거함으로 많은 잃어버린 영혼이 예수 그리스도의 복음을 믿어서 구원받고 하나님 나라가 더욱 힘있게 세워지기를 기원한다. 아멘! 할렐루야!

정 우 철
주후 2020년 성탄절
분당 이매동에서

제1부

세계관의 상황으로서
문화와 종교, 이데올로기

Part I.

Culture, Religion, and Ideology
as the Context of Worldview

I.

Culture, Religion, Ideology, and Worldview: Relationship between Them based on Culture Models

A. Culture: What is it? What is its construct?

The term culture has become a buzzword these days with many different users and meanings. What is culture then in its depth? In anthropology culture is defined as a human system of the patterns of learned beliefs and behaviors that order activities and practices, and set values and beliefs of a person or a group of people such as a tribe, group, nation or country.[1] It is one of the important elements shaping one's self-identity (together with common human nature and personality). Humans, both individually and collectively, are cultural beings. Understanding their cultures is one important way to understand who they are. That is why studying and understanding

---

1   (1) Paul Hiebert, 15-16

I.

문화, 종교, 사상과 세계관: 문화 모델에 근거한 연관성

A. 문화: 정의와 구성

문화라는 말은 요즘 많이 사용되는 유행어가 되었다. 그런데 그 의미
는 사용자에 따라 여러 가지 다른 의미로 사용된다.

그렇다면 문화의 깊은 의미는 무엇인가? (문화를 심층적으로 연구하는)
문화인류학에서는 문화를 개인이나 공동체(종족, 그룹, 나라)가 습득한 신
념과 행위의 시스템으로서 그들의 행동과 신념과 가치를 결정지어 주는
틀로 정의한다.[1]

문화는 또한 개인의 자기 정체성을 구성하는 중요한 요인들 중 하나
(공통의 인간성과 개성과 함께)이다. 개인이나 집단의 일원으로서 인간은 문
화적인 존재이다. 그러므로 문화를 이해하는 것은 그 문화에 속한 사람

---

1   (1) Paul Hiebert, 15-16

culture is an important part of the main task of theology.

Culture is of a 3-layer and a 5-level construct and of a dynamic nature.[2] The three-layer construct of culture consists of the external, middle, and bottom-layers. The external layer of culture is what is seen outside and comprises languages, symbols, behaviors, cultural products, etc. These are seen and often regarded as the representatives of a culture. The middle-layer of culture is what is below the external-layer and includes the values and beliefs of the culture. These are not seen outside but they are as important as those external because they are often behind them. The bottom-layer consists of the worldview of the culture. It is the core of the culture and impacts the values and beliefs of the middle-layer which in turn impacts the external-layer. Of course, the impact in reverse direction also holds. The 5-level construct of culture is based on the five different scopes of culture in the order of Individual culture, Group culture, Organizational culture, National culture, and Global/International culture with each having the 3-layer construct explained above. Researchers like G Hofstede who focused mostly on culture and international business gave priority to national culture in his researches. Meanwhile, evangelists or missionaries who are interested in conversion of people would focus more on national/tribal culture and individual culture.

Culture is changing as a dynamic organism. The direction of the change varies depending on different views of the matter. Some support Views of Convergence or of Divergence or of Co-existence

---

2   (1) Paul Hiebert, 25-27

들을 이해하는 중요한 방법 중 하나이다. 그러므로 문화를 공부하고 이해하는 것은 신학 과제의 중요한 부분을 차지한다.

문화는 3층과 5단계의 구조를 가지며 동태적인 성격을 가지고 있다.[2] 3층 구조는 표면층, 중간층 및 근저층으로 이루어져 있다.

문화의 표면층은 밖에서 보이는 층이며 언어, 형상, 행위 및 문화적 상품 등으로 구성된다. 이것은 보이는 것들이며 자주 문화를 대표한다.

중간층 문화는 표면층 밑에 있는 것으로 가치와 신념으로 구성된다. 이는 보이지는 않지만 보이는 문화의 뒤에 있기 때문에 표면 문화만큼이나 중요하다.

문화의 근저층은 그 문화의 세계관으로 구성된다. 이는 문화의 핵심 요인으로 중간층의 가치와 신념에 영향을 미치며 이는 다시 표면층의 요인들에 영향을 미친다. 물론 그 반대 방향으로도 영향을 미친다.

문화의 5단계는 문화의 다른 범위에 따른 것으로 개인 문화, 그룹 문화, 조직 문화, 나라/국가 문화 및 국제 문화로 구분되며, 이 각 단계의 문화는 각각 위에서 살펴본 3층 구조로 되어 있다. 문화와 국제 경영을 연구한 G. 호프스티드는 나라/국가 문화를 그의 연구의 우선 대상으로 하였다. 한편, 사람의 회심에 관심을 갖고 있는 전도자나 선교사는 나라나 종족 문화 혹은 개인 문화에 더 관심을 가지게 된다.

동태적 유기체인 문화는 변화한다. 그 변화의 방향은 이 문제를 보는 관점에 따라 다르다. 그 관점과 사람에 따라 동종화, 분리화, 공존화, 나

---

2 (1) Paul Hiebert, 25-27

or even of Hybridization.[3] It is also thought to be changing top-down or bottom-up.

B. Factors Changing Culture

Important factors lying behind the change of culture are such as the following. Family/social experience; private and public education, e.g. University education, international education; institutional/organizational work experience e.g. IBM culture; religious/spiritual experience, e.g. conversion to another religion. Family, social interactions and private-family education of a person tend to strengthen one's identity with the family-traditional culture. Other experiences such as a university education or international education/work experiences tend to lessen one's identity with the traditional culture and make one more open to other cultures and the change of culture.

C. Pervasiveness and Paradox of Culture

Edward T. Hall says, "there is not one aspect of human life that is not touched and altered by culture";[4] Samuel Huntington argues, in his "The clash of civilization" that despite the strong and pervasive influences of modernity and development, traditional cultures, particularly religious traditions do not recede but actually persevere and resurge.

---

3   (16) Craig Ott
4   (4) Edward Hall, 16-17

아가 잡종화(Hybridization)로 보게 된다.[3] 그리고 문화는 구성에 비추어 위에서 아래로 혹은 아래에서 위로 변화하는 것으로 볼 수 있다.

B. 문화 변화 요인

문화 변화의 이면에 있는 중요한 변화 요인들은 다음과 같다. 가정과 사회적 경험, 사립-공립 학교 교육(예를 들면, 대학 교육, 국제 교육, 기관-조직 업무 경험(IBM 조직 문화 경험)), 그리고 다른 종교로의 개종과 같은 종교-영적 경험 등이다.

가정 생활과 사회 교류 및 가정-사적 교육 등은 해당 개인의 전통문화 정체성을 강화하는 경향이 있고, 대학 교육과 국제 교육, 업무 경험과 같은 각기 다른 경험은 해당 개인의 전통문화 정체성을 낮추고 타문화와 문화의 변화에 대한 개방성을 더 높인다.

C. 문화의 편만성

문화인류학자 E. 홀은 "인간의 삶의 모든 영역 중 문화에 의해 영향을 받지 않은 영역은 하나도 없다."라고 말한다.[4]

그의 저서, 『문명의 충돌』(*The Clash of Civilizations and the Remaking of World Order*, 김영사 역간)에서 새뮤얼 헌팅턴은 근대주의와 경제 개발의 엄청난 영향에도 불구하고 전통문화, 특히 전통 종교의 영향은 사라지지 않고 오히려 존속하거나 되살아난다고 주장한다.

3　(16) Craig Ott

4　(4) Edward Hall, 16-17

D. The Paradox of Culture

God works in cultures and so his eternal Word is written in the Bible by culturally-shaped human authors in human languages which are important parts of cultures, but so does Satan to take humans away from the creator God through deceptions and fear. He deceives humans to believe that the idolatries of flesh, money, power, and success are the way to life. This is the paradox of culture. Therefore, the gospel needs to be witnessed and preached using culture as a vehicle on one hand, but on the other hand, the gospel also needs to transform a culture's wrong values and worldviews. This is done by what is called contextualization. Correct contextualization enables the gospel to be relevant in the context of the hearers' culture while keeping the core of the gospel uncompromised.[5] It is also premised on the truth that the gospel of Jesus is meta-cultural. Being the power of God, it transforms and goes beyond cultures.

E. Theology of Culture

- God of Bible takes culture seriously and sensitively for it is the identity and way of life of the humans He created and redeems
- God works in cultures: 1) Speaks to the humanity using their languages, an important part of culture, 2) Sent his only Son to the world in Jewish culture to save the world, 3) Has Holy Spirit work in cultures for redemption
- However, Satan also works in cultures taking humanity away from God by deceptions and idolatries; So any culture is of mixed

---

5   (14) Ott and Strauss, 267-270

D. 문화의 패러독스

하나님은 문화 속에서 일하신다. 그래서 그의 영원한 말씀은 특정한 문화 속에 살고 있는 인간 저자가 중요 문화 요인인 인간의 언어로써 성경으로 기록하였다. 그런데 사탄도 문화 속에서 일하는데 거짓과 두려움을 사용하여 인간을 창조주 하나님으로부터 멀어지게 한다. 사탄은 육체, 돈, 권력과 성공의 우상 추구가 인간을 생명의 길로 인도한다고 믿도록 인간을 속인다. 이것이 문화의 패러독스다. 그러므로 복음은 한편으로는 문화를 도구로 사용하여 증거되고 전파되어야 하지만, 다른 한편으로는 그 문화의 잘못된 가치들과 세계관을 변화시켜야 한다. 복음의 상황화가 이를 가능하게 해 준다. 올바른 복음의 상황화는 복음의 핵심은 그대로 보존하면서도 그 복음을 듣는 사람의 문화 상황 속에서 이해하고 받아들이도록 하는 것이다.[5] 이는 예수님의 복음은 문화를 변화시키고 초월한다는 것을 전제로 한다. 하나님의 능력인 복음은 문화를 변화시키고 초월한다.

E. 문화의 신학

■ 성경 하나님은 문화를 심각하게 그리고 섬세하게 사용하는데 그 이유는 문화는 그가 창조하고 구속하는 인간의 정체성이자 삶의 방법이기 때문이다.

■ 하나님은 문화 속에서 일하신다. 즉, 1) 인간에게 문화의 중요한 요소인 언어를 통해서 말씀하시고, 2) 세상을 구원하기 위해 그의 독생자를 세상의 문화 가운데 하나인 유대 문화 속으로 보내셨으며, 3) 성령이 문화 속에서 구속 사역을 하게 하신다.

---

5 (14) Ott and Strauss, 267-270

bag—Paradox of Culture

- While Gospel is preached in cultures, it is meta-cultural as well, having power to transform persons and their cultures; No culture is substitute for the gospel

F. Culture and Worldview

Worldview (WV), the core of culture, is itself over time formed and changed by the culture's religions, myths, symbols and traditions, and it also over time changes these (cf. 3-layer culture diagram + 5-level culture each with its 3-layer construct). Of these, traditional religion is the most important element impacting the WV. A great anthropologist Malinowski pointed out, "religion is not a cultural epiphenomenon, a cultural by-product, but a profound moral and social force, which gives the ultimate integration to human culture". He further said, "man lives religiously, he has certain conceptions of God, or of gods, of spirits, of magic and the supernatural, of life after death, and of moral norms". In other words, he is of the view that religion provides a basic framework to the WV of a particular culture. The view is consistent with the Christian experience of how Christian religion as epitomized by the Gospel of Jesus Christ transforms the WV of the convert from other religions.

Religions referred to so far should include folk or popular religions as well as formal ones. The former are religions of the common folks and for them these are of more importance in seeking solutions to their everyday life problems or existential problems.

■ 그러나 사탄 역시 문화 속에서 역사하는데 속임수와 우상 숭배를 통해서 인간을 하나님으로부터 멀리 떨어지게 한다. 그래서 모든 문화는 이중적인 내용을 가지고 있다. 이것이 문화의 패러독스다.

■ 복음은 문화 속에서 전파되지만 그 문화를 변화-초월한다. 이는 복음은 사람과 그의 문화를 변화시키는 능력을 가지고 있기 때문이다. 그 어떤 문화도 복음을 대체할 수 없다.

F. 문화와 세계관

문화의 핵심인 세계관(WV)은 시간의 흐름 속에서 그 문화의 종교, 신화, 상징과 전통에 의해 형성되고 변화되며, 시간의 흐름 속에서 이들을 변화시킨다(문화의 3층 구조와 5단계 구조 참조). 이들 중에서 전통 종교가 세계관에 가장 크게 영향을 미치는 요인이다. 유명한 인류학자 말리노스키는 "종교는 문화의 변두리 현상이나 부산물이 아니라 심오한 도덕적 사회적 힘으로서 인간 문화를 최종적으로 통합시킨다."라고 지적한 바 있다. 그는 나아가 "인간은 종교적으로 살며, 절대자 신 혹은 귀신, 영, 마술적 초자연의 힘, 사후 및 도덕 기준에 대한 개념을 가진다."라고 말하였다. 즉, 그의 견해는 전통 종교는 그 문화의 세계관의 기본틀을 제공한다는 것이다. 이 견해는 예수님의 복음으로 특징되는 기독교라는 종교가 경험하는 타종교로부터 기독교로 개종한 사람의 세계관이 변화되는 것에도 잘 나타난다.

지금까지 언급된 종교에는 공식 종교뿐만 아니라 민속 혹은 대중 종교도 포함되어 있다. 후자는 대중의 종교로서 이는 이들의 삶의 문제와 실존의 문제에 대한 해법을 찾는 데 공식 종교보다 더 중요한 것이다.

G. Worldview and Ideology

Culture and WV are also impacted by the dominant philosophies or political/economic ideologies of the time. Good examples of this include modernity and secular humanism as a modality of life and the world. Since science and development of modernity started in 16-17th century Europe (followed by the Enlightenment in 17-18th century), modernity or modernism bolstered by the scientific method combining rational and empirical methods has become the dominant WV of Europe and the West. Autonomy of humans or humanism, reason and science, development, progress and building a utopia on earth had become the catchphrase of the day until the 20th century. Then the two world wars and the break-down of communism suddenly put the brakes on this modernity WV.

However, developing countries in Asia, Africa and South America, eager to develop their countries and catch up with their former colonial masters, followed suit with the catchphrase of modernization of the father land. A good example is the national modernization drive in the 1960's and 70's in Korea under the leadership of President Park Chung Hee. For Koreans back then, modernization and its fruits of development and progress were like a religious mantra or dominant WV.

The WV of modernity is naturalism or materialism or secular humanism. Secularization started in earnest by the Enlighten movement in Europe in the 17-18th century has become the way and value of life for most countries on earth by now. Globalization and consumerism, an extension of the modernity WV, have become the new WV of late but we all know that these are not sustainable

G. 세계관과 이념

문화와 세계관은 시대의 사상 혹은 정치-경제 이데올로기에 의해서도 영향을 받는다. 이의 좋은 예가 인생과 세상 삶의 기준으로서 근대주의와 세속 인본주의 사상이다.

유럽에서 과학과 개발의 근대주의 사상(16-17세기)과 계몽주의 운동 (17-18세기)이 시작된 이후, 이성과 경험적 방법론(논리와 실험)에 근거한 과학적 방법론을 기둥으로 하는 근대주의는 유럽과 서구의 주류 세계관이 되었다. 인간의 자유-인본주의, 이성과 과학, 개발과 발전 그리고 지상 유토피아 건설은 20세기까지 늘 이야기하는 캐치프레이즈의 화두가 되었다. 그 후 두 번의 세계 대전과 공산주의 국가들의 몰락은 이 근대주의 세계관에 제동을 걸게 되었다.

그러나 식민주의 지배 국가들의 발전을 따라가기 위해 국가 발전을 원하던 아시아, 아프리카 및 남미의 개발 도상 국가들은 조국 근대화를 위하여 근대주의 세계관을 계속 견지하였다. 이의 좋은 예가 1960-70년대 한국에서 박정희 대통령 지도 하에 일어난 국가 근대화 운동이다. 당시 한국인들에게는 근대화와 개발과 발전이라는 가치는 신앙 수준에 버금가는 주된 세계관이었다.

근대주의의 세계관은 자연주의 혹은 물질주의이자 세속적 인본주의다. 17-18세기 유럽의 계몽주의 운동에 의해서 시작된 세속적 인본주의는 그 후 거의 모든 세계 여러 나라들의 삶의 방법과 가치가 되어 오늘에 이르고 있다. 최근에는 근대주의의 연장인 세계화와 소비주의가 세계인의 새로운 세계관이 되었지만 이는 내부의 제도적 결함으로 인하여 지속 가능하지 못하다는 것을 많은 사람이 안다.

because of their inherent drawbacks. On top of this, postmodernity as a reactionary alternative WV put a big question mark on all metaphysical narratives of modernity and has made an individual's subjective interpretation of reality, language, emotion, feeling and relationship more important. These result in confusion and conflict of WVs and values for most people, particularly the young people living in this 21st century.

H. Co-existence of Traditional Culture and Modernity

Despite the dominant influence of modernity, development, naturalism and secular humanism, researchers confirm the co-existence of traditional culture and WV and modernity-development. They claim that the latter does not replace the former, as believed by many until the mid-20th century, but rather co-exist with each other.[6] Easily replaced are external behaviors and symbols but not the underlying WV, and this has serious implications for conversion. That's why this age is called the glocal age, or the age of globalization and localization. Hence the importance of traditional culture and WV have not declined, despite the seemingly unstoppable influence of secular humanism and globalization.

How modernity-development-globalization drive in Asia and Africa has impacted cultures and WVs of these peoples is a question of great interest. What is the extent to which traditional culture and WV is being replaced by such new WV? How resistant is the traditional culture and WV to the onslaught of secularism

---

6   (6) Inglehart and Baker, 19-51

더 나아가, 근대주의 세계관에 대한 반동적 대안 세계관으로 대두된 포스트모더니티는 근대주의의 형이상학적 가르침 전체에 대하여 의문을 제기하며 그 대안으로 현실과 언어에 대한 개인의 주관적 해석과 개인의 감정, 느낌 및 관계를 중요시하게 만들었다. 이 사상은 대부분의 사람들, 특히 21세기의 젊은이들의 세계관과 가치 체계에 혼돈과 상충을 야기시키고 있다.

H. 전통문화와 근대주의의 공존

근대주의, 개발주의, 자연주의 및 세속적 인본주의의 압도적인 영향에도 불구하고 연구자들은 근대-발전주의의 문화와 세계관과 전통적 문화의 그것들은 공존한다는 것을 확인한다. 그들의 주장은 20세기 중반까지의 주류 생각처럼 전자가 후자를 대체하지 않고 같이 공존한다는 것이다.[6] 쉽게 대체되는 것은 외부의 행동과 상징들이지 그 근저에 있는 세계관이 아니라는 것인데, 이는 전도의 목적인 회심에 대하여 심대한 함의를 준다.

이상의 견해에 따라 현시대를 글로컬(glocal) 시대라 하는데 이는 세계화(globalization)와 전통화(localization)의 합성어이다. 이에 따라 어찌 보면 중단시킬 수 없어 보이는 세속적 인본주의와 세계화의 영향에도 불구하고 전통문화와 세계관의 중요성은 여전한 것으로 인정된다.

아시아와 아프리카의 근대화-개발-세계화 추구가 그들의 문화와 세계관에 어떤 영향을 미치고 있느냐는 것은 매우 흥미로운 질문이다. "그들의 전통문화와 세계관이 새로운 세계관에 의해서 어느 정도 대체되어가고 있는지?" "개발과 국제화가 가져다주는 세속적 인본주의와 돈의

---

6   (6) Inglehart and Baker, 19-51

and money brought about by development and globalization? This needs to be discussed further. In the end, what is necessary is the transformation of WVs of Asian and African peoples into the Christian WV by way of WV evangelism, because neither traditional WVs nor the modernity-development WV is sustainable nor provides answers to the broken hearts of humanity. They do not give salvation to the fallen hearts of Africans and Asians. A good example is the key point of my preaching to North Korean refugees in South Korea that "unless you are saved by Jesus Christ, your life is doomed to failure because the money and secular values success in South Korea gives you do not save you from the brokenness of your hearts and sins you are born into whose price is death" (Romans 6:23).

I. Culture and Religion: A Complex Relationship

Relation between culture, worldview, and religion in general is explained as above. Against this background, the close relation and differences between culture and religion are significant in the context of evangelism to peoples in other cultures and of inter-religious dialogues. According to the sociologist of religion Fenggang Yang, a religion is a unified system of beliefs and practices about life and the world relative to the supernatural that unites its believers or followers into a social organization or moral community.[7] For more effective evangelism to peoples following other religions and for meaningful dialogue with the religious others, understanding the following three points related to the

---

7   (10) Harold Netland, 2015, 27

공격 앞에 전통문화와 세계관은 얼마나 잘 버티는지?" 등은 더 많은 논의가 필요한 질문들이다. 결론적으로 말하자면, 정작 필요한 것은 세계관 전도로서 아시아와 아프리카 사람들의 세계관을 기독교 세계관으로 변화시키는 것이다. 왜냐하면, 그들의 전통적 세계관이나 근대주의-개발 세계관 둘 다 지속 불가능하며 인간의 타락한 마음을 고쳐줄 수 있는 대답이 아니기 때문이다. 이들은 아프리카와 아시아인들의 타락한 마음에 대하여 구원을 가져다주지 못한다. 이와 관련한 하나의 좋은 실례가 북한 탈북민을 대상으로 한 저자의 설교 키포인트, 즉 "예수 그리스도가 여러분을 구원하여 주지 않는 한 여러분의 인생은 실패로 끝날 수밖에 없습니다. 왜냐하면 남한에서의 성공이 가져다주는 돈과 세속적 가치가 여러분을 마음의 타락과 죽음으로 이르게 하는 죄로부터 구원하여 줄 수 없기 때문입니다."(롬 6:23)라는 말씀이다.

I. 문화와 종교: 복잡한 관계

문화와 세계관과 종교의 일반적 관계는 위에서 설명하였다. 이 일반적 관계를 배경으로 하여 그 관계를 좀 더 살펴보면 문화와 종교는 밀접한 관련성을 갖지만 또한 서로 다르다는 점을 알 수 있게 되는데, 이는 다른 문화의 사람들에 대한 전도와 종교간 대화 상황에서 매우 의미 있는 부분이다. 종교사회학자 펭강에 의하면 종교는 초월자를 중심으로 한 인생과 세계에 관한 믿음과 실행의 통합적 시스템이며, 이를 믿는 자들과 따르는 자들을 하나의 사회적 조직이나 도덕적 공동체로 통합하는 것이다.[7] 타종교 신봉자들에 대한 효과적 전도와 타종교인들과의 의미 있는 종교간 대화를 위해서 문화와 종교의 관계에 관련한 다음의 세 가

---

7   (10) Harold Netland, 2015, 27

relationship between the two is of profit. First, culture as a pattern of life of a people is a way of life and as such cultures are relative in that there are no better or worse cultures. Meanwhile, religions as explained above are not relative but their core beliefs, truth claims and worldviews about foundational questions of the world and life are often different and incompatible with each other.[8] Harold Netland says that a very legitimate criticism of nineteenth-century Western missionaries was their tendency to not distinguish the gospel from European or American cultures and to assume that becoming a disciple of Jesus Christ involved adopting Western culture as well.[9] Second, religion's scope of coverage is usually larger than that of culture. For example, Buddhism is a religion of many nations of South and Southeast Asia encompassing the many cultures of Sri Lanka, Myanmar, Thailand, China, Korea, and Japan. Third, however, it is common practice that people often take their religion and culture as more or less the same. Because of this practice, cultural baggage is usually laid on religions, making discussion of religions in an interreligious context very sensitive and difficult. Contrary to the common assumption, respected scholars of religion confirm that religions shaping up worldviews are not same as cultures.[10] For although religions are always culturally embedded, they also transcend cultures so that religion and culture are not interchangeable terms.

---

8   (10) Harold Netland, 2015, 36

9   (10) Harold Netland, 2015, 39

10   (10) Harld Netland, 36

지 포인트를 이해하는 것은 유익하다.

첫째, 공동체 사람들의 인생 패턴으로서의 문화는 살아가는 방법이기에 문화들은 상대적이고 우월하거나 열악한 문화가 있을 수 없다. 반면에 위에서 설명한 종교는 상대적이지 않으며 각 종교의 핵심적 믿음, 진리 주장과 세계와 인생의 근원적 질문에 관한 세계관이 서로 다른 경우가 많고, 양립할 수 없다.[8] 이와 관련하여 해롤드 네트랜드는 19세기 서양 선교사들의 실수를 지적한 것은 정당한 비판이라고 말한다. 즉, 그들은 복음(종교)을 유럽과 미국의 문화로부터 분리하지 않은 경향이 있었고 예수 그리스도의 제자가 되는 것은 서구 문화를 수용하는 것으로 잘못 가정한 것이다.[9]

둘째, 종교의 범위는 일반적으로 문화의 범위보다 넓다. 예를 들면, 불교는 남아시아와 동남아시아 여러 나라의 종교로서 스리랑카, 미얀마, 태국, 중국, 한국, 일본의 문화를 포함한다.

셋째, 그런데도 사람들은 그들의 종교와 문화를 대동소이한 것으로 보는 것이 일반적이다. 이 관행 때문에 종교에는 문화의 굴레가 씌워지며 이는 종교간 대화의 장에서 종교에 대한 논의를 민감하고 어렵게 만든다. 일반적 전제와 달리 존경 받는 종교학자들은 세계관을 형성하는 종교는 문화와는 다른 것이라고 확언한다.[10] 종교는 늘 문화의 틀 속에 있지만 그것은 또한 특정 문화들을 초월함으로써 종교와 문화는 동의어가 될 수 없기 때문이다.

아래에서는 문화의 기본에 관한 주요 내용을 요약한다. (더 자세한 내용은 참고 문헌 (26) 정우철, 2013을 참조하기 바란다.)

---

8 (10) Harold Netland, 2015, 36
9 (10) Harold Netland, 2015, 39
10 (10) Harld Netland, 36

- Basics of Culture drawn from a number of academic disciplines: anthropology, sociology, psychology, missiology, etc.
- Definition of culture based on anthropology:
  1) Different sets of beliefs and practices of a people (tribe; group; nation or country)
  2) A human system of the patterns of learned beliefs and behaviors that order activities of a group of people
- Culture is much more Complex and Dynamic than we generally know
- Culture constitutes the most important part of Self- identity to the extent of almost identical
- Culture is of 3-layer Construct
- External-layer Behaviors, middle-layer Values and bottom-layer Worldview are all inter-connected
- Worldview is largely formed by Religion, Myth, and dominant Ideology of the day
- Culture is also of 5-level construct: Individual C; Group C; Organizational C; National C; Global C with each having the 3-layer construct
- Culture as dynamic organism changes: There are three views on the change: Convergence View; Divergence View; Co-existence View
- Factors changing Culture: Family/social life; Private and public education; Institutional/organizational work; and Religious & Spiritual experience-conversion

- 다음의 학문 분야에서 인용된 문화의 기본: 인류학, 사회학, 심리학, 선교학 등.
- 인류학에 근거한 문화의 정의: 1) 동일 집단에 속한 사람들의 신념과 행동들의 조합(종족, 그룹, 나라)이며, 2) 한 그룹 사람들의 삶의 활동 순서를 정해 주는 신념과 행동의 틀로 구성된 인간의 시스템이다.
- 문화는 일반적으로 알려진 것보다 더 복잡하며 동태적이다.
- 문화는 인간의 정체성을 구성하는 요인들 중 가장 중요한 것으로 문화가 곧 정체성이라 해도 무방하다.
- 문화는 3층 구조이다.
- 표면층의 행동, 중간층의 가치들과 근저층의 세계관이며 이들은 서로 연결되어 있다.
- 세계관은 대부분 종교와 신화 및 시대의 대표적 이데올로기에 의해 형성된다.
- 문화는 또한 다음의 5단계로 구성되며 각 단계는 위의 3층 구조를 가진다: 개인 문화, 그룹 문화, 조직 문화, 나라/국가 문화 및 글로벌 문화.
- 동태적인 유기체인 문화는 변화하며 이 변화에 대해서는 세 가지 견해가 있다: 모든 문화가 비슷하게 된다, 다르게 된다, 공존하게 된다 라는 견해이다.
- 문화 변경 요소들: 가정-사회 생활, 사적-공적 교육 경험, 제도-조직 업무 경험 및 종교-영적 개종 경험.

- **Culture and Self-identity**

  ▪ Self-identity is formed by
  1) Common Human Nature
  2) Individual Personalities
  3) Culture
  ▪ Of these, Culture is
  predominantly
  important shaping up one's identity

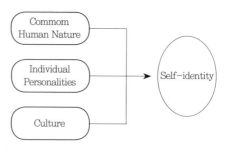

- **3–layer Construct of Culture**

  1) External-layer:
     Cultural products, Behaviors,
     Language, Symbols, Rituals
  2) Middle-layer: Values and Beliefs
  3) Bottom-layer: Worldview
  ▪ Only 1) layer is seen
  while 2) and 3) layers are unseen
  but equally important

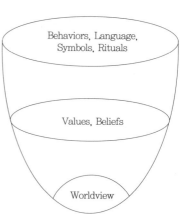

- **Foundations of Worldview**

  ▪ Bottom-layer Worldview
    is shaped up by:
  1) Religion
  2) Myths
  3) Dominant Ideology
  ▪ Of these 1) Religion
  and 3) Ideology are

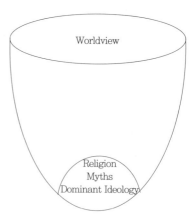

● **문화와 개인 정체성**

▪ 개인 정체성은

1) 공통의 인간성,

2) 개인의 성격,

3) 문화로 구성되며,

▪ 이 중 문화가

　개인의 정체성에 가장 결정적인 영향을 미친다.

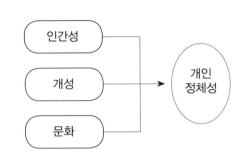

● **문화의 3층 구조**

1) 표면층: 문화 산물, 행동,

　언어, 상징, 예식,

2) 중간층: 가치와 신념,

3) 근저층: 세계관으로 구성되며,

　표면층만 보이고 중간층과

　근저층은 보이지 않지만

　똑같이 중요하다.

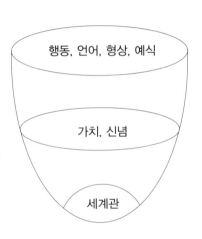

● **세계관의 근저**

▪ 근저층의 세계관은

1) 종교, 2) 신화, 3) 시대의

주 이데올로기에 의해 형성된다.

▪ 이 중에서 1) 종교와

3) 시대 이데올로기가

　세계관에 영향을 미치는

　보다 중요한 요소이다.

more important elements impacting Worldview

- External-layer Culture such as Cultural Products, Behaviors, Symbols, Rituals are more eye-catching but they are driven by:

1) Values and Beliefs of the middle-layer culture, and

2) Worldview of the bottom-layer culture

- Hence, Cultural Characteristics of a People or Nation are driven by Values and Worldviews of the People or the Nation

- Therefore, one needs to focus more on Values and Worldviews of Religions and Ideologies to understand Cultural Characteristics of any tribe, people or nation

- 표면층 문화에 속하는 문화 산물, 행동, 상징 및 예식이 더 눈에 띄지만 이들은 1) 중간층의 가치 및 신념과 2) 근저층의 세계관에 의해 결정된다.
- 따라서 사람들이나 나라의 문화적 특성은 그들의 가치와 세계관에 의해 결정된다.
- 그러므로 종족, 사람들이나 나라의 문화적 특성을 이해하려면 그들의 종교와 이데올로기가 가르치는 가치와 세계관에 관심을 기울여야 한다.

제2부

세계관의 간략 소개와 아홉 개 주요 세계관의 개관 및 평가

Part II.

A Brief Introduction to Worldview and an Overview & Evaluation of Nine Major Worldviews

II.

Worldview:
Definition, Traditions, and Significance

- Romans 1:16. For I am not ashamed of the gospel, for it is the power of God for salvation to everyone who believes —

- John 1:4–5, In him was life, and that life was the light of men. The light shines in the darkness, and the darkness has not overcome it.

- Ephesians 6:10–12, Finally, be strong in the Lord and in the strength of his might. Put on the full armor of God, that you may be able to stand against the schemes of the devil. For we do not wrestle against flesh and blood, but against the rulers, against the authorities, against the cosmic powers over the present darkness, against the spiritual forces of evil in the heavenly places.

II.

세계관:
정의, 전통 및 중요성

성경 요절

● **로마서 1:16**, 내가 복음을 부끄러워하지 아니하노니 이 복음은 모든 믿는 자에게 구원을 주시는 하나님의 능력이 됨이라

● **요한복음 1:4-5**, 그 안에 생명이 있었으니 이 생명은 사람들의 빛이라 빛이 어둠에 비치되 어둠이 깨닫지 못하더라

● **에베소서 6:10-12**, 끝으로 너희가 주 안에서와 그 힘의 능력으로 강건하여지고 마귀의 간계를 능히 대적하기 위하여 하나님의 전신 갑주를 입으라 우리의 씨름은 혈과 육을 상대하는 것이 아니요 통 치자들과 권세들과 이 어둠의 세상 주관자들과 하늘에 있는 악의 영들을 상대함이라

A. Definition of Worldview

Worldview can be defined in several ways, as follows.

1. A Set of foundational presuppositions and beliefs (may be true, partially true or entirely false) which one holds (consciously or subconsciously, consistently or inconsistently) about the basic makeup of our world, or reality.[11] Being a set or system of presuppositions, WV addresses foundational questions related to theism, humanism, life after death, questions of right or wrong, and meaning of life and history, and others. These are often listed as the seven foundational questions.[12]

2. A frame of reference that one holds true and lives by and through which one sees the world. It's a special pair of lenses that one wears to see the world; a comprehensive conception of the world from a specific perspective. Examples: Christian worldview, Naturalistic worldview, Post-modern worldview, Confucian worldview, Hindu worldview, or Islamic worldview, Socialist worldview and so on.

3. The foundational assumptions and frameworks one or a group of people makes about the nature of reality which they use to order their lives.[13] They constitute the core level of culture below the level of beliefs and values and below the external level of behaviors and symbols (cf. culture model).

---

11   (1) Hiebert, 2008, 25

12   (5) Sire, 18-24

13   (1) Hiebert, 25-26

A. 세계관의 정의

세계관은 다음의 몇 가지로 정의할 수 있다.

1. 세계와 현실의 기본 구성에 관하여 가지고 있는(의식적이든 무의식이든, 일관되게 혹은 그렇지 않든) 근원적 가정들과 신념들(진실이든 부분적 진실이든 혹은 거짓이든)의 한 집합이다.[11] 이러한 가정들의 집합인 세계관은 신과 영, 인간, 사후 세계, 선과 악의 문제, 삶과 역사의 의미 등에 관한 근본적인 질문에 대한 대답을 제공한다. 이것을 흔히 일곱 개의 근본적인 질문이라 한다.[12]

2. 한 사람이 진리로 믿고 살아가고 그것을 통하여 세상을 보는 참조 프레임이다. 그가 세상을 볼 때 쓰는 특별한 안경이며 세상 전체를 인지하는 특정한 관점이다. 예를 들면, 기독교 세계관, 자연주의 세계관, 포스트모더니티 세계관, 유교 세계관, 힌두 세계관, 이슬람 세계관, 사회주의 세계관 등이 그것이다.

3. 자기 삶의 질서를 정하기 위해 한 사람 혹은 그룹이 현실의 내용에 대하여 가지는 근원적 가정과 프레임이다.[13] 이들이 문화의 근저층 혹은 핵심층을 구성하며, 이층은 신념과 가치의 중간층과 행동과 상징의 표면층의 아래에 있다. (문화 구성 참조)

---

11 (1) Hiebert, 2008, 25

12 (5) Sire, 18-24

13 (1) Hiebert, 25-26

- A Set of Foundational Pre-suppositions and Beliefs one holds about basic Makeup of Reality-World, God-Spiritual world, Life, etc. usually shared by a group of people
- A Set of Answers to Big Questions of World and Life
- A Frame of Reference one holds true and live by and through which one sees the world
- A special pair of lens one wears to see the world; e.g. Confucian WV, Buddhist WV, Animist WV, Christian WV
- Hence, WV determines one's view, attitude, and moral of the world, life, and happiness

B. Traditions of Worldview

Ever since German Enlightenment philosopher, Immanuel Kant used the term, Weltanschauung in 1790, the concept of Worldview has been used by many other thinkers with nuanced approaches (e.g. Kant=rationalist; Dilthey=relativism and historicism, both under modernity culture), but it has been about the comprehension of reality or the world. Hence, it is broader than either philosophy or science.

By the early 20th century, worldview as such concept has been widely accepted by most academic disciplines. Despite some dangers (like intellectualization or relativization of the Gospel), James Orr and Abraham Kuyper used in early 20th century the concept

- 현실-세계, 신-영계, 삶 등의 기본적 구성에 관하여 한 사람이 가지는 근원적 전제들과 신념들의 집합체로서 대체로 소속 그룹의 사람들과 공유하는 것, 혹은
- 세상과 삶에 관한 거대 질문들에 대한 대답들의 집합이다.
- 한 사람이 진리라고 믿고 그에 따라 살아 가고 세상을 보는 참조 프레임이다.
- 세상을 볼 때 쓰는 특별한 안경과 같은 것이다. 예를 들면, 유교 세계관, 불교 세계관, 정령주의 세계관, 부족 세계관, 기독교 세계관 같은 것이다.
- 따라서, 한 사람의 세상과 인생과 행복에 관한 관점, 태도와 도덕 기준이 그의 세계관에 의해 결정된다.

B. 세계관의 전통

독일의 계몽주의 철학자 임마누엘 칸트(Immanuel Kant)가 1790년에 독일어로 'Weltanschauung'이라는 세계관 용어를 사용한 이후에 세계관이라는 개념은 다른 많은 철학자에 의해 각기 다른 접근으로 사용되어 왔다. (예를 들면, 같은 근대 문화의 틀에 속해 있지만, 칸트는 이성주의자로서 사용했고, 딜타이(Dilthey)는 상대주의 혹은 역사주의 관점에서 사용했다.) 그러나 세계관은 공통적으로 현실 혹은 세계에 대한 기본적인 이해로 사용되고 있다. 따라서 그것은 철학이나 과학보다 더 넓은 개념이다.

이로써 세계관은 20세기 초에 와서는 거의 모든 학문 분야에서 수용되었다. 일부 위험(과도한 학문화나 복음의 상대화 등)에도 불구하고 제임스 오어(James Orr)와 아브라함 카이퍼(Abraham Kuyper)는 20세기 초에 세

for Christian thought.[14] They used the Christian worldview, as a comprehensive outlook or perspective of the world, to counter the post-Enlightenment or modernity culture which started dominating the world of ideas.

C. Why Worldview Matters?

The current age of post-modernity has the following value characteristics: cultural/religious relativism, fragmentation and lack of values, secularism, consumerism, globalization and localization of cultures. Hence it is often called the glocal age. The spirit of our age seems all for fun and for good feeling, all is up to subjective interpretation, anything practical goes, but not for truth or the mega-story consistent with the worldview of postmodernity. Against this background, no worldview nor Christian worldview are accepted as true.

Competition for prominence or Spiritual war by competing idolatrous worldviews (money, power, sex, etc.) (Eph 6:10-12) is another reason for why worldview matters. Even within the church many are partial Christians, NOT genuine converts whose inner two layers of self—values and worldviews—are converted to those of Christian. Most are seekers of the prosperity gospel in accord with secular worldviews.

Amid these secular worldviews, many Christians do not perceive their faith as a comprehensive worldview that sees the world better than any other competing worldviews. For example, a national survey by Barna Research in the U.S. in 2009 found only 19% of

---

14 (12) Goheen and Bartholomew, 14

계관을 기독교 사상의 개념으로 사용하였다.[14] 그들은 세계에 관한 총체적 견해 혹은 관점으로서 기독교 세계관을 전 세계 사상계를 지배하는 계몽주의 이후의 근대주의 문화에 대한 대안으로 사용하였다.

C. 세계관이 왜 중요한가?

현시대의 사조인 포스트모더니티는 다음과 같은 가치적 특성을 가진다. 즉, 문화-종교의 상대주의, 가치의 파편화 혹은 결여, 세속주의, 소비주의와 문화의 세계화와 지역화이다. 그래서 이 시대는 자주 글로컬(glocal) 시대라고 불리어진다. 우리의 현시대정신이 추구하는 것은 진리나 형이상학적 거대 담론이 아니라 포스트모더니티 세계관에 따라 재미있는 모든 것, 좋은 감정을 주는 모든 것, 주관적 해석에 따르고 실용성이 있는 모든 것이다. 이러한 시대정신에 따라 어떤 세계관이나 기독교 세계관도 진리로서 수용하지 않는다.

현 세상의 지배적 위치에 있는 돈, 권력, 성적 쾌락 등 우상 숭배 세계관에 대한 영적 전투를 위하여 필요한 것이 올바른 세계관이라는 것이 또 하나의 이유이다(엡 6:10-12). 교회 내에서조차 자아를 구성하는 내면의 두 층의 가치와 세계관이 변화된 진정한 회심자보다는 겉모습만 달라진 부분적 크리스천이 많다. 대부분이 세속 가치관에 따라 번영 복음을 따르는 사람들이다.

이러한 세속적 가치관에 물들어 있는 많은 크리스천은 그들의 믿음이 다른 경쟁적 세계관보다 세상을 더 잘 보게 해 주는 총체적 세계관이라는 것을 인지하지 못한다. 예를 들면, 미국에서 2009년에 실시한 바나(Barna) 연구 기관의 조사에 의하면 자기 자신을 거듭난 크리스천으로

---

14   (12) Goheen and Bartholomew, 14

Christian adults who identify themselves as "born-again" Christians hold to a Biblical worldview.[15] The survey further confirmed that this ratio has remained almost the same since 1995 when it was started. In a broader context, what this means is that most Christians either subsume biblical worldview within the modernity or postmodernity worldview, or fuse together with these two worldviews which is none other than syncretism. This is what Lesslie Newbigin believed had happened to the Western Christian church when he returned to the UK after he spent forty years in India as a missionary.[16] Most Christians worldwide take their faith not as a comprehensive worldview but something good and nice; Postmodernity worldview and focus of most evangelism crusades are some to blame for this. In addition, some Christian thinkers like Francis Schaeffer and James Sire believe that the church has completely failed in recent decades to have Christians understand Christianity as a comprehensive worldview which is better able to comprehend the world and to remedy the fallen world than any other WV, let alone have them live it out in their daily lives.

A critically important challenge to the church is therefore to teach the biblical worldview and transform the WVs of unbelievers as well as many nominal Christians into Christian WV or Gospel WV. Without that one will not be transformed from old self/ flesh/ person to an eternal life/ new person/ person born from above/ disciple of Jesus/ child of God whose whole person is transformed

---

15 Results of a Barna Research survey conducted in 2009 which is available at https://www.barna.com/research/

16 (12) Goheen and Bartholomew, 9

자처하는 미국의 성인 크리스천 중 19%만이 성경적 세계관을 견지한다고 하였다.[15] 이 조사는 추가로, 이 비율은 1995년 조사가 시작된 이후 거의 동일한 수준으로 유지된다는 것을 확인하였다. 이를 보다 큰 맥락에서 보면, 이 현상은 대부분의 크리스천들은 성경 세계관을 근대주의 세계관이나 포스트모더니티 세계관의 일부로 치부하던가 아니면 이 두 세계관과 뒤섞인 혼합주의 세계관을 가짐을 의미한다. 이것이 인도 선교사로 40년을 섬기고 본국인 영국으로 돌아온 레슬리 뉴비긴(Lesslie Newbigin)이 서구 기독 교회에 그간 생긴 일이 아닌가 믿게 된 점이다.[16] 전 세계 대부분의 크리스천들은 그들의 믿음을 총체적 세계관이 아니라 좋고 아름다운 것 정도로 받아들인다. 이런 현상을 야기시킨 책임의 일부는 포스트모더니티 세계관과 일시적인 감정 변화에 중점을 둔 많은 전도 집회에 있다고 볼 수 있다. 추가적으로, 프란시스 쉐퍼(Francis Schaeffer)나 제임스 사이어(James Sire) 같은 크리스천 사상가들은 최근 수십 년간 기독 교회는 세계관으로 기독교가 세상을 파악하고 타락한 세상을 올바르게 변화시키는 데 있어서 다른 어떤 세계관보다 더 우월하다는 것을 매일의 삶으로 살아내는 것은 고사하고 그렇게 가르치는 일에 있어서조차 완전히 실패하였다고 믿는다.

그러므로 세계 교회의 결정적인 도전은 많은 명목상 크리스천뿐만 아니라 불신자들에 대하여 성경 세계관을 가르치고 그 세계관에 의해 그들이 변화하도록 하는 것이다. 이러한 변화 없이는 아무도 옛날 육의 사람에서 변화하여 복음의 권능으로 영원한 생명을 소유한 새 사람, 위로부터 난 자, 예수님의 제자와 하나님의 자녀가 될 수 없다(요 3:16,

---

15 2009년에 실시된 조사 결과로서 보다 자세한 내용은 http://www.barna.com/research/ 에 있다.

16 (12) Goheen and Bartholomew, 9

as a result of transformation of one's old self by the power of the gospel. (John 3:16, 8:31-32; 1:12-13; Matthew 5:9) This is the result of genuine conversion (John 3:3, 5; Titus 3:3-7) plus sanctification (Ephesians 4:13-15). Recent research confirms that participation in rituals like living worship is instrumental to transforming WVs of the worshippers.[17]

Theology and Culture-Worldview

- Why Culture? Because to study and understand Culture is 1) an important part of the main task of Theology as we saw above, 2) necessary to understand humans in depth
- Why Worldview? Because Worldview is the Core of Culture

D. Personal Questions on Worldview

Do you have a worldview? If so, is it a Christian worldview or a traditional worldview of your family or postmodernity worldview of this age? If you think you do not have a worldview, why not? Does it really mean that you do not have a worldview? In most cases, people have their worldviews subconsciously even though they do not acknowledge them.

Do you realize that Christian gospel is indeed a comprehensive worldview?

Do you believe the supremacy of the Christian WV?

Do you use a Christian worldview as a valuable tool to embody the comprehensive values of the gospel into the culture of the world and to evangelize unbelievers?

---

17 (1) Hiebert, 322-324

8:31-32; 마 5:9). 이는 진정한 회심의 결과이며(요 3:3, 5; 딛 3:3-7) 성화의 열매이다(엡 4:13-15). 근래의 연구는 살아 있는 예배와 같은 예식에 참여하는 것이 예배자의 세계관을 변화시키는 데 좋은 방법이 된다는 것을 확인한다.[17]

- 왜 문화 공부를? 왜냐하면 문화를 공부하고 이해하는 것이 1) 앞서 본 대로 신학의 주 과제의 일부이며, 2) 사람을 깊이 있게 이해하는 데 필요하기 때문이다.
- 왜 세계관 공부를? 왜냐하면 세계관은 문화의 핵심이기 때문이다.

D. 세계관과 관련한 개인적 질문

당신은 세계관을 가지고 있습니까? 그렇다면, 그 세계관은 기독교 세계관입니까, 집안의 전통 세계관입니까, 아니면 이 시대 포스트모더니티 세계관입니까?

만약 세계관이 없다면, 왜 없으십니까? 진정 세계관이 없다는 말입니까? 대부분의 경우 사람들은 인지하지는 못하지만 무의식 중에 세계관을 가지고 있습니다.

기독교 복음은 진정 총체적 세계관이라는 것을 인지하십니까?

당신은 기독교 세계관이 가장 우월한 세계관이라는 것을 믿습니까?

당신은 기독교 세계관을 또한 복음의 총체적 가치들로 세상의 문화에 적용하여서 불신자를 전도하는 데 귀한 도구로 사용하십니까?

---

17 (1) Hiebert, 322-324

III.

Religious Symbols and Worldview

A. Introduction

Anthropologist Mircea Eliade, a pioneer of research into religious symbols, said religious symbols represent a modality of the world for the people concerned. In other words, religious symbols are manifestations of the WVs.[18] Following this, scholars are of the view that by studying religious symbols carefully one can comprehend the religion or the WV at a deeper level. That is why anthropologists, linguists and cultural missiologists take a good look at religious symbols of a culture in order to comprehend the WV of the culture. They believe that because these symbolize transcendental meanings and values these manifest a priori presuppositions of the world cognitively, affectively and volitionally.[19] Thus

---

18 (7) Mircea Eliade, 51

19 (22) Steve Moon, 125

III.

종교적 상징들과 세계관

A. 도입

종교 상징물 연구 분야의 개척자인 인류학자 머시 엘리에이드는 종교 상징물은 해당 종교에 속한 사람들이 이해하고 있는 세계의 양태를 보여 준다고 하였다. 다른 말로 하면, 이는 종교 상징물은 그 사람들의 세계관의 표현이라는 것이다.[18] 이에 따라 학자들은 종교 상징물을 제대로 공부하면 종교나 세계관을 깊이 있게 알게 된다고 생각한다. 그것이 인류학자와 언어학자 및 문화선교학자들이 어떤 문화의 세계관을 알기 위하여 문화 상징물을 자세히 들여다보는 이유가 된다. 그들은 문화 상징물이 초월적 의미와 가치를 상징하기 때문에 그것들은 세상에 대한 지적, 감정적, 의지적인 근원적 전제들을 보여 준다고 믿는다.[19] 따라서

---

18 (7) Mircea Eliade, 51

19 (22) Steve Moon, 125

religious symbols are regarded as a reliable connection to WVs of the cultures. To understand the WV of common people, religious symbols of folk religion (believed to be more effective for solutions to existential problems) these people worship or carry are of more relevance. (The three most important existential questions are i) misfortune/ accidents/illness/sufferings, ii) ignorance of destiny of life beyond death, and iii) evil and unrighteousness of the world.)

B. Types of Religious Symbols

Religious symbols broadly comprise those of visual-spatial and aural-narrative natures, and integrative symbols such as rituals and myths.

These combine both visual-spatial and aural-narrative symbols and hence are called integrative symbols. Rituals can include worships, prayers and songs, baptism, holy communion, transition rites like marriage and funeral, etc. and mythical rituals. For example, Christian worship service is a good example of an integrative symbol. It consists of both kinds of symbols through which Christians pray and sing to their God, hear his word telling them who he is, who the worshipers are and what life is about, among others. It also includes visual-spatial symbols signifying those referred to by aural-narrative symbols. These of course represent their presuppositions on God, humans, world and life. Myths comprise the narratives of such foundational realities of gods, humanity, origins of the world, etc. and as such they provide clues to the culture's conceptions of the world.

Religions referred to so far should include folk or popular

종교 상징물은 해당 문화의 세계관에 대하여 믿을 만한 연결 고리로 여겨진다.

보통 사람들의 세계관을 알기 위해서는 그들의 인생 실존의 문제를 더 효과적으로 해결해 준다고 믿고 빌거나 소지하는 민속 종교의 상징물에 대한 연구가 더 중요하다. (가장 중요한 인생의 실존적 질문은 i) 불행-사고-병-고통, ii) 죽음 너머의 운명에 대한 무지, 및 iii) 세상의 악과 불의이다.)

B. 종교적 상징들의 종류

종교 상징물들은 대개 시각적인 것, 청각-언어적인 것과 예식이나 신화와 같은 통합적인 것들로 구성된다.

통합적인 것은 시각적 상징과 청각-언어적 상징들을 통합한 것이기에 통합적 상징이라 한다. 예식은 예배, 기도, 노래, 세례, 성만찬, 결혼과 장례 등 통과 예식과 신화적 예식을 포함한다. 예를 들면, 기독교 예배는 통합적 상징의 좋은 예가 된다.

예배 예식은 상기 두 상징들을 통합하여 사용함으로 예배 참여자들이 하나님에 대하여 기도하고 찬양하며, 그가 누구인지, 예배자가 누구인지 인생이 무엇인지 등에 대하여 이야기하는 하나님의 말씀을 듣는다. 그리고 예배 예식은 위의 청각-언어적 상징들이 나타내는 시각적 상징들을 포함한다. 이것들은 물론 하나님, 인간, 세상과 인생에 대한 그들의 근원적 전제들을 표시한다.

신화들은 근원적 실체인 신, 인간, 세상의 기원 등에 대한 언어적 표현들이다. 따라서 이는 그 문화의 세계관에 대한 단초를 제공한다.

여기서 이야기하는 종교는 공식 종교뿐만 아니라 민속 종교도 포함한다. 민속 종교는 보통 사람들의 종교로서 그들의 일상의 삶의 문제와 실존의 문제들에 대한 해답을 찾는 데 더 중요하다. (실존의 문제는 고난-

religions as well as formal ones. The former are religions of the common folks and for them these are of more importance in seeking solutions for their everyday life problems or existential problems (such as sufferings, illness, misfortune, accident, ignorance of destiny of life beyond death, and evil/unrighteousness, called the three existential questions). So, religious symbols these common people wear or worship are of more relevance for understanding their WVs. In most cases such religious symbols and WVs manifested by them are of syncretistic natures drawing from several different religions and WVs. For example, folk Islam, folk Hinduism or folk Buddhism are all mixtures of several religions, superstitions and magics passed down from ancestors.

C. Steps to Study Religious Symbols

Cultural missiologists take the following three steps to study religious symbols for the purpose of identifying and evaluating WVs of the peoples.[20]

1. Descriptive phenomenology or the survey of symbols by describing them but from a view of insiders (or emic view). Out of many symbols such survey of necessity focuses on dominant symbols which are more representative and have more communicational impact. Such survey gives more priority to synchronic analysis than diachronic analysis.

2. Exegetical hermeneutics or interpretation of the symbols through which symbols are analyzed and interpreted vis-à-vis WVs, and the dynamics, changes and relations between symbols and

---

20 (22) Steve Moon, 134-143

병-불행-사고와 죽음 후의 운명에 대한 무지 및 악과 불의의 세 가지 문제를 일컫는
다.) 그래서, 이들이 몸에 지니거나 섬기는 종교적 상징물들은 이들의 세
계관을 이해하는 데 더 요긴하다. 대부분의 경우 이들 상징물들과 그것
이 보여 주는 세계관들은 몇몇의 다른 종교와 세계관에서 유래된 혼합
적인 성격의 것들이다. 예를 들면, 민속 이슬람, 민속 힌두교 및 민속 불
교는 조상으로부터 내려오는 여러 종교, 미신 및 마술이 혼합된 것이다.

C. 종교적 상징들에 대한 연구 순서

사람들의 세계관을 파악하고 평가하기 위해서 문화선교학자들은 종
교 상징물을 다음의 세 단계로 연구한다.[20]

1. 상징의 서술 혹은 조사 단계로서 내부자 관점(emic view)에서 상징
을 서술한다. 여러 많은 상징물 중에서 더 대표적이고 더 많은 것을 나
타내는 중요 상징들에 집중해서 조사하는 것이 필요하다. 이 단계의 조
사는 통시적이기보다는 공시적인 관점에서의 분석에 우선을 둔다.

2. 조사한 상징에 대한 해석 단계인데 세계관과의 연관을 분석하고
해석하며, 상징과 세계관의 연관성과 변화 역동을 공시적이고 통시적인
기준으로 분석한다. 또한 이 단계에서 하나의 상징물에 대한 서로 다른
집단에 속한 사람들의 여러 다른 반응을 면밀히 관찰함으로써 이들의
다른 세계관을 파악한다. 이 단계에서 여러 다른 세계관들을 알아내고
이 세계관들이 다른 여러 세계관들에 대한 반응으로 어떻게 동태적으로
변화하며, 다른 세계관들이 어떻게 공존하는지 혹은 서로 상충하는지를

---

20 (22) Steve Moon, 134-143

WVs are analyzed both synchronically and diachronically. Different responses to a religious symbol by different people are closely monitored during this stage with a view to identifying different WVs different people have. This step helps identify different WVs and show how they are dynamically changed in response to different WVs and how they co-exist or are in conflict with other WVs.

3. Ontological reflection or philosophical reflection whereby WVs identified through the step two are evaluated as systems with emphasis on system integrity and on problem-solving effectiveness including moral assessment. Out of such an evaluation one can discern internal inconsistency or incoherency of the WV as a system, and find out the extent of effectiveness in solving the existential problems/ questions of common people. Throughout these steps it is mandatory to take the view of insiders or emic view (not etic view) to avoid any prejudices of attitude or evaluation of the researcher coming from outside.

D. Scope of Evangelization

Despite such caution and dispassionate attitude, all WVs competing with Christian WVs invariably turn out to have internal incoherency and ineffectiveness in solving the existential problems because they are not the truth revealed by the Trinity God. And this becomes the context of the culture concerned which needs to be addressed in the course of evangelization (e.g. Contextualization for preaching, teaching, and evangelization) and the scope of WV evangelism.

Another aspect of religious symbols of non-believers is the fact that in many cases such symbols are the object of worship or

파악하게 된다.

3. 철학적이고 논리적인 생각을 통해서 지금까지 파악한 세계관에 대하여 각각의 전체 시스템의 일관성과 문제 해결 효과 및 도덕성 평가의 기준으로 평가하는 단계이다. 이러한 평가의 결과로 시스템으로서한 세계관의 내재적 비논리성과 비합리성을 분별하며, 보통 사람들의 실존적 삶의 문제에 대한 효과적인 해결 능력 여부를 알게 된다.

이상 세 단계의 연구 과정을 관통하여 꼭 견지해야 하는 자세는 연구자가 외부자 관점(etic view)이 아닌 내부자 관점(emic view)을 가지는 것이다. 이 자세를 견지하는 것이 외부자인 연구자가 가질 수 있는 편파적인 태도와 평가를 피할 수 있게 해 준다.

D. 전도의 범위

이러한 주의와 중립적인 태도의 견지에도 불구하고 기독교 세계관과 경쟁 관계에 있는 모든 세계관은 삼위일체 하나님의 계시인 진리에 근거하고 있지 않기 때문에 내부적 모순과 실존의 문제 해결에 대한 비효과성이 나타날 수밖에 없다. 그리고 이것이 전도를 통하여 변화되어야할 전도 대상자들의 문화 상황이며 그들을 향한 세계관 전도의 내용을 결정하는 요소가 된다. (예를 들면, 상황화한 설교와 교육 및 전도를 통하여)

불신자들의 종교 상징물에 관한 또 다른 면은 이들 상징물들이 이들의 예배와 기도의 대상이 됨으로써 창조주 하나님이 혐오하는 우상이 된다는 사실이다. 물론, 종교 상징물 연구자는 이러한 평가를 내부자적 관점의 조사 전(ex-ante)에 가지는 것을 피하기 위하여 조심해야 한다.

prayer, making them idols hated by the creator our Lord God. Of course, one needs to be very cautious not to make this judgment ex-ante of the survey of them with an emic view. Only ex-post can one make some evaluation on the question of idolatry. If one finds ex-post that they are indeed idols of the people then one's calling as a disciple of Jesus Christ is to bring them to the light of the gospel of Jesus Christ or the Christian WV by way of WV evangelism. This is another reason why we need to study WVs and cultures of the peoples we encounter in this world.

우상 문제에 대해서는 조사 후(ex-post)에만 평가를 내려야 한다. 만약 조사 후(ex-post)에 상징물이 실제로 사람들의 우상이라면 예수 그리스도의 제자로 부르심을 받은 사람은 그들을 세계관 전도를 통해서 예수 그리스도의 복음의 빛으로, 복음 세계관으로 들어오게 해야 한다. 이것이 우리가 만나는 세상 사람들의 문화와 세계관을 공부해야 하는 또 하나의 이유가 된다.

IV.

Seven Foundational Questions
addressed by Worldview

A. Big Questions Addressed by Worldview

Big questions on such matters as God-gods, humanity, world-reality, etc. are addressed by worldview. They are diagnostic questions leading to clues to foundational assumptions or presuppositions on the basic make-up of the world.[21] In other words, WVs as presuppositions-assumptions on such big questions provide answers to these. Different WVs give different answers to these big questions. By understanding how different worldviews provide different answers to these, one can also understand religions at a deeper level because such worldviews constitute the core of the religions concerned. The following are the seven big or

---

21   (5) James Sire, 22-24

IV.

세계관이 다루는
일곱 개의 근원적 질문

A. 세계관이 다루는 거대 질문들

하나님–신, 인간, 세계–현실 등에 관한 큰 질문들은 세계관에 의해서
다루어진다. 이 질문들은 진단적인 것들로서 세계의 기본 구조와 관련
된 근본적 가정과 전제들에 대한 단서를 제공한다.[21] 다시 말하면, 세계
관은 이러한 큰 질문에 대한 전제와 가정들이기에 이들 질문에 대한 해
답을 제공한다. 다른 세계관은 이러한 큰 질문 혹은 근원적 질문에 대하
여 다른 대답을 준다. 서로 다른 여러 세계관이 이 질문들에 대하여 어
떻게 서로 다른 대답을 하는지를 이해함으로써 해당 종교도 더 깊이 있
게 이해할 수 있게 된다. 왜냐하면, 세계관은 해당 종교의 핵심을 형성
하기 때문이다. 세계관이 대답하는 큰 질문은 다음과 같은 것들이다.

---

21 (5) James Sire, 22-24

foundational questions addressed by worldview:

1. What is prime or ultimate reality?

Is it God or gods or the material cosmos; It is the most fundamental question as it sets the boundaries for the answers to the other 6 questions; Theistic religions provide theisms in varying degrees while non-theistic religions/ ideologies give not theism but others such as materialism or naturalism; Deism is a kind of in-between—theism as far as creation is concerned, but non-theistic in terms of how the created world functions; God and world as separated, e.g. God like a watch maker

2. What is the nature of the world or reality around us?

Is it created and willed/ directed by God or autonomous; chaotic or orderly; matter or spirit or both; something objective/real or something one's subjective interpretation determines

3. What is a human being?

It is a highly complex machine; a sleeping god; a person made in the image of God but a fallen and important soul to be redeemed by God or fallen but forgiven; a naked ape or a human animal; a person born good and can be cultivated by education; Is he happy? If not, what is the cause of the problem and how can he obtain salvation from it?

4. What happens to a person at death? Is there life after death?

Death is personal extinction—physical termination is all there

1. 현실의 근원은 무엇인가?

그것은 유일신 하나님 혹은 신들 혹은 물질인가? 이는 근원적 질문 중 다른 여섯 가지 질문에 대한 해답의 범위를 정하기 때문에 가장 근본적인 것이다. 신적 종교들은 여러 다른 신관을 제공하는가 하면 비신적 종교나 이념-이데올로기들은 신관이 아니라 물질이나 자연을 해답으로 제시한다. 이원론(Deism)은 이들의 중간 형태의 하나가 된다. 창조에 관한 한 신관이 대답이지만 창조된 세상의 운행에 관해서는 비신적인 대답을 한다. 즉 창조 후에는 신과 세상이 분리되어서 신은 시계를 만든 사람(시계의 운행에는 관여하지 않는)과 같은 존재가 된다.

2. 우리의 환경인 세계 혹은 현실의 속성은 무엇인가?

우리 주위의 세계와 현실은 어떤 속성을 가졌는가? 그것은 신에 의해서 창조되었고 그의 뜻대로 움직이는 것인가, 아니면 자율적인 것인가? 무질서한 것인가 혹은 질서 정연한 것인가, 객관적이고 실재적인 존재인가 아니면 개인의 주관적 해석에 따라 달라지는 것인가?

3. 인간은 무엇인가?

아주 복잡한 기계다. 잠자는 신이다. 신의 형상으로 창조된 사람이지만 타락한 영혼으로 구원의 대상이 되는 것이다. 타락했으나 용서받은 존재다. 털이 없는 원숭이이거나 인간 동물이다. 선하게 태어났으며 교육에 의해 수양될 수 있는 사람이다. 행복한 존재인가? 그렇지 않다면 무엇이 문제이며, 이로부터 구원을 얻을 수 있는 방법은 무엇인가?

4. 사람은 죽으면 어떻게 되는가? 죽음 후에 생명이 있는가?

죽음은 개성의 소진이며 영혼이나 영원한 생명은 없으며 육체의 끝이

is, no soul nor eternal life; transformation to a higher state like an eternal being or new creation; reincarnation into next cycle of life; departure to a shadowy existence of "the other side"

5. Why and how is it possible to know anything at all?
Question of truth, epistemology=knowledge, wisdom;

Because we are made in the image of an all-knowing God, we are able to know and gain truth or wisdom; or just a part of biological process because of consciousness and rationality developed under the contingencies of survival in a long process of evolution; no absolute truth, all is relative, what matters is practical/technical knowledge

6. How do we know what is right and wrong? Or ethics;

As a person made in the image of a God whose character is good, one can know or is taught what is right or wrong; right and wrong are determined by human choice alone, or what feels good, or the notions simply developed under an impetus toward cultural or physical survival

7. What is the meaning of one's life or human history?

It is to realize the purposes of God or the gods; to worship and glorify God; to make a paradise on earth; to seek pleasures and satisfy bodily desires during life; to get released from "samsara" and break the reincarnation cycle; once only or repeatable in a different form of life. Question of happiness is related to how one answers this question

전부다. 더 높은 상태로 변화되어 영원한 존재 혹은 새 피조물이 된다. 인생의 다음 바퀴로의 윤회이다. 저 세상의 그림자 같은 존재로 떠나는 것이다.

5. 무엇인가를 아는 것은 왜, 어떻게 가능한가?

진리, 지식—지혜의 문제

진리, 인식-앎, 지혜가 가능한가? 전지적 하나님의 형상으로 창조되었기 때문에 사람은 알 수 있으며 진리 혹은 지혜를 얻을 수 있다. 또는 안다는 것은 긴 진화의 과정 중의 생존 위기 아래에서 개발된 의식과 이성으로 인하여 생기는 생물적 과정에 지나지 않는다. 절대 진리는 없고 모든 것은 상대적이기에 중요한 것은 실질적이고 기술적인 지식이다.

6. 우리는 어떤 것이 선—바른 것인지 악—잘못된 것인지 어떻게 아는가? 윤리의 근거는?

선한 성품의 하나님이 자기 형상으로 만들어 준 사람이기 때문에 그는 무엇이 바르며 무엇이 잘못된 것인지를 알 수 있거나 배울 수 있다. 혹은 선과 악은 인간의 선택으로만 결정된다. 혹은 좋게 느껴지는 것은 선이고 그렇지 않은 것은 악이다. 혹은 선악 개념은 인간의 문화적 혹은 육체적 생존을 위하여 발전된 개념일 뿐이다.

7. 사람의 인생과 인간 역사의 의미는 무엇인가?

그것은 유일신이나 신들의 목적을 달성하는 것이다. 하나님을 예배하고 그에게 영광을 돌리는 것이다. 혹은 이 땅에 낙원을 세우는 것이다. 살아 있는 동안 향락을 추구하고 육체적 욕망을 채우는 것이다. 인생 고뇌의 상태(samsara)로부터 해탈함으로써 윤회의 바퀴를 부수는 것이다. 인생은 한 번뿐이다. 혹은 인생은 다른 형태의 삶으로 윤회한다.

B. Existential questions addressed by worldview

In addition, there are three existential questions which are addressed by worldview:

1. Why is there suffering/misfortune/illness,
2. What is life and destiny of life beyond death; related to the question of the meaning of life—good, righteous and happy life
3. Why is there evil and unrighteousness in this world?

(Related to these life questions is the question of solution to these, or salvation from these. Different worldviews provide different solutions to the question.)

Foundational/ Big Questions WV Answers

- What is prime or real reality or God or spiritual world? - Theism
- What is reality or world?
- What is a human being? – Humanism
- What is death and is there life after death or afterlife?
- What is good and what is evil? Morals and ethics
- Is it possible to know anything? Knowledge or epistemology
- What is life and history? Is life meaningful?
- Why are there sufferings and evils?

Shapers of WVs: Sources of Answers

- Major WVs provide Answers to the Foundational Questions
- Such WVs are shaped by Religions of the peoples, and dominant political-economic ideologies of societies, such as

따라서 행복 문제는 이 질문에 대하여 어떤 대답을 하느냐에 달려 있다.

B. 세계관이 다루는 실존적 질문들

추가적으로 세계관은 다음과 같은 세 개의 실존적 질문을 다루기도 한다.

1. 고난과 불행, 병은 존재하는가?

2. 인생은 무엇이며 죽음 이후의 운명은 무엇인가? 좋고 의롭고 행복한 삶이란 어떤 것인가?

3. 왜 이 세상에는 악과 불의가 있는가?

(이러한 실존적 질문에 대한 해답 또는 그러한 문제로부터의 구원에 관하여 서로 다른 세계관은 서로 다른 답을 내어 놓는다.)

세계관이 대답하는 근본적인 큰 질문 요약

- 현실의 근원 혹은 신과 영의 세계는 무엇인가? – 신관
- 현실과 세계는 무엇인가?
- 인간은 무엇인가? – 인간관
- 죽음은 무엇이며 죽음 후에 생명이 있는가? – 사후 생명
- 선은 무엇이고 악은 무엇인가? – 도덕과 윤리
- 어떤 것에 대해서 아는 것은 가능한가? – 진리와 지식
- 인생과 역사란 무엇인가? 인생은 의미가 있는 것인가?
- 고난과 악은 왜 있는가?

세계관을 형성하는 것: 큰 질문에 대한 대답의 뿌리

- 세계의 근원적 질문에 대한 대답은 주요 세계관이 제공
- 이 세계관은 사람들이 믿는 종교 혹은 사회의 주요 정치-경제 이념

Buddhism-Buddhist WV, Animism-Animist WV, Modernity WV

- Religions and Ideologies behind East Asian WVs: Buddhism, Confucianism, Modern Natural-Materialism (both Secular Humanism and Material-Marxism (Communism-Socialism)), Post-modernism

- Therefore, Buddhist WV, Confucian WV Secular Humanism-Globalization WV, Material-Marxism (Communist-Socialist) WV are more dominant in East Asia

에 의해 정립된다. 예를 들면, 불교–불교 세계관, 정령 종교–정령
주의 세계관, 근대주의 세계관

■ 동아시아 세계관의 배후에 있는 종교와 이념: 불교, 유교, 근대 자
연–물질주의(세속 인본주의와 유물–마르크스주의 혹은 공산–사회주의), 포
스트모더니티

■ 따라서 동아시아인들은 불교 세계관, 유교 세계관, 세속–인본주
의–세계화 세계관, 유물–마르크스주의(공산–사회주의) 세계관의 영
향을 더 많이 받고 있다.

V.

Evaluation of Worldview

A. Rationale of Evaluation

If one rejects a thorough relativism one needs to make a responsible evaluation of WVs (or religions) based on some objective and rational criteria that transcends particular contexts, or context-independent criteria.[22] In other words, evaluation must be done using criteria that are free of the views of any particular worldview, such as the Christian worldview. Regarding the question of relativism, there is a convincing argument for rejecting such relativism. An increasing number of thinkers are dissatisfied with a muddled relativism that refuses to confront questions of truth or criteria for assessing conflicting perspectives. All recognize that

---

22   (9) Harold Netland, 2001, 290

V.

세계관 평가

A. 평가의 정당성

철저한 상대주의자가 아니라면 누구나 특정 세계관-종교의 틀을 초월한 객관적이고 합리적인 기준들 혹은 특정 상황을 초월하는 기준들에 따라 세계관을 책임 있게 평가해야 한다.[22] 덧붙이면, 평가는 어떤 특정한 세계관, 예를 들면, 기독교 세계관의 관점으로부터 자유로운 평가 기준들을 사용해 이루어져야 한다. 왜 철저한 상대주의는 배격해야 하는지에 대해서는 신빙성 있는 주장이 있다. 진리에 관한 질문이나 상충하는 관점에 대한 평가를 상대주의라는 이름으로 적당히 거부하는 것에 대해 많은 철학자(비교 종교학)가 불만을 표시하고 있다. 이들 모두는 실제로 다른 종교 세계관들에 대한 평가를 위해 객관적이고 특정 상황으

---

22 (9) Harold Netland, 2001, 290

there are indeed some objective or context-independent criteria for evaluating alternative religious worldviews.[23] Such evaluation will enable one to judge the extent of truthfulness and moral soundness of core beliefs, teachings and practices of a WV and to come to a meaningful comparison between WVs. As worldviews are largely shaped by foundational teachings and beliefs of religions and ideologies, such a comparison will supplement apologetics, both negative and positive, in the context of religious pluralism and inter-religious dialogues.

B. Two Criteria of Evaluation

Scholars of Philosophy of Religions, particularly those of cross-cultural Philosophy of Religion, are in general agreement that there are two criteria of such evaluation: internal (system) integrity and effectiveness in solving the foundational problem of human beings including moral assessment (if this were taken separately, then there are three criteria).[24] The first criterion is concerned with truth or the plausibility of beliefs and teachings of a WV, and the second with the benefit of salvation and moral soundness offered by a WV.

1. Internal (system) Integrity

Basic logical principles, exclusion of self-defeating statement or contradiction, or the principle of noncontradiction, coherence among what are taught and affirmed, consistency with knowledge in other fields are the requirements of internal integrity. It demands

---

23 For more on this, one is referred to (9) Netland, 284-289

24 (9) Harold Netland, 289-303

로부터 독립적인 평가 기준들이 있다고 인정한다.[23] 이러한 평가는 세계관의 핵심 믿음과 가르침과 적용에 대한 진실성과 도덕적 건전성의 정도를 판단하고, 나아가 제 세계관에 대한 의미 있는 비교를 할 수 있게 해 준다. 세계관은 종교나 사상의 근원적 가르침과 신념에 의해 대부분 형성되기 때문에 이러한 비교는 종교 다원주의나 종교간 대화의 상황에서 행하는 종교 논증(소극적 및 적극적)을 보완해 줄 것이다.

B. 평가의 두 기준

종교 철학자들, 특히 다문화 종교 철학자들은 일반적으로 이러한 평가 기준으로 두개의 기준이 있다는 데 동의한다. 즉, 시스템 내부적인 일관성-합리성과 근원적 인생 문제 해결에 대한 효과성(도덕성 평가 포함)이 그것이다. (두 번째에 포함된 도덕성을 별개로 보면 세 개의 기준이 된다).[24] 첫 번째 기준은 세계관의 믿음과 가르침의 진실성 혹은 신빙성에 관한 것이고, 두 번째 기준은 어떤 세계관이 제공하는 구원의 효과성과 도덕적 건전성에 관한 것이다.

1. 시스템 내부적 일관성

이 요건을 충족하려면 다음의 것들이 필요하다. 전체적 가르침이나 교리의 기본적인 논리 원칙, 자가당착적 가르침 혹은 모순이 없을 것(비모순 원칙), 가르침과 확신하고 있는 것 간의 일관성, 및 다른 학문 분야의 진리들과의 일관성이다.

이 기준은 세계관을 구성하는 신념과 전제적 가정들 간의 일치성과 일관성(비모순 원칙), 뜬금없는 가정들이 없는 것, 역사학, 과학과 같은 다

---

23 이점에 관한 더 자세한 내용은 (9) Netland, 284-289 참조

24 (9) Harold Netland, 289-303

internal coherence/consistency, or the principle of noncontradiction within a set of beliefs and pre-suppositions comprising a WV, freedom from ad hoc hypotheses, congruence with what is known to be true in other domains such as history and science, explanatory power in accounting for fundamental aspects of human experience (e.g. view of human being) and so on. For this assessment, contradiction needs to be distinguished from paradox. While contradiction is the simultaneous affirmation and denial of the same thing or a statement making one part a false, (for example, a round square), paradox involves two or more statements that we have reason for accepting as true but that, while not strictly contradictory, are nevertheless in tension.[25] It is seemingly contradicting, but actually true (e.g. "more haste, less speed", "if you try to live, you will die. But if you are willing to give up your life for my sake, you will save it" (Luke 9:24), the doctrine of Trinity, divine sovereignty and human responsibility in Christian teachings).

2. Effectiveness in Solving of Life/existential Problems

The question of how adequately and effectively a WV solves the existential problems/ questions or enigma of human life (such as the problem of death, illness, sufferings, life after death, a good or bad life, etc.) is addressed. It is about the provision of a solution or salvation to a human being's foundational problems. It is also about the provision of the most effective and realistic means to solve or save from human predicaments. The effectiveness also deals with the moral assessment of a WV. Across cultures and religions, people equate

---

25　(9) Harold Netland, 293

른 학문 분야에서 진리로 수용하는 것과의 합치성 및 인간 경험의 근본적인 면에 관한 설명 능력(예를 들면, 인간관에 대한 경험적 설명) 등을 요구한다. 이러한 평가를 위해서는 모순 혹은 불일치(Contradiction)는 역설(paradox)과는 구분되어야 한다. 모순은 한 사물이나 서술을 동시에 긍정하고 부정하는 것으로 하나는 거짓으로 만드는 것이나(예를 들어, 그것은 둥근 사각형이다.), 역설은 둘 혹은 그 이상의 서술이 정확한 의미에서 모순은 아니며 서로 긴장 관계에 있지만 진리라고 믿을 이유가 있는 것을 말한다.[25] 모순처럼 보이지만 실은 그렇지 않고 진리로 받아들일 수 있는 말과 글이 역설이다. (그 예로는 "서두를수록 속도가 늦어진다.", "당신이 살려고 애를 쓰면 죽을 것이지만 나를 위하여 당신의 목숨을 버릴 용의가 있으면 그 목숨을 건진다."(눅 9:24), 삼위일체 교리, 및 하나님의 주권과 인간의 책임과 같은 기독교의 가르침 등을 들 수 있다.)

2. 삶과 실존의 문제에 대한 해결의 효과성

이는 한 세계관이 인간 실존의 문제와 인간 삶의 심오한 문제인 죽음, 병, 고통, 사후 세계, 및 삶의 선과 악에 대하여 얼마나 적절하고 효과적인 해답을 주느냐는 문제와 관련된다. 인간 존재의 근원적 문제들에 대한 해결책 혹은 구원의 방도에 관한 것이다. 즉, 그 세계관이 제공하는 인생의 심오한 문제에 대한 가장 효과적이고 실질적인 해결의 수단, 즉 구원의 방도에 관한 것이다. 이 효과성의 기준은 도덕성 평가도 다루게 된다.

문화와 종교를 초월하여 사람들은 세계관의 중요 윤리적 가르침이나 그 지도자의 높은 도덕성을 그 종교나 세계관에 대한 신임과 동일시

---

25 (9) Harold Netland, 293

the moral integrity of the key ethical teachings and leaders of a religion with confidence in the religion.[26] Those who have studied morality cross-culturally appreciate the degree of agreement on basic moral values and principles across cultural traditions. The Ten Commandments in the Old Testament and teachings of Jesus in the Sermon on the Mount in the New Testament Bible, the requirements of Universal Dharma in Hinduism, Buddhism's Five Precepts, and Islam's Decalogue in the Quran constitute a very common set of normative requirements prohibiting killing, injury, deception, or the violation of solemn oaths.[27] By extension, human rights (or dignity) are regarded as an important moral principle by these world-class religions. An acceptable WV or religion should satisfy these basic moral values-principles and provoke and inspire people to live more morally responsive and responsible lives. Across world religions, there is recognition of a basic distinction between good and evil along with the belief that certain things, for example, unjustified killing of other humans, injury to others, deception and inappropriate sexual relations are wrong.[28] These are common moral principles across most world-class religions against which a WV can be evaluated. (e.g. Caste system and Dalit people in Hindu WV, cannibalism, burning a living widow on the cremation of a dead husband, and killings of millions of Jews by the Nazis or the Holocaust —all immoral by this universal criterion.)

---

26 For more on why the so-called moral or ethical relativism is to be rejected, see (9) Netland, 298-300

27 (11) Roland Green, 99

28 (9) Harold Netland, 299-300

한다.[26] 다문화 상황에서 도덕성을 연구한 연구자들은 특정 문화 전통을 넘어서는 기본적인 도덕 가치나 원칙이 있음을 안다. 구약성경의 십계명, 신약성경의 예수의 산상수훈의 가르침, 힌두교의 보편적 다르마 필요, 불교의 오계 및 이슬람 쿠란의 십계명은 공통적인 당위적 도덕 계명을 구성하고 있는데, 공통적으로 살인, 사람 상해, 사기, 혹은 엄숙한 서약의 위배를 금지한다.[27]

이의 연장으로서 인권 혹은 인간 존엄성은 이들 세계적 종교들이 모두 중요한 도덕적 원칙으로 생각한다. 수용할 만한 세계관이나 종교는 이들 기본적 도덕 가치–원칙들을 충족하여야 하며, 사람들로 하여금 도덕적으로 반응하며 책임 있게 살도록 도전하며 영감을 주어야 한다. 세계 종교들은 선과 악에 대한 기본적 차이에 대한 인식을 공유하고 있으며 특정한 것들은 잘못된 것이라는 믿음을 가지고 있다. 예를 들면, 정당성 없는 타인 살인, 사람에 대한 상해, 사기, 및 부적절한 성관계 등이 그것들이다.[28] 이것은 세계적 종교가 공통적으로 견지하는 도덕 원칙으로 이런 원칙에 근거하여 세계관을 평가할 수 있다. (예를 들어, 힌두교의 카스트와 달리트 계층, 식인주의, 남편을 화장하는 불 위에 그 부인을 산 채로 화장하는 것과 나치 정권에 의한 수백만 명의 유대인 학살, 즉 홀로코스트는 이 공통적 기준에 의하면 모두 부도덕한 것이다.)

---

26   왜 소위 도덕 혹은 윤리 상대주의는 배격되어야 되는지에 대한 더 많은 논의는 (9) Netland, 298-300 참조

27   (11) Roland Green, 99

28   (9) Harold Netland, 299-300

- A fair and objective evaluation of WVs is necessary unless one believes in a thorough relativism

- Philosophy of Religion suggests Three Evaluation Criteria: 1) Internal (system) integrity, 2) Effectiveness in existential problem-solving or salvation from enigma and misery of life, and 3) Moral assessment

- Examples of how they are used include evaluations of major religions' teachings on the 7 foundational questions, and the Four East Asian WVs' teachings on 1) God-spiritual world, 2) Reality-world, 3) Human being, and 4) Death and afterlife using the above evaluation criteria

- 철저한 상대주의를 믿지 않는 한 세계관에 대하여 공정하고 객관적인 평가는 필요하다. (철저한 상대주의는 평가가 필요 없는데 이는 절대적인 진리는 없고 모든 것을 상대적으로 보기 때문이다.)

- 종교 철학은 세 가지 (객관적) 평가 기준을 제시한다. 즉, 1) 시스템 내부의 일치성, 2) 인간 실존의 문제 해결 혹은 인생의 심오한 곤경으로부터 구원에 대한 효과성, 그리고 3) 도덕성 평가가 바로 그것이다.

- 평가의 예로는 다음을 들 수 있다: 세계적 종교들의 일곱 가지 근원적 질문에 대한 가르침과 동아시아 세계관의 신-영계, 현실-세계, 인간 및 사망과 사후 세계에 대한 간략 평가들

VI.

Christian Worldview:
An Overview and How it addresses
the Seven Foundational Questions

A. An Overview

It is the Christian View of the world based on God's revelation and is also called the Biblical worldview or Gospel worldview; Christian worldview is a comprehensive conception of the world from a Christian standpoint with the God of the Bible or God in Jesus of Nazareth at the center, who is the creator of the world and humanity, the redeemer of the fallen world and the judge of the world.

1. Christian theism

An all-knowing and all-powerful God, an invisible Spirit who is everywhere—both transcendent and immanent, a trinity God and a personal and loving God who created the world out of nothing for

VI.

기독교 세계관:
개관 및 일곱 개 근원적 질문에 대한 대답

A. 개관

기독교 세계관은 하나님의 계시를 근거로 한 세계에 관한 크리스천의 관점이며 성경 세계관 혹은 복음 세계관이라고도 한다. 이 세계관은 성경 하나님 혹은 나사렛 예수 안의 하나님을 중심으로 하는 기독교적 관점으로 보는 세계에 대한 포괄적인 관점이다. 여기서 하나님은 세상과 인류의 창조주이며, 타락한 세상의 구원자이자 심판자이다.

1. 기독교 신관

이 신은 전지, 전능의 하나님이며, 보이지 않는 영으로서 초월적이고 임재적인 신으로 세상에 편만한 분이자, 삼위일체 하나님이며 인격적이시며 사랑하시는 하나님이며 세상을 그의 선한 목적에 따라 무에서 유로 창조하신 분이다. 그는 우주적 하나님으로 우주의 주님이 되신다. 또

his good purpose; A universal God who is the Lord of the universe; He is also a particular God who came down to the world in flesh to save it; He died on a cross to pay the ransom for the fallen humanity; He came into human history and into the culture of Israel to save the world. His re-creation or redemption of the fallen world to the good creation of the Kingdom of God continues even today through the work of the Holy Spirit and the church; The trinity God is the creator, savior and judge of the world and he is above other spiritual beings and humanity and the world. The Christian God is not of dualism, but of a supreme God creating and ruling over the world in history. He is at the center of the gospel worldview with Christ Jesus as the Lord of the world, not Caesar of the Roman empire (Gen 1:1; Act 17:24-27; Rom. 10:9; 1 Cor 12:3; Col 1:16-17).

2. Christian humanism

God created humans (as both physical and spiritual beings) in his own image as the pinnacle of the created world. He has crowned them with glory and honor and given them dominion over his creation (Psalms 8:5-6). He created them to love and enjoy fellowship with them and called them to be rulers and managers of the world. But, due to the Fall, human beings became sinners while they still kept some of the original good from God. Hence all humans have the duality of human nature, i.e. humans have both good and evil natures. Human being was originally created good in the image of God, but fell to a sinful man due to the Fall. His desire to become equal with the creator God made him fall and disconnected from his creator. As the price of sin is death (Romans 6:23) he is doomed to death which has become his destiny. Since the Fall humanity

한 세상을 구원하시기 위해 육체를 입고 이 세상에 오신 특별한 신이다. 타락한 인류의 죗값을 치루기 위해 십자가에 죽으신 분이다. 그는 세상을 구원하기 위하여 인간의 역사 속으로 오셨으며, 구체적으로 이스라엘 문화 속으로 오신 분이다. 타락한 세상을 하나님 나라의 선한 피조계로 재창조 혹은 구속하는 그의 사역은 오늘도 성령 하나님과 교회를 통하여 계속되고 있다. 삼위일체 하나님은 세상의 창조주, 구원주와 심판주가 되며 그는 다른 영적 존재들과 인간, 세상의 위에 계신다. 기독교 하나님은 이원적인 세계의 신이 아니며 세상을 창조하시고 역사를 다스리는 최상의 신이다. 그는 세상의 주가 로마 제국의 카이사르가 아니라 그리스도 예수라는 복음 세계관의 중심에 계신 분이다(창 1:1; 행 17:24-27; 롬 10:9; 고전 12:3; 골 1:16-17).

2. 기독교 인간관

신/하나님이 육체적-영적 존재로서 인간을 자기 형상에 따라 피조 세계에서 가장 높은 자로 창조하였다. 하나님은 인간들을 영광스럽고 명예로운 존재로 높이셨으며 그가 지으신 피조계를 다스리게 하셨다. 그들을 사랑하고 그들과의 교제를 즐기기 위해 창조하였고 그들을 세상을 다스리는 자이자 관리자로 부르셨다. 그러나 타락으로 인하여 인간은 신으로부터 온 원래의 선함을 일부는 아직 가지고 있었지만 죄인이 되었다. 이에 따라 모든 인간은 이중적인 인간성, 즉 선과 악의 이중적인 성품을 가진다. 인간은 원래 창조 시에는 하나님의 형상으로 선하게 지어졌으나 아담의 타락 이후 죄인으로 전락하였다. 창조주 하나님과 동등해지고 싶은 그의 욕심이 그를 타락하게 하고 그의 창조주와의 관계를 끊게 하였다. 죄의 삯은 사망이기 때문에 그는 죽게 되었으며, 이것이 그의 운명이 되었다(롬 6:23).

continued sinning and rebelling more and more proving humans' depravity despite God's love and grace to them. Eventually the loving God came to the world as a man in the person of Jesus Christ, his only begotten son, to save the fallen humanity. And whoever believes in him shall not perish but have eternal life (John 3:16). Whoever repents his sin and returns to God by believing His only begotten son will become a son of God from a created and fallen sinful man. Christians as new persons and disciples of Jesus are called and sent to participate in the Missio Dei (the Mission of redemption of God) through witnessing to the gospel of the kingdom of God in their cultural settings and to the ends of the world. In the midst of their living, Christians are called to be holy; to be the salt of the earth and the light of the world; to love God and neighbors; to take care of the poor and the marginalized; and to give freedom to the indebted; and to forgive sinners in the name of Jesus Christ (spirit of the Year of Jubilee in Lev 25:42, 46, 54, 55).

A Summary of Gospel Worldview

- Gospel Worldview (GW) = Biblical Worldview = Christian Worldview
- It is a comprehensive outlook of the world based on the Word of God key of which is Gospel; Gospel is not only a good news but a worldview; It provides answers to the big questions addressed by worldviews
- The church in many modern societies have failed to teach that gospel is a comprehensive WV
- GW on God and Spiritual World: Being a spirit God is unseen but He, the God of the Bible exists and He is the Creator, Redeemer, and Judge of the world

타락 이후 인간은 죄와 반역을 계속하고 더 심하게 하게 됨으로써 하나님의 사랑과 은혜에도 불구하고 부패하다는 것을 입증하게 되었다. 이 타락한 인류를 구원하기 위하여 종국에는 사랑의 하나님이 그의 유일한 아들인 예수 그리스도를 사람으로 이 세상에 오게 하셨다. 그래서 누구든지 그를 믿으면 멸망하지 않고 영생을 얻게 되었다(요 3:16). 누구든지 그의 죄를 회개하고 독생자를 믿음으로써 하나님께 돌아오면 그는 타락한 피조물인 죄인에서 하나님의 아들이 된다.

새 사람으로 그리고 예수님의 제자가 된 크리스천은 하나님의 구속 사역(Missio Dei)에 참여하도록 부름을 받았기에 하나님 나라 복음을 그의 문화 상황 속에서 그리고 땅끝까지 증거하게 된다. 그들의 삶 속에서 크리스천은 거룩하도록 부름을 받았으며 세상의 소금과 빛이 되며 하나님과 이웃을 사랑하며 가난한 자와 소외된 자들을 돌보며 빚진 자에게 자유를 주며 예수 그리스도의 이름으로 죄인을 용서하도록 부름을 받았다(희년의 정신: 레 25:42, 46, 54, 55).

복음 세계관 요약

- 복음 세계관(GW) = 성경 세계관 = 기독교 세계관
- 이 세계관은 복음이 핵심인 하나님의 말씀에 근거한 포괄적인 세상관이며 복음은 좋은 소식일 뿐만 아니라 세계관이며 세계관들이 다루는 큰 질문에 대하여 답을 제공한다.
- 많은 근대 사회의 교회들은 복음이 포괄적인 세계관이라는 것을 가르치는 데 실패하였다.
- 신/하나님은 영이기에 보이지 않으나 성경의 하나님인 그는 존재하며 그는 창조자, 구속자, 그리고 세상의 심판자다.

- He is a good, loving and judging God; He is personal, all-powerful, all-knowing, eternal, present everywhere (both immanent and transcendent, i.e. YHWH and Elohim or Lord God)

- He is in three persons—God the Father, God the Son, and God the Holy Spirit; Being the source of the world and morality, He is the prime or real reality

- God, angels, Satan/devil, demons constitute the spiritual world

- Angels are not seen but real and working under the direction of God

- Satan the chief of the fallen angels and his underlings, demons or evil spirits are created and controlled by God, but in rebellion against him and still powerful until the second coming of our Lord (but not of the view of a dualistic spiritual world)

- Others so-called spirits and ghosts are not reality, but fake spiritual beings made up by deceit of Satan but most credulous people believe they are reality; Their spiritual ignorance and fear make them easy preys to Satan (this will be studied more in the Christian Mission Chapter of the book)

Gospel Worldview on World/Reality

- GW on World/reality: World we sense and live in was created by Lord God to be his temple and is a reality, not an illusion; It is the venue of humanity's life which has an eternal consequence; The Lord God called human beings, the pinnacle of the creation as his image, to oversee it

- It was created good by God, but fallen due to the rebellion of

신과 영계에 대한 복음 세계관의 가르침

- 그는 선하시고 사랑하시며 심판하시는 하나님이며, 인격적이시며, 전능–전지하시며, 영원하시고 무소부재하시며(내주하시며 초월하시는, 즉 야웨 엘로힘 혹은 주님 하나님이시다.)

- 그는 삼위일체로서 성부 하나님, 성자 하나님, 성령 하나님이시다. 세상과 도덕의 원천으로서 세상의 원초이시며 근원이시다.

- 신/하나님, 천사, 사탄과 마귀가 영적 세계를 구성한다.

- 천사는 보이지 않지만 실존하며 하나님의 지시에 따라 일한다.

- 타락한 천사의 대장인 사탄과 그의 수하인 마귀 혹은 악한 영들은 하나님이 창조하였고 통제하시나 그에게 반역하고 있으며 주님 재림 때까지는 여전히 힘이 있다. (그러나 이원적 영계는 아니다.)

- 그 외에 소위 영이나 귀신은 실제가 아닌 바 사탄의 속임수에 의해 영적 존재가 된 가짜 영적 존재들이다. 그러나 속임을 당하기 쉬운 많은 사람은 그들을 실제하는 영으로 믿는다. 그들의 영적 무지와 두려움이 그들을 사탄의 쉬운 먹잇감이 되게 만든다. (이 주제는 선교 장에서 더 깊이 있게 다룬다.)

세상-현실에 대한 복음 세계관의 관점

- 우리가 느끼고 그 속에서 살아가는 세상은 주님 하나님이 그가 머무는 성전으로 창조한 실제이지 환상이 아니다. 그곳은 인간들이 살아가는 장소이고 그 삶에 따라 그들의 영원한 운명이 달려 있는 곳이다. 하나님은 그의 세계 창조의 최정점인 인간을 그 세계를 돌보도록 부르셨다.

- 세상은 하나님이 선하게 창조하였으나 인류의 첫 부모의 반역으로 타락하게 되었고, 그 후 저주를 받았으며 인류는 죽을 수 밖에 없

the first parents of humanity, and since then it has been cursed and all humans became sinners doomed to death

- God planned and executed his salvation work for their redemption which was climaxed in Christ Jesus' death on a cross for the atonement of sins of humanity and in his resurrection from the dead

- God offered his salvation to the world, and all who believe in his one and only Son, Christ Jesus as their saviors shall be saved from death, the price of their sins and they will enjoy eternal lives in the presence of God

Gospel Worldview on Human Being

- He sends the Holy Spirit to help them believe in him; The Holy Spirit convicts their sins and regenerate their hearts leading to their repentance and turning to faith in Jesus (John 16:8-11, 3:5); His grace, not their merits is what enables their salvations; This is the crux of the gospel; Those not believing in the Son are excluded from the eternal salvation

- God created human beings (as both physical and spiritual beings in his own image as the pinnacle of the created world; He created them to love and enjoy fellowship with them and called them to be rulers and managers of the world)

- But due to the Fall human beings became sinners while they still kept some of original good from God; Hence all humans have the duality of human nature, i.e. humans have both good and evil natures (only GW realizes this)

- But, God of unfailing love did not give them up but came up

는 존재로 전락하게 되었다.

- 이 타락으로부터 구원하기 위해 하나님은 그의 구속 사역을 계획하였고 실행하였으며 그 사역의 정점이 바로 인류의 속죄를 위한 그리스도 예수의 십자가에서의 죽음과 그 죽음에서 살아난 부활이었다.
- 하나님은 온 세상에 대하여 그의 구원을 수락하는 기회를 줌으로 누구든지 그의 독생자인 그리스도 예수를 구원자로 믿으면, 그들의 죗값인 죽음에서 구원받고 하나님의 존전에서 영원한 생명을 누릴 수 있도록 하였다.

인간에 대한 복음 세계관의 관점

- 하나님은 인간이 독생자 그리스도 예수를 믿도록 돕기 위하여 그의 성령을 보내신다. 성령님은 인간의 죄를 책망하며 인간의 마음을 새롭게 하심으로써 그들이 죄를 회개하고 돌아와서 예수를 믿게 한다(요 16:8-11, 3:5). 사람의 공로가 아니라 하나님의 은혜가 그들로 하여금 구원을 얻도록 한다. 이것이 복음의 핵심이다. 하나님의 아들을 믿지 않는 자들은 영원한 구원에서 제외된다.
- 하나님은 인간을 그의 형상에 따라 육체와 영을 가진 피조 세계의 최정점으로 창조하셨다. 사랑하고 교제를 즐기시기 위하여 그들을 창조하셨으며 세상을 지배하고 다스리도록 불러 주셨다.
- 그러나 인류의 타락으로 인하여 인간은 하나님으로부터 받은 원초적 선을 일부 가지고는 있지만 죄인으로 전락하였다. 따라서 모든 인간은 성품의 이중성을 가지게 되었다. 즉, 인간은 선한 마음과 악한 마음을 공유하며 이 점은 오직 복음 세계관만이 가르치는 관점이다.

with his salvation plan and acted upon it with the climax of the life and death of his one and only Son, Christ Jesus, and of His death on the cross and His resurrection from the dead

Gospel Worldview on Death and Afterlife

- And whoever believes in him shall have eternal life and he sends his Spirit to help—the crux of the gospel of Christ Jesus; Further, the Holy Spirit indwells and helps the believers to lead a life of truth, love, faith, hope, and peace (John 3:16-17; John 14:6; Acts 4:11-12; 1 Tim 2:3-6)

- GW on Death and Afterlife: The Bible testifies that both death and afterlife are an inescapable reality for all; Death is not an end of everything

- Only believers in Christ Jesus will be saved from death and enjoy eternal life in the bliss of the Kingdom of God

- At death, a person perishes physically but his soul lives on and its destiny differs depending on whether he believed in Christ Jesus as his savior or not during his life on earth

- Souls of those who believed in Christ Jesus will join the presence of God and be embodied at Christ's second coming, and the resurrected persons will enter the kingdom of God and enjoy all the blessings of his kingdom for eternity

- Those who did not are separated and fallen in hell and suffer there for eternity

- 그러나 끊임없는 사랑의 하나님은 그들을 버리시지 않고 구원 계획을 세우시고 실행하셨는 바, 그 구원의 정점이 하나님의 독생자 그리스도 예수이고, 그의 십자가의 죽음과 죽음에서의 부활이다.

죽음과 죽음 후의 삶에 대한 복음 세계관의 관점

- 누구든지 그 예수 그리스도를 믿으면 영생을 얻게 되고, 이를 위하여 그의 성령을 보내서 도와 준다. 이것이 그리스도 예수의 복음의 핵심이다. 나아가 그 성령은 믿는 자들 속에 내주하며 그들이 진리와 사랑과 평화의 삶을 살도록 돕는다(요 3:16-17, 14:6; 행 4:11-12; 딤전 2:3-6).
- 성경은 죽음과 죽음 후의 삶이 누구도 피할 수 없는 실제라고 증언한다. 즉, 죽음은 모든 것의 끝이 아니다.
- 그리스도 예수를 믿는 자만 죽음에서 구원받고 하나님 나라의 축복 속에서 영원한 생명을 누린다.
- 죽음에 이르면 인간의 육체는 사라지지만 그 영혼은 계속 살고, 그 영혼의 운명은 이 땅에서의 삶 동안에 그리스도 예수를 그의 구원자로 믿었는지 여부에 달려 있다.
- 그리스도 예수를 믿었던 영혼들은 하나님의 존전에 들어가고 그리스도의 재림 시에 육체를 입고 부활한 사람으로서 하나님 나라의 모든 복을 영원히 누리는 존재가 된다.
- 그리스도 예수를 믿지 않았던 영혼들은 구별되어져서 지옥에 떨어지게 되며 그곳에서 영원히 고통을 받게 된다.

3. Some additional Views of Gospel WV according to Genesis

Gen 1:26 Racial Discrimination: God created man in his image -> God created only one kind of man but in male and female, Not in different kinds like animals = there is no basis to discriminate a person by his color, shape, or whatever; there is difference in roles only.[29]

Gen 1:31 Harmony and Balance of Life: Upon completion of the works of creation, God appreciated his creation as good, particularly the human being as very good > when creation is in harmony and balance and fulfilling their assigned roles, God appreciated it as very good. God is pleased by such creation. > Living in harmony and balance (community) and the members doing their jobs/roles well make our God pleased.[30]

Gen 2:7 Human's Potential of both Glory and Misery: The Lord God formed man out of dust from the ground and breathed into his nostrils the breath of life, and man became a living creature > man has the potential of both glory and misery > he can become a glorious being if he is breathed life by the Lord God or if the Holy Spirit is in him; if not he can become like an animal which is also made out of dust. This is in stark contrast with the view of humans in an ancient Middle Eastern mythology that their origin is from the mix of the blood of gods who lost battle and dust—no dignity, nor spirituality, not a spiritual being.[31]

Gen 2:15 Work—Labor: The Lord God put the man in the garden

---

29 (23) Thomas B. Song, 86-92

30 (23) Thomas B. Song, 86-92

31 (23) Thomas B. Song, 104-108

3. 창세기에 따른 추가적인 복음 세계관 관점들

창 1:16 인종 차별: 하나님은 인간을 자기 형상으로 창조하셨고 한 종류로 만드셨으며 다만 남자와 여자로 구분해서 창조하셨다. 동물처럼 여러 다른 종류로 만들지 않았다. 따라서 인간을 색이나 생김새 등으로 차별할 근거가 없다. 다만 남자와 여자의 역할 차이만 있을 뿐이다.[29]

창 1:31 인생의 조화와 균형: 창조 사역을 다 끝내고 하나님은 창조된 것이 좋았다고 평가하셨고 인간에 대해서는 매우 좋았다고 하셨다. 피조물이 조화와 균형이 있고 각자에게 맡겨진 역할에 충실할 때 하나님은 그것이 매우 좋다고 평가하셨다. 하나님은 이런 피조물 세계를 기뻐하신다. 인간이 공동체로서 조화와 균형을 이루고 살며 각자의 일과 역할을 잘하는 것은 하나님께 기쁨이 된다.[30]

창 2:7 인간의 영광과 비천의 가능성: 주님 하나님은 땅의 흙으로 인간을 빚고 그의 코에 하나님의 생기를 불어넣어서 생물로 만들었다. 따라서 인간은 영광의 존재인 동시에 비천의 존재가 될 수 있는 가능성을 모두 가지고 있다. 주님 하나님의 생기를 받으면 혹은 성령이 내주하면 인간은 영광스러운 존재가 되지만 그렇지 않으면 같은 흙으로 만들어진 동물과 같은 존재가 된다.

이 관점은 인간은 전쟁에서 진 신들의 피와 흙이 혼합되어 시작되었다는 고대 중근동 신화의 관점과는 큰 대조를 이룬다. 이렇게 만들어진 인간에게는 존엄성이나 영성이 없으며 그는 영적인 존재도 아니다.[31]

창 2:15 일-노동: 주님 하나님은 그가 창조한 인간을 에덴동산에 두어서 동산을 일구고 관리하게 하였다. 동산에서 일하고 관리하게 하였

29 (23) Thomas B. Song, 86-92

30 (23) Thomas B. Song, 86-92

31 (23) Thomas B. Song, 104-108

of Eden to work it and keep it. > Apparently put him there to labor there > This occurred before Adam fell to sin or the Fall > so to labor is holy calling God gave to man. It is not a price of sin. It is not something only slaves do, but humans of free will do as a matter of importance > However, to labor is not the purpose of life (e.g. to rest/ Sabbath to work well), but to enjoy rest/Sabbath with God (i.e. to work/ labor to rest with God or Shalom)[32] It is also true that work/labor has become painful toil because God cursed the land and labor when Adam rebelled and fell (Gen 3:17-19). And the preacher in Ecclesiastes bears this out by saying that his work is both satisfying as well as aggravating (Eccles 2: 10, 23).[33]

Gen 2: 18–20 Human's Sexual Partner: The man could not find helper from animals. Animals cannot be sexual partners of man.[34]

Gen 2:24 Marriage and Right Partners: "a man shall leave his father and his mother and hold fast to his wife, and they shall become one flesh. (cf. Mark 10:6-9) > Since God made the two one, no one can separate the two; And marriage is between a man and a woman, Not between a man and another man (gay), or between a woman and another woman (lesbian) or (homosexual), or between a man/woman and an animal; A man marries a woman, one to one or monogamy, Not polygamy. In addition, there is no mention of children here > having children or not is optional in the creation order of God > having children does not mean blessing or having no children a curse. > No children cannot become a reason for

---

32 (23) Thomas B. Song, 113-114

33 (21) *ESV Study Bible*, 1195

34 (23) Thomas B. Song, 115-118

는데 이는 시간적으로 아담이 죄를 지어서 타락하기 전이다. 그러므로 일-노동을 한다는 것은 하나님이 인간에게 준 거룩한 소명이지 죄의 값이 아니다. 노동은 노예만 하는 것이 아니라 자유로운 인간이 하는 중요한 행위다. 하지만 노동이 인간의 삶의 목적은 아니다. 즉, 일을 잘하기 위하여 쉬거나 안식하는 것은 아니고, 하나님과 안식하고 그분의 샬롬을 누리기 위하여 일하는 것이다.[32] 인류의 조상 아담이 반역하고 타락했을 때 하나님이 땅과 그의 일을 저주함으로써 일이 고통스러운 것이 된 것 또한 사실이다(창 3:17-19). 그래서 전도서의 전도자는 일은 만족스럽기도 하지만 힘들기도 하다고 하여 이 점을 설파한다(전 2:10, 23).[33]

창 2:18-20 인간의 성적 파트너: 아담이 동물 중에서 그의 배필을 찾을 수 없었다. 동물은 사람의 성적 파트너가 될 수 없다.[34]

창 2:24 결혼과 바른 파트너: "남자가 그 부모를 떠나서 그의 아내와 합하여 둘이 한 몸이 될지니라 이러한즉 이제 둘이 아니요 한 몸이니 그러므로 하나님이 짝지어 주신 것을 사람이 나누지 못할지니라"(막 10:6-9). 하나님이 둘을 하나로 만들었으니 성경이 특별히 허용하는 경우 외에는 누구도 이혼시킬 수 없다. 그리고 결혼은 한 남자와 한 여자 간에 하는 것이지 한 남자와 다른 남자 간에 하는 것이 아니며(gay, homosexual), 한 여자와 다른 여자 사이에 하는 것도 아니며(lesbian, homosexual) 한 남자-여자와 한 동물 사이에 하는 것은 아니다. 한 남자가 한 여자와 일대일로 하는 일부일처(monogamy) 관계이지 일부다처(polygamy)가 아니다(아래 참조).

추가로 성경은 결혼과 관련하여 자녀에 대한 언급이 없다. 자녀를 가

---

32 (23) Thomas B. Song, 113-114

33 (21) *ESV Study Bible*, 1195

34 (23) Thomas B. Song, 115-118

divorce.[35]

Gen 4:19 Cause of Polygamy: "And Lamech took two wives". He was a descendant of Cain, the first killer in the Bible, not one belonging to the line of Seth, the chosen family line of Genesis. He was a killer and avenger (Gen 4:23-24) and he was the first one in the Bible who broke God's rule set in Gen 2:24 and took two wives > polygamy is a result of sin, Not God ordained creation order.[36]

Abortion is an act of killing an unborn child and is against the teaching of the Bible. Evangelical Christians and the Roman Catholic Church are united in opposing it. In his 2014 "State of the World" address, Pope Francis issued his strongest condemnation yet of abortion, calling it a "horrific" symptom of a "throwaway culture" that placed too little value on human life. His condemnation is more convincing if one recognizes the evil part of today's post-modernity and consumerism.

In the following, how the gospel worldview answers the seven foundational questions and others is summarized.

4. Christian WV addressing Seven Foundational Questions

The following is how the gospel worldview addresses the Seven Foundational Questions.[37]

---

35 (23) Thomas B. Song, 119-122

36 (23) Thomas B. Song, 154

37 (5) James Sire, 27-44

지거나 없는 것은 하나의 가능성이지 하나님의 창조 질서는 아니다. 즉, 자녀를 가지는 것은 축복이고 그렇지 않은 것은 저주라는 것은 창조 질서가 아니다. 따라서 자녀가 없는 것이 이혼의 사유가 될 수 없다.[35]

창 4:19 일부다처주의의 원인: "라멕이 두 아내를 맞이하였으니"(창 4:19)에서 가인의 후손인 라멕은 살인자이자 복수자였다(창 4:23-24). 그는 창 2:24 말씀의 일부일처 원칙을 처음으로 깨고 두 아내(일부다처)를 얻은 인물이다. 일부다처는 죄의 결과로 생긴 것이지 하나님의 창조 질서가 아니다.[36]

낙태: 낙태는 태어나지 않은 어린이를 죽이는 행위로서 성경의 가르침에 반하는 것이다. 복음주의 크리스천과 로마가톨릭 교회는 함께 이를 반대한다. 2014년, 세계 정세 연설에서 교황 프란시스는 낙태에 대하여 가장 강한 어조로 거부하고 규탄했는데, 그것은 인간 생명에 대하여 일고의 가치도 부여하지 않는 놀랄 만한 "버리기 문화"의 상징이라고 하였다. 오늘날의 소비주의와 포스트모더니티 사조의 악한 면을 인정하면 교황의 이 규탄은 더욱 신빙성을 얻게 된다.

아래에서는 복음 세계관의 관점들을 일곱 개의 근본 질문 등에 대한 대답으로 살펴 본다.

4. 일곱 개의 근원적 질문에 대한 복음 세계관의 대답

일곱 개의 근원적 질문에 대한 복음 세계관의 답은 다음과 같다.[37]

---

35 (23) Thomas B. Song, 119-122

36 (23) Thomas B. Song, 154

37 (5) James Sire, 27-44

WV Question 1, or Q1) What is prime or ultimate reality? The infinite, spiritual and personal God=*YHWH Elohim*=Lord God revealed in the Holy Scriptures and manifested in the universe. This God reigns over the universe. He is triune, transcendent and immanent, omniscient, omnipotent, sovereign, and good. (Gen 1:1; Deut 6:4-6; Jonah 4:2; Eph 4:4-6; 1 Pet 1:16-21) He is also a particular God who came down to the world in human flesh and in human history to save it. (John 1:16, 3:16-17) A God who dwells with believers and guides them into all truth. (John 14:15-17) (for more refer to Christian theology-theism in 5, a, below).

WV Q2) What is the nature of the world around us? Cosmos (nature and humanity) God created ex nihilo to operate with a uniformity of cause and effect in an open system; orderly; not programmed for operations; objective reality; an object of sciences and studies; Like humanity nature was originally created good by God but fell by the rebellion of Adam resulting in the prevalence of evil, unrighteousness and sufferings. (Gen 1-2; Psalm 19; John 1:1-5; Acts 17:22-31; Col 1:15-17).

WV Q3) What is a human being? They were created in the image of God and thus possess personality, self-transcendence, intelligence, morality, gregariousness, creativity and dignity; Created as the pinnacle of God's creation and charged to oversee the animal and natural world. (Gen 1:27, 1:31, 2:7) (vs. a highly complex machine; a sleeping god or a naked ape; made from the blood of gods lost in battle and dust according to an ancient Middle Eastern mythology); Created good, but through the Fall the image of God became defaced, though not so ruined as to not be capable of restoration (Gen 3) > Duality

근원적 질문 1 (WV Q1). 세상-현실의 근원 혹은 근원적 실재는 무엇인가? 성경에 계시되고 온 우주에 나타나 있는 무한하며, 영이며 개인적인 하나님, 야훼 엘로힘, 즉 주님 하나님이다. 이 하나님이 우주를 다스린다. 그는 삼위일체, 초월자, 임재자, 전지, 전능, 주권자이며 선한 분이다(창 1:1; 신 6:4-6; 욘 4:2; 엡 4:4-6; 벧전 1:16-21). 그는 또한 인간을 구원하기 위하여 인간의 몸을 입고 이 세상에 온 특별한 신이다(요 1:16, 3:16-17). 그를 믿는 자들에게 내주하며 그들을 모든 진리로 인도하는 신이다(요 14:15-17). (더 자세한 내용은 아래의 5, a, 기독교 신관 참조)

WV Q2. 우리 주위의 세상은 무엇인가? 자연과 인간으로 구성된 우주는 하나님이 무에서 유로 창조하고 인과의 통일성으로 운영하는 개방된 시스템이다. 질서적이지만 미리 프로그램된 대로 운행하지는 않는다. 객관적 실체이며 과학적인 연구의 대상이다. 인간과 같이 자연도 하나님이 원래 선하게 창조했지만 아담의 반역으로 타락하였고, 그 결과 악과 불의와 고통이 횡행하는 곳이 되었다(창 1-2; 시 19; 요 1:1-5; 행 17:22-31; 골 1:15-17).

WV Q3. 인간은 무엇인가? 하나님의 형상으로 창조되었기에 인간은 개성, 초월성, 지성, 도덕성, 군집성, 창조성과 존귀함을 가진다. 하나님의 창조 세계에서 가장 높은 존재로 창조되었고 동물 세계와 자연 세계를 다스리라는 명령을 받았다(창 1:27, 1:31, 2:7). (다른 세계관의 대답: 매우 정교한 기계, 잠자는 신, 털이 있는 원숭이, 고대 중근동 신화의 인간은 흙과 전쟁에서 진 신들의 피가 혼합되어 만들어진 것). 선하게 창조되었으나 타락으로 말미암아 하나님의 형상이 많이 훼손되었지만 회복 불가능한 상태가 된 것은 아니다(창 3). 본성이 이중적인 존재. 하나님에게 반역하는 죄

of human nature; They are born sinners in rebellion against God and their sinfulness grew (Gen 6:5); they are sinners by nature and by choice; Through the work of Jesus Christ (who is the eternal son of God, perfect both in his deity and in his humanity, lived a sinless life, died on the cross to redeem humanity and was resurrected, ascended to the heavens and will come again in glory), God redeemed humanity and began the process of restoring people to goodness, though any given person may choose to reject that redemption. (Gen 1:26-31, 3:1-19; Psalms 51:5, 139:13-16; Isa 9:6-7; Micah 5:2; John 1:1-18, 8:58, 14:1-9; Acts 1:1-11; Rom 3:9-20, 28; 2 Cor 5:21; Eph 2:1; Phil 2:6-11; Col 1:13-23, 2:9-10; Heb 1:1-3, 4:15; James 3:9).

WV Q4) What happens to a person at death? At death one's physical body ends returning to dust from which it came; But, one's soul lives on with the soul of the believer going to paradise in heaven while that of the unbeliever to hell; Upon the 2nd coming of Jesus Christ or the time of the judgment, the redeemed soul will be resurrected with his soul and body reunited to become a resurrected person enjoying the bliss of being with God for eternity; For each person death is either the gate to life with God and his people in heaven or the gate to eternal separation from God or hell. (Eccles 12:7; 1 Cor 15:42-44; 1 Thess 4:13-14; Rev 20:15) (vs. Personal extinction; reincarnation, departure to a shadowy existence of "the other side".)

WV Q5) Why is it possible to know anything at all? Because human beings are made in the image of an all-knowing God, they can know both the world around them and God himself. God has built into them the capacity to do so and he takes an active role in communicating with them. (Job 32:8) (vs. humanity can know because of consciousness and rationality developed under the contingencies of survival in

인으로 태어나게 되었고 그 죄가 점점 더 커지는 존재가 되었다(창 6:5). 인간은 천성적으로 또 개인의 선택으로 죄인이다. 이런 인류를 하나님은 그리스도 예수(그는 영원한 하나님의 아들, 완전한 신이며 인간, 죄 없는 삶을 사신 분, 인류를 구원하기 위해 십자가에서 죽으시고 부활하시고, 승천하고 영광 중에 재림하실 분)의 삶을 통해서 원래의 선으로 회복하는 구속 사역을 시작하였다. 그러나 어떤 개인이든 이 구속에의 초청을 거절하는 선택을 할 수 있다(창 1:26-31, 3:1-19; 시 51:5, 139:13-16; 사 9:6-7; 미 5:2; 요 1:1-18, 8:58, 14:1-9; 행 1:1-11; 롬 3:9-20, 28; 고후 5:21; 엡 2:1; 빌 2:6-11; 골 1:13-23, 2:9-10; 히 1:1-3, 4:15; 약 3:9).

WV Q4. 사람은 죽을 때 어떻게 되나? 죽음에 임하면 사람의 육체는 끝이 나고 자신이 왔던 흙으로 다시 돌아간다. 그러나 그의 영혼은 계속 살아서 믿는 자의 영혼은 하늘의 복락에 가고 불신자의 영혼은 지옥으로 간다. 주님의 재림 시, 즉 심판의 때에 구원받은 영혼은 부활하여 영과 육이 합쳐진 부활체가 되어서 하나님과 함께하는 복을 영원히 누리게 된다. 모든 개인에게 죽음은 하나님과 그의 백성과 함께 하는 생명에 이르는 문이거나 하나님과 영원히 분리되어서 지옥에 이르는 문이 된다(전 12:7; 고전 15:42-44; 살전 4:13-14; 계 20:15). (다른 세계관의 답: 개인의 소멸, 윤회의 기회, 저승의 그림자 같은 존재로 떠나는 것)

WV Q5. 무엇인가를 아는 것은 왜 가능한가? 인간은 전지한 하나님의 형상으로 만들어졌기 때문에 그의 주위의 세상과 하나님에 관해서 알 수 있다. 하나님은 인간에게 그런 능력을 심어 주었고 그들과 적극적으로 소통하기 때문이다(욥 32:8). (대비되는 세계관은 긴 진화 과정의 위기로부터 살아남기 위한 결과로서 인간은 의식과 합리적 사고 능력을 얻게 된 것으로 본다.)

a long process of evolution.)

WV Q6) How do we know what is right and wrong? As a person made in the image of a God whose character is good, one is essentially a moral being having the capacity to know what is right and wrong. God is the source of the moral world as well as the physical world. The good God expresses his goodness in the laws and moral principles he has revealed in the Scriptures. God the incarnate, Christ Jesus lived a life of goodness and taught his disciples to live good. Hence, Christian faith from the start entailed many individual and social behavioral requirements making it an extraordinarily moral religion. This aspect, among others, made it a very different religion from other religions then because the main concern of the religions then in Roman culture was about sacrifices and rituals.[38] Still, our sense of morality has been flawed by the Fall, and now we only brokenly reflect the truly good. Yet even in our moral relativity, we cannot get rid of the sense that some things are right or natural and others not. (Gen 3:5, 8:21; Ps 86:5, 119:68) (vs. right and wrong are determined by human choice alone, or what feels good, or the notions simply developed under an impetus toward cultural or physical survival.)

WV Q7) What is the meaning of one's life or human history? History is linear, a meaningful sequence of events leading to the fulfillment of God's purposes for humanity. The actions of people, as confusing and chaotic as they appear, are part of a meaningful sequence that has a beginning and an end according to God's plan. One's life and history are not reversible, not repeatable, nor cyclical;

---

38 (13) Larry Hurtado, *Destroyer of the gods*, 143-181

WV Q6. 우리는 옳고 그름을 어떻게 아는가? 선한 성품의 하나님의 형상으로 만들어진 인간이기에 그는 기본적으로 도덕적인 존재로서 옳고 그름, 혹은 선과 악을 알 수 있는 능력을 가진다. 하나님은 외형적 세계뿐만 아니라 도덕적 세계의 근원이다. 선한 하나님은 그의 선하심을 성경에 계시한 법과 도덕적 원칙을 통해서 보여 주신다. 성육신 하나님인 그리스도 예수는 선의 삶을 살았고 제자들이 선한 삶을 살도록 가르쳤다. 따라서, 기독 신앙은 처음부터 신자들이 개인적 그리고 사회적으로 선한 행동들을 많이 하도록 함으로써 유별나게 도덕적인 종교가 되었다. 여러 가지 이유 중에서 이 점이 기독교를 제물과 제사 의식에 주요 관심을 보인 당시 로마 시대의 다른 종교들과는 엄청나게 다른 종교로 만들었다.[38] 그러나 우리의 도덕에 대한 민감성은 타락으로 많이 훼손되었기 때문에 이제 인간은 진정한 선을 제대로 나타내기가 어렵게 되었다. 이러한 상대적 도덕의 상태에도 불구하고 우리는 어떤 것은 옳고 어떤 것은 그르다는 센스를 버릴 수는 없다(창 3:5, 8:21; 시 86:5, 119:68). (다른 세계관 대답의 예: 선과 악은 인간의 선택으로 결정된다. 좋게 느껴지는 것은 선이고 그렇지 않은 것은 악이다. 문화적 육체적 생존 본능 과정에서 개발되는 것에 지나지 않는다.)

WV Q7. 인간 삶과 역사의 의미는 무엇인가? 역사는 직선적이고 하나님께서 정하신 인간의 목적으로 향하는 의미 있는 사건들의 연속이다. 얼핏 혼란스럽고 무질서한 것 같지만 인간의 행위들은 하나님의 계획에 따른 처음과 끝으로 연결되는 의미 있는 것들이다. 한 인간의 인생과 역사는 다시 시작할 수 없으며 반복될 수 없고 윤회적이지 않다.

---

38 (13) Larry Hurtado, *Destroyer of the gods*, 143-181

History is not meaningless, but teleological, going somewhere, directed toward a known end. The God who knows the end from the beginning is aware of and sovereign over the actions of humankind. He is the judge also. Depending on one's faith in the Messiah, Jesus of Nazareth during one's life, one can join at the time of one's death an eternal life with God or an eternal separation from God. (Matt 25:31-46; John 14:1-3; Rom 8:28-39, 14:10; 2 Cor 5:10; Eph 1:3-14; Rev. 19:11-21, 20:11-15, 21-22) (vs. to enjoy life and forget about after-life concern; to make a paradise on earth; to get released from "samsara".)

5. Christian Worldview reflected in Ten Key Areas of Life[39]

a. Christian Theology – Theism (Trinitarian)

It affirms the existence of an all-knowing, all-powerful, loving, just and good God who exists in the Trinity of Father, Son, and Holy Spirit. He is the Spirit and the creator of all creatures setting himself above them as He is not part of them. This God is the foundation for all that exists and for all meaning. He is the same God who took upon himself human form in the person of the Son, Jesus Christ and died for our sins. He is both the mind and heart, who not only created the world but also loved it so much that He sent His only begotten Son to die for it.

b. Christian Philosophy – Supernaturalism (Faith and Reason)

Jesus Christ is the Logos (word or mind) of God and he is the explanation for the universe and everything in it. Christians claim that the biblical doctrines of God, creation, logos, design, purpose, law, order, and life are reasonable, and consistent with the findings

---

39 (20) Christian worldview in http://allaboutworldview.org accessed over 2013-2017

역사는 무의미한 것이 아니며 목적을 가지고 있으며 정해진 끝을 향하여 가고 있다. 시작 때부터 종말을 아시는 하나님께서 인류의 역사를 아시고 주관하신다. 또한 하나님은 심판자이시기도 하다. 한 인간의 인생 중에 구세주 나사렛 예수님을 믿었느냐의 여부에 따라 그는 죽음에서 하나님과 하는 영원한 생명으로 혹은 그로부터 영원한 분리로 들어가게 된다(마 25:31-46; 요 14:1-3; 롬 8: 28-39, 14:10; 고후 5:10; 엡 1:3-14; 계 9:11-21, 20:11-15, 21-22). (다른 세계관의 대답: 인생은 즐기는 것이고 죽음 후의 걱정은 잊어버린다. 지상에 낙원을 건설하는 것이다. 인생 윤회의 족쇄에서 탈피하는 것이다.)

5. 삶의 10개 중요 분야에 대한 기독교 세계관[39]

a. 기독 신학 - 신론(삼위일체 신)

전지, 전능, 사랑, 공의와 선의 하나님이시며 그분은 성부, 성자와 성령으로 존재하신다. 하나님은 영이시며 만물의 창조주이시며 그것의 일부가 아니고 그들 위에 계신다. 하나님은 존재하고 있는 만물의 근원이고 의미의 근거가 된다. 그는 인간의 형상을 입고 성자 예수의 몸으로 오시고 인류의 죄를 대신하여 죽은 그 하나님이다. 그는 지혜와 감성으로 이 세상을 창조하셨을 뿐만 아니라 매우 사랑하셔서 그의 독생자를 보내어 그 세상을 위하여 죽게 하셨다.

b. 기독 철학 - 초자연주의(신앙과 이성)

예수 그리스도는 하나님의 로고스(말씀 혹은 지성)이며 우주와 그 속의 만물에 대한 설명이다. 크리스천은 신, 창조, 말씀, 설계, 목적, 법, 질서

---

39 (20) Christian worldview in http://allaboutworldview.org 2013-2017년에 접속함.

of science, history, and personal experience in contrast with philosophies of dialectical materialism (Marxism-Communism), secular humanism-naturalism or post-modernism.

c. Christian Ethics – Moral Absolutes

God's moral nature is absolute and unchanging and it is revealed throughout the Bible. God hates evil and loves good as he is good. The Bible tells us the difference between good and evil, providing a framework on which unambiguous ethics must be built. Rather than believing in some ethical scheme bound to society's ever-changing whims, the Christian worldview has a specific moral order revealed to humanity through both the general revelation and the special revelation of the Bible and the person of Jesus Christ. Important moral values revealed in the Bible include love, righteousness, care and service, and peace. According to the Christian worldview ethical relativism leads to destruction because its gate is wide and the way is easy (Matt. 7:13).

d. Christianity and Science – Creationism

Christians believe that only the creationist perspective can adequately account for the design in nature, since it postulates a designer, a law-giver, and orderly cause, while the advocates of naturalism-materialism can only posit chance and leave many questions unanswered. The Christian worldview holds that the creationist model as described in the Bible better fits the facts of science than the evolutionary model. Christianity trusts the authority of Genesis and declarations concerning creation (Gen 1:1, Col 1:16). Christianity and science are demonstrated to be compatible and declare in unison that God created all things (Eph. 3:9).

와 삶에 관한 성경의 교리들은 이성적이며 과학, 역사학과 개인의 경험과 일치하는 것으로 천명한다. 이 교리들은 변증적 유물주의(마르크스주의-공산주의), 세속 인본-자연주의 및 탈근대주의와는 대비된다.

c. 기독 윤리 – 절대 도덕

하나님의 도덕성은 절대적이며 불변하고 이는 성경 전체를 통해 계시되었다. 하나님은 악을 미워하시며 선을 사랑하시고 스스로 선하시다. 성경은 선과 악의 차이를 말씀하고 확실한 윤리를 세우기 위한 프레임을 제공한다. 한 사회의 늘 변하는 가치에 따라 변하는 어떤 윤리의 틀을 믿는 것이 아니라, 기독교 세계관은 일반 계시와 성경을 통한 특별 계시 및 예수 그리스도의 삶을 통하여 인류에게 계시하여 준 구체적인 도덕 질서를 가르친다. 성경이 계시하는 중요한 도덕 가치들은 사랑, 공의, 돌봄과 섬김 및 평화를 포함한다. 기독교 세계관에 따르면 상대주의 윤리는 넓고 쉬운 문으로 가게 함으로써 죽음에 이르게 하는 것이다(마 7:13).

d. 기독교와 과학 – 창조주의

크리스천은 창조주의 관점만이 설계자, 법 제공자 및 질서로 디자인된 자연을 제대로 설명할 수 있고, 자연주의와 유물론 주창자들은 우연에 근거하고 많은 질문에 대하여 대답할 수 없다고 믿는다. 기독교 세계관은 성경에 기록된 창조주의 모델이 진화론 모델보다 과학의 실재들과 더 잘 맞다고 주장한다. 기독교는 성경 창세기의 권위와 창조에 관한 선포들을 신뢰한다(창 1:1; 골 1:16). 기독교와 과학은 병존이 가능하고 한목소리로 하나님이 만물을 창조했다고 선포한다(엡 3:9).

e. Christian Humanism and Psychology

Heart/mind-Body Dualism but with the fallen nature of Man: With its emphasis on the spiritual and its understanding of man's fallen condition (Rom. 1-2), the Christian worldview can truly address the innermost concerns of a person. Christian humanism and psychology helps people get in touch with their real selves only because it allows them to recognize their own sinfulness and consequently their need for a Savior. Our greatest need is not self-esteem of the sinful self or self-realization, rather it is the realization that we are sinners in rebellion against God. Only after receiving Christ as Savior can a person begin to understand his value as a creation in God's image and lead a triumphant life. The Christian worldview calls for one to recognize that one's sin is real, then to face his sin and repent of it. This is in most cases the most difficult part to carry out for many self-righteous people raised in the Confucian view of man (that humans are inherently good and can be cultivated to be better through education and character-building).

f. Christian Sociology – Traditional Family, Church, and State

Christian sociology is based on the proposition that both the individual and social order are important to God. Christ died and rose again for each person. God also ordained the social institutions of family (resulting from a marriage between a man and a woman— a monogamy), church, and state to teach love, respect, discipline, work, and communal life. Under the Christian worldview, sociology accords importance to both society, as a means for human cooperation in accordance with God's will, and the individual as a vital part of various social institutions in society.

e. 기독 인간관과 심리학

인간은 마음—이성과 육체의 이중 구조로 되어 있지만 인간의 본성은 타락하였다. 인간의 영성과 본성의 타락에 대한 이해를 강조함으로써 (롬 1-2), 기독교 세계관은 한 인간의 내면 깊숙이 존재하는 염려를 해결할 수 있다. 기독 인간관과 심리학은 사람의 죄성과 이에 대한 구원주의 필요성을 인식하게 하기 때문에 인간의 진정한 자아를 대면하게 해 준다. 우리가 가장 필요로 하는 것은 죄인 자신에 대한 존경이나 자아 실현이 아니라 우리가 하나님에 대해 반역하고 있는 죄인이라는 것을 인식하는 것이다. 그리스도를 구원주로 영접하여야만 그 사람은 자기가 하나님의 형상으로 창조된 귀한 존재라는 것을 알기 시작하고 승리하는 삶을 영위할 수 있다. 기독교 세계관은 인간에게 인간의 죄는 실제라는 것을 인정하고 그 죄에 바로 직면하고 회개할 것을 요구한다. 이것은 유교적인 인간관 속에서 자란 자기 의가 강한 사람들 대부분의 경우에 가장 행하기 어려운 일이 된다(즉, 인간은 태생적으로 선하고 교육과 성격 개발의 수련을 통하여 더욱 개선될 수 있다는 인간관).

f. 기독 사회관 – 전통적인 가정, 교회와 국가

기독교적 사회관은 인간 개인과 사회 질서는 하나님께도 매우 중요하다는 전제에 근거한다. 그리스도는 사람 개개인을 위하여 죽고 부활하였다. 하나님은 또한 사회 제도들, 즉 (한 남자와 한 여자 간의 결혼, 즉 일부일처 결혼으로부터) 가정, 교회, 국가를 세워서 사랑, 존경, 규율, 노동, 공동체 삶을 가르친다. 기독교 세계관이 가르치는 사회관은 하나님의 뜻에 따라 인간이 협동하는 수단으로의 사회와 사회의 여러 제도의 중요한 일부로서 개인에게 중요성을 부여한다.

g. Christianity and Law - Divine–Natural Law

The Christian worldview holds that the law consists of both natural and divine laws originating from the character of a righteous and loving God. Divine law is eternal because God is eternal. God established human government and the rule of law primarily to keep in check man's sinful nature and passions (Rom. 13:1-4). Because of the Fall, human history reflects a continuing effort by men to substitute man-made law for God's divine law. The Christian worldview asserts that when God's laws are obeyed, men and societies thrive. The Christian concept of human rights is based on the biblical doctrine of man's creation in the image of God. These rights carry with them specific responsibilities and both are unalienable.

h. Christian Politics - Justice, Freedom, and Order

The Christian worldview recognizes the state as a God-ordained institution for public justice in society (Gen. 9:6, Rom. 13:1-7, 1 Peter 2:13-17). Christianity also believes in the depravity of man and his moral responsibility. Therefore, government is a necessary institution for justice and freedom to be sustained. Protection and care of the poor and the marginalized is one of its important mandates. However, government has limited obligations, not totalitarian powers. The Bible calls for limited government. Christians can never give uncritical allegiances to any human government since their first loyalty is to Jesus Christ.

i. Christian Economics - Stewardship of Property

God sanctions that the trade of commodities be done in honesty (Deut.25:13-15). The Christian worldview holds that economic

g. 기독교와 법 - 신성과 자연 법

기독교 세계관은 법은 의롭고 우리를 사랑하시는 하나님의 성품으로 부터 유래하는 자연법과 신성법으로 구성된다고 주장한다. 신성법은 영 원한데 이는 하나님이 영원하기 때문이다. 하나님은 인간 정부와 법에 의한 통치(rule of law)를 세웠는데 이는 기본적으로 인간의 죄성과 욕망 을 규제하기 위함이다(롬 13:1-4). 인간의 타락으로 인하여 인류 역사는 인간이 인간의 법으로 하나님의 법을 계속 대체해 나가는 과정을 반영 한다. 기독교 세계관은 하나님의 법을 지키면 사람과 사회는 번성한다 고 주장한다. 기독교적 인권 개념은 하나님의 형상으로 창조된 인간이 라는 성경 교리에 근거한다. 이 인권은 구체적 책무를 부과하며 이 둘은 분리할 수 없다.

h. 기독교적 정치 - 정의, 자유, 질서

기독교 세계관은 국가는 하나님이 허락한 기관으로 사회의 공적 정 의 유지가 목적이라고 인식한다(창 9:6; 롬 13:1-7; 벧전 2:13-17). 기독교 는 또한 인간의 타락과 도덕적 책임을 믿는다. 그러므로 정부는 정의와 자유를 유지하기 위하여 필요한 기관이다. 가난한 사람들과 한계적 상 황에 있는 사람들을 보호하고 돕는 것이 정부의 중요한 책무 중의 하나 가 된다. 그러나 정부의 책무는 제한적이지 전체주의적인 권력을 가지 는 것은 아니다. 성경은 제한적인 정부를 인정한다. 크리스천은 예수 그 리스도에게 우선적으로 충성하기 때문에 인간 정부에 대하여 무한한 충 성을 줄 수 없다.

i. 기독교 경제 - 재산의 관리의무

하나님은 재화의 정직한 거래를 허락한다(신 25:13-15). 기독교 세계

system should promote justice by protecting the property rights of individuals (freedom to own properties) from infringement by others. Christians believe that their properties and assets are granted by God and their roles are to manage them well as faithful stewards. The Christian worldview maintains that the free enterprise system is compatible with biblical teaching since it checks injustice and grants man responsibility in terms of both private property and economic decisions. Business is fundamentally good since it provides the means by which needed commodities and services may be produced and exchanged. Healthy business is motivated by the loving service of one's neighbor.

j. Christianity and History – Creation, Fall, and Redemption in a linear manner; Once only with the start and end

History consisting of God's creation, the Fall and the worsening depravity of humanity and God's redemption is linear, a meaningful sequence of events leading to the fulfillment of God's purposes for humanity (i.e. to have them enjoy Shalom with Him in His Kingdom). The actions of people, as confusing and chaotic as they appear, are part of a meaningful sequence that has a beginning and an end fulfilling God's providential will. History is not reversible, not repeatable, nor cyclic; History is not meaningless, but teleological, going somewhere, directed toward a known end. The God who knows the end from the beginning is aware of and sovereign over the actions of humankind. Depending on one's faith in Jesus during one's life, one can at the time of one's death enter eternal life with God or eternal separation from God.

관은 경제 제도는 개인의 재산권(자유로운 재산 소유권)을 타인이나 기관의 침해로부터 보호함으로써 정의를 증진시켜야 한다고 믿는다. 크리스천은 자신들의 소유와 재산은 하나님이 허락한 것이며 이것들을 신실한 청지기로 잘 관리하여야 한다고 믿는다. 기독교 세계관은 자유 기업 제도는 성경의 가르침과 부합하는 것으로 보는데, 이는 불의를 견제하고 사람들에게 사유 재산권과 경제적 결정에 대하여 책임을 부과하기 때문이다. 사업-기업 활동은 사회의 필요 제품과 서비스를 생산하고 교환하게 하는 수단이기에 기본적으로 선한 것이다. 건강한 사업은 이웃을 사랑으로 섬기는 동기로 운영된다.

j. 기독교와 역사 – 창조, 타락, 구속의 일직선적 역사, 처음과 끝이 있는 단 한번의 역사

하나님의 천지 창조, 인간의 타락과 심화 및 하나님의 구속으로 구성되는 역사는 일직선으로 전개되며 하나님이 정해 준 인간의 목적(하나님 나라에서 하나님과 샬롬을 누리는 것)을 이루어 나가는 의미 있는 사건들의 연속이다. 비록 혼돈스럽고 제멋대로인 것 같아 보이지만 인간의 행동들은 하나님의 섭리적 뜻을 이루어 나가기 위해 처음과 끝이 있는 의미 있는 사건들의 연속의 일부이다. 역사는 역주행하지 않으며, 반복하지 않으며, 또한 윤회하지 않는다. 역사는 무의미하지 않고 목적이 있는 것으로 어디론가 그러나 계획된 종말을 향하여 가고 있다. 처음부터 종말을 알고 있는 하나님은 역사의 흐름을 알고 계시며 인류의 행동들을 주관하신다. 인간이 그의 인생 중에 예수님을 믿었는지 여부에 따라 죽음의 때에 그는 하나님과 영생을 하느냐 혹은 하나님과 영원히 분리되느냐가 결정된다.

VII.

Competing Worldviews of
Naturalism - Secular Humanism(Modernity),
Naturalism – Marxism(Socialism/Communism),
and Post Modernity:
An Overview in the context
of the Seven Foundational Questions
and Evaluations

A. An Overview of Evolution of the Western Worldview and Growth of Modernity[40]

The Renaissance (Humanism is "born again"): 15th and 16th Centuries

The Reformation (Reforming and Secularizing): 16th Century

The Scientific Revolution (Development of Modernity): 16-17th Centuries

The Enlightenment (Conversion of the West to a New Faith of Scientific Humanism—faith in progress, reason, technology, rational social order, etc.): 18th Century

The Age of Revolution (Political, industrial, social revolutions following Enlightenment faith): 19-20th Centuries

---

40 (12) Goheen and Bartholomew, 82-106

VII.

경쟁 관계의 근대-탈근대 시대 세계관
(자연주의-세속 인본주의[근대주의],
자연주의-마르크스주의[사회주의/공산주의],
및 탈근대주의):
일곱 개의 근원적 질문 중심의 개관 및 평가

A. 서구 세계관의 진화와 근대주의의 발전: 개관[40]

르네상스(인본주의의 재탄생): 15-16세기

종교개혁(구교 개혁과 세속화): 16세기

과학 혁명(근대의 개발): 16-17세기

계몽주의(서구 신앙의 과학적 인본주의라는 새 신앙에의 회심―발전, 이성, 기
　　술, 합리적 사회 질서 등에 대한 믿음): 18세기

혁명 시대(계몽주의 믿음에 따른 정치, 산업, 및 사회 혁명): 19-20세기

40　(12) Goheen and Bartholomew, 82-106

B. Worldviews of Modernity

The above evolution broadly represents the Modernity movement backed up by Naturalism, the philosophical theory that nature is all that exists. Part of this is Materialism. Under this worldview there is no God, nor other spiritual beings and the possibility of life after death is doubted. Naturalism as practiced in the 20-21st centuries can be broken down into two: Naturalism—secular humanism, and Naturalism—Marxism.[41]

Modernity Ideologies: Categories

- From the growth of Modernity (the Renaissance, the Reformation, the Scientific Revolution, the Enlightenment, Political-economic Revolutions, Scientific Humanism, Marxism-Materialism, etc.) come two dominant ideologies of the modern world:

1) Secular Humanism–Globalization (Secular Humanism); it is grounded on the humanist and rationalist outlook of the European enlightenment, and

2) Materialism–Marxism (Socialism-Communism) which was the basis of political-economic systems of late Soviet Union, other East European Communist countries, and late China

The worldviews of Naturalism-secular humanism, Naturalism-Marxism, Postmodernity and New Age are summarized as below.

---

41 (12) Goheen and Bartholomew, 85-93

B. 근대주의 세계관

이상의 진화는 오직 자연만이 존재의 전부라는 철학 이론에 근거한 자연주의를 바탕으로 한 근대주의 운동을 광의로 나타낸다. 이 세계관의 하나가 물질주의 혹은 유물론이다. 이 세계관 아래에서는 신은 없으며, 다른 영적 존재도 없고 사후의 삶에 대한 가능성은 의심을 받게 된다. 20-21세기의 자연주의는 둘로 나누어진다. 즉, 세속 인본주의로서의 자연주의와 물질주의/마르크스주의로서의 자연주의이다.[41]

근대주의 이데올로기: 분류

- 근대주의(르네상스, 종교개혁, 과학 혁명, 계몽주의, 정치-경제 혁명, 과학적 인본주의, 마르크스 물질주의 등)로부터 근대 세계의 두 대표적 이데올로기가 탄생되었다.
1) 세속 세계화 인본주의(세속적 인본주의): 유럽의 계몽주의 세계관에 따른 인본주의 이성주의에 근거한다.
2) 유물 마르크시즘(사회-공산 주의): 구 소련 연방, 구 동유럽 공산국가와 과거 중국의 정치-경제 시스템

이하에서 자연주의-세속 인본주의와 자연주의-마르크스주의와 뉴에이지의 세계관을 일곱 개의 근원적 질문을 중심으로 요약한다.

---

41   (12) Goheen and Bartholomew, 85-93

1. Naturalism–Secular Humanism (Modernity) Worldview[42]

WV Q1: Prime reality is matter (Not God or gods). Matter exists eternally and is all there is. God does not exist. No spiritual world.

WV Q2: The cosmos exists as a uniformity of cause and effect in a closed system. It is not open to reordering from the outside. No room for miracles of God.

WV Q3: Man is only body—no soul, nor conscience exists, but the body has an innate and autonomous thinking and reasoning capacity. Human beings are complex "machines"; personality is an interrelation of chemical and physical properties we do not yet fully understand. Spirituality of a person is denied. Still man is regarded as the center of the world conquering and developing nature with reason and science.

WV Q4: Death is the extinction of personality and individuality. Men and women are made of matter and nothing else. When the matter that goes to make up an individual is disorganized at death, then that person disappears. No soul, nor life after death.

WV Q5: Through our innate and autonomous human reason, including the methods of science, we can know the universe. The cosmos, including this world, is understood to be in its normal state. It accepts the internal faculty of reason and the thoughts human beings come to have as givens.

---

42   (5) James Sire, 66-93

1. 자연주의-세속 인본주의(근대주의) 세계관[42]

WV Q1 (근원적 질문 1): 근원적 실재는 물질이다(유일신이나 다신이 아님). 물질은 영원히 존재하며 세상에는 그것 뿐이다. 신은 존재하지 않으며 영적 세계도 없다.

WV Q2: 우주는 인과 법칙이 규칙적으로 지켜지는 닫힌 시스템이다. 외부로부터 오는 어떠한 비규칙적인 것도 허용하지 않는다. 신에 의한 기적이 일어날 수 없다.

WV Q3: 인간은 육체뿐이다. 영혼과 양심은 없으며 내부적 자동적인 사고와 이성적 능력을 가졌을 뿐이다. 인간은 복잡한 "기계"이다. 개성은 아직 확실히 알지 못하는 화학적-물리적 상호 작용에 의한 것이다. 사람의 영성은 부인된다. 그러나 인간은 세계의 중심으로서 이성과 과학으로 그것을 정복하고 발전시킨다.

WV Q4: 죽음은 개성과 개인이 멸하는 것이다. 남자와 여자는 물질로 만들어 졌으며 그 외에는 아무 것도 없다. 사람을 구성하는 물질이 죽음에서 해체되면 그 사람도 사라진다. 영혼이나 사후의 삶은 없다.

WV Q5: 과학적 방법을 포함한 인간의 내재적, 자동적 이성을 통하여 그는 우주를 알 수 있다. 이 세상을 포함한 우주는 정상적 상태로 존재한다. 인간의 내재적인 이성과 사고의 능력은 주어진 것으로 인정한다.

---

42 (5) James Sire, 66-93

WV Q6: Ethics are related only to human beings. For a theist, God is the foundation of values, but for a naturalist, values are constructed by the cultures of human beings. Naturalists affirm that moral values derive their source from human experience. They hold moral relativism. Ethics are autonomous and situational, needing no theological or ideological sanction. Ethics stem from human need and interest.

WV Q7: History is a linear stream of events linked by cause and effect but without an overarching purpose. The origin of the human family is in nature. Natural history begins with the origin of the universe. Something happened a long time ago—a big bang or sudden emergence—that ultimately resulted in the formation of the universe we now inhabit and are conscious of. This worldview is based mostly on the modernity worldview. Naturalists support the theory of evolution for how human beings came to be.

Naturalism-Secular humanism is further evolved with the powerful influence of Globalization. Hence Globalization can be viewed as an evolution and extension of Modernity.[43] With international trade and investment, international communication and technology (ICT) making instant worldwide communication and sharing of information possible, Globalization impacts cultures and the lives of the people of the world far more than envisaged.

---

43 (12) Goheen and Bartholomew, 107-109

WV Q6: 윤리는 인간에게만 관련된다. 유신론자에게는 신이 윤리 가치의 근거이나, 자연주의자에게는 윤리 가치는 인간의 문화에 의해 만들어지는 것이다. 자연주의는 도덕적 가치는 인간의 경험에서 연유한 다고 확신한다. 그들은 도덕적 상대주의를 믿는다. 윤리는 자율적이고 상황적인 것으로 신학적이나 사상적 허가 사항이 아니다. 윤리는 인간 의 필요와 관심에서 유래한다.

WV Q7: 역사는 원인과 결과에 의한 사건들의 직선적 연속에 지나지 않으며 포괄적 목적이 있는 것은 아니다. 인간 가족의 시작은 자연에서 기원한다. 자연의 역사는 우주의 시작에서 출발한다. 태고에 일어난 빅 뱅이나 갑작스러운 출현에 의해서 생성된 그 무엇이 연유가 되어서 우 리가 인식하고 살아가는 우주가 생겨났다. 이 세계관의 대부분은 근대 주의 세계관에 근거한다. 자연주의자들은 인간의 기원에 관하여 진화론 적 입장을 지지한다.

자연주의–세속 인본주의는 세계화의 막강한 영향에 의해 더욱 진화 되었다. 따라서 세계화는 근대주의의 진화 혹은 연장으로 볼 수 있다.[43] 국제 무역과 투자와 국제적인 통신 기술이 즉각적인 세계적 교신과 정 보의 교환을 가능하게 하는 세상에서 국제화는 세계인의 문화와 삶에 대하여 상상 이상으로 큰 영향을 미친다.

---

43 (12) Goheen and Bartholomew, 107-109

Secular Humanism on God-Spiritual World

- **Matter** (physical substance) is prime reality, not God, gods, or spirits; Matter exists eternally and is all there is; God does not exist, nor spiritual world of spirits or ghosts, at least publicly; Any belief in God or spiritual world is a private matter
- **Evaluation:** Very deficient because it ignores the spiritual worlds and provides no teaching or speculation on such world; Belief in God, gods, or spirits, prime realities of high religions and folk religions are regarded as superstition and antithetic to science

Secular Humanism on Reality and World

- As a part of cosmos the world exists as a uniformity of cause and effect in a closed system; Not open to miracles or reordering from outside like God or gods
- World is real and important in which humankind inhabits and which becomes the object of management, development, progress, and science
- **Evaluation:** Vulnerable to over-development and environmental degradation; Lacks good stewardship of sustainability of earth

Secular Humanism on Human being

- Human is only body; Spirituality of a person is denied or delegated to private concern only; No soul, nor conscience exists, but has innate and autonomous thinking and reasoning capacity

세속 인본주의의 신관

- 물리적 존재로서 물질이 근원적 현실이지 신이나 귀신 혹은 영이 근원적 현실이 아니다. 물질은 영존하며 세상에는 그것만 있다. 절대자 신은 없으며 영이나 귀신의 영적 세계도 없다. 최소한 공적인 영역에서는 신이나 영적 세계에 대한 신앙은 사적인 문제이다.
- 평가: 이는 영적 세계를 무시하고 그에 대한 어떤 가르침이나 사유를 제공하지 않기 때문에 매우 부족한 세계관이다. 유일신, 신들혹은 영들과, 고등 종교들과 민속 종교의 근원적 실재들을 미신으로 과학에 반하는 것으로 본다.

세속 인본주의의 현실 세계관

- 세계는 작용과 반작용의 법칙이 획일적으로 작동되는 닫힌 시스템이며 우주의 일부이다. 기적이나 기타 신이나 신들에 의해 이러한 질서가 변경되는 일은 있을 수 없다.
- 세계는 인류가 주거하며 관리, 개발, 발전과 과학의 대상이 되는 실재이며 중요한 것이다.
- 평가: 과잉 개발과 환경 파괴에 취약한 세계관이며 지구의 지속 가능을 위한 선한 관리가 부족한 관점이다.

세속 인본주의의 인간관

- 인간은 육체뿐이다. 인간의 영성을 부인하거나 사적인 관심으로 전락시킨다. 인간에게는 영혼도 양심도 존재하지 않지만 그는 내재적이고 자율적인 사고와 이성적 능력은 갖고 있다.

- Human beings are complex "machines"; personality is an interrelation of chemical and physical properties we do not yet fully understand
- Still human being is regarded as the center of the world conquering and developing the nature with reason and science; The reason why it is called humanism
- Evaluation: It is very deficient and superficial because it regards man only as body with reasoning capacity denying the spiritual being side of a person or delegating it to private realm
- Provides no solution (salvation) to human being's illness and problems arising from the spiritual side of one's being; e.g. bringing a sick person afflicted by demons to modern hospital which only cures physical illness
- No help to moral-ethical degradation; No solution to psychological illness caused by too much of competition, greed, anger, and fear; Unchecked consumerism makes everything consumable even human bodies
- No solution to sickness of mind caused by sinfulness of soul

Secular Humanism on Death

- Death is extinction of personality and individuality
- Persons are made of matter and nothing else and when the matter is disorganized at death, then that person disappears

- 인간은 고도로 복잡한 "기계"다. 개성이란 우리가 아직도 다 알지 못하는 화학적 물리적 성분들의 상호 관련이다.
- 그럼에도 인간은 세계의 중심으로서 이성과 과학에 의해 자연을 정복하고 개발한다. 이것이 인본주의라는 이름이 비롯된 이유다.
- 평가: 이 관점은 인간을 오직 이성적 능력을 가진 육체로만 보고 인간을 영적 존재로 보는 것을 부정하고 영적인 면은 사적인 것으로 폄하하기 때문에 매우 부족하고 피상적인 관점이다.
- 인간의 영적인 영역에서 야기되는 병이나 문제에 대하여 해결책, 즉 구원을 제시하지 못한다. 예를 들면, 악령의 공격으로 인해 아픈 사람을 육체의 병만 치료하는 근대적 병원에 데려 가는 것이다.
- 도덕-윤리의 타락에 대해서 아무런 도움을 줄 수 없다. 과도한 경쟁, 탐욕, 분노, 및 공포에 의해 야기되는 마음의 병에 대하여 아무런 해답을 제공하지 못한다. 무절제한 소비주의는 인간의 육체를 포함한 모든 것을 소비의 대상으로 본다.
- 영혼의 죄성으로 인하여 야기되는 마음의 병에 대하여 해답을 주지 못한다.

세속 인본주의의 죽음관
- 죽음은 성격과 개성이 불이 꺼지듯이 없어지는 것이다.
- 사람은 물질로만 구성되기 때문에 죽음으로 그 물질이 해체될 때 그 사람은 사라진다.

- No soul, nor life after death

- Evaluation: No teaching on or help to human's foundational concern and fear of death and afterlife

- No explanation as to why humanity's diverse cultures have had sacred mourning and burial rituals for their dead throughout the human history

- Most of those believing in it are so afraid of their own deaths that they avoid thinking about it and face fatality of their deaths in fear

2. Naturalism—Marxism/Socialism/Communism Worldview

It is based on the German philosopher Karl Marx's and the Russian Lenin's dialectical and materialist philosophy which predicts the progression of class contradictions of capitalism > class conflicts > revolution > proletariat class dominating > socialism > communism > totalitarianism where the state controls everything—no freedom of any individual or group—to make a utopia on earth.[44] The historical experimentations of these in the Soviet Union, eastern European communist countries, China, etc. during the 70 years since the 1910s have failed as a viable political/ economic system and they are now in the process of transit to various forms of market capitalism with or without socialism.

---

44 (20) Marxist worldview article at http://allaboutworldview.org accessed over 2013-2017

- 죽음 후에는 영혼도 생명도 없다.

- 평가: 죽음과 죽음 후에 대한 근원적 걱정과 두려움에 대하여 아무런 가르침이나 도움을 주지 못한다.

- 인간의 긴 역사에서 보여 준 다양한 문화 전통이 지켜왔던 거룩한 애도 행위나 매장 의식에 대한 행동 이유를 설명하지 못한다.

- 이 세계관을 믿은 사람들 대부분은 그들 자신의 죽음에 대하여 너무 무서워해서 그것을 생각하고 마주하기를 피한다.

2. 자연주의(물질주의)–마르크스주의/사회주의/공산주의 세계관

이 세계관은 독일 철학자 칼 마르크스와 러시아 혁명가 레닌의 변증법적 유물론 철학에 근거한다. 이에 따라 역사는 자본주의 사회 계급의 모순, 사회 계급간 갈등, 혁명, 노동자 계급의 지배, 사회주의, 공산주의에 이어 모든 것을 국가가 통제하는 국가 전체주의로 진전하여서 지구상에 유토피아를 이루기 위해 개인과 그룹의 자유는 일체 없는 세상이 되는 것으로 본다.[44]

1910년대 이후 70년간 소련 연방, 동유럽 공산주의 국가들과 중공 등에서 실시된 이 세계관의 역사적 실험은 정치–경제 제도로서 유지가 불가능하게 되어 실패하였다. 그후 지금 이들 국가들은 사회주의 혹은 비사회주의적 시장 경제 제도로 변화하는 과정에 있다.

---

44 (20) Marxist worldview article at http://allboutworldview.org 2013-2017년에 접속함.

- Its teachings on the Four Questions are broadly identical to those of Secular Humanism

- But, grounded on dialectical philosophy and materialist ideology of Marx, Engels, and Lenin, its worldview regarding political-economic system, society, individual is drastically different from those of Secular Humanism

- On God—spiritual world: It is grounded on Atheism; Prime reality is not God but Matter (substance of material); God in whatever name is called, does not, cannot, and must not exist; Religion is a drug or "spiritual booze" and must be combated

- God, particularly Christian religion is considered an impediment, even an enemy, to a scientific, materialistic, socialist nation-building; This explains the persecution of the church in countries with a communist government

- On Reality—World: World and history is the result of the dialectic at work through biological evolution, economics, and the social order (bourgeois vs proletariat class clash and revolution leading to communism); to a classless-collectivism society, and communism (private property is not allowed; all is owned and controlled by state)

- World should be grounded on proletariat morality (whatever good for the proletariat is good and the others are bad), Violence (thru secret police) and Lies (thru propaganda and control of free press) are justified in the name of proletariat morality

- On Human being: Individual is insignificant in the face of powerful social forces and collectivism; Rights and freedoms of Individuals including freedom of expression, and freedom of

물질주의-마르크시즘(공산주의) 세계관

- 이 세계관의 상기 네 가지 근본적 질문에 대한 가르침은 위에서 본 세속 인본주의의 관점과 대부분 동일하다.

- 그러나 마르크스, 엥겔스 및 레닌의 변증법적 철학과 유물론적 이데올로기에 근거하기 때문에 정치-경제 제도, 사회 및 개인에 대한 관점은 세속 인본주의의 그것과 극단적으로 다르다.

- 신-영적 세계관: 무신론에 근거한다. 근원적 실재는 신이 아니라 질량 혹은 물질의 근원이다. 어떤 이름으로 불려지던 신은 존재하지 않고, 존재할 수도 없으며, 존재하면 안 된다. 종교는 마약 혹은 영적 술취함이기 때문에 쳐부셔야 한다.

- 하나님, 특별히 기독교는 과학적, 물질적, 사회주의 국가 건설에 방해가 되며 나아가 적으로 간주한다. 이것이 공산주의 정권의 나라 안에서 행해지는 교회에 대한 박해를 설명한다.

- 현실-세계관: 세계와 역사는 생물적 진화, 경제 제도 및 사회 질서 (자본가 계급 대 노동자 계급의 계급 투쟁과 혁명에 의해서 공산주의로 귀착)의 변증법적 과정의 결과이다. 역사의 귀착은 무계급-집단주의 사회인 공산주의로서 이 제도에서는 개인의 사유 재산은 허용되지 않으며 모든 것은 국가가 소유하고 통제한다.

- 세상은 무엇이든 노동자 계급에 좋은 것은 선이고 그렇지 않은 것은 악이라는 노동자 도덕성에 근거해야 한다. 따라서 비밀 경찰에 의한 폭력과 선전, 자유 언론 통제를 통한 거짓말은 노동자 도덕성의 이름으로 정당화된다.

- 인간관: 강력한 사회적 힘과 전체주의 속에서 개인은 아무런 중요성이 없는 존재다. 표현의 자유와 예배의 자유를 포함한 개인의 권리와 자유는 대부분 금지된다. 인간의 존엄성은 존중 받지 못한다.

worship are largely prohibited; Human dignity is not honored

- In theory political and economic powers rest with the proletariat owning the means of production of the society, but in reality with the communist party and the state

- Evaluation: Broadly identical to that for Secular humanism but its atheism, materialism, and communism totally deny the spiritual life of individuals and society, persecute religious practices and institutions, and limit freedom and rights of individuals; Salvation from illness of souls, fear and insecurity of individual life, arrests and persecutions is all the more difficult to get

- Of all worldviews it is the most materialistic, most inhumane, and most animus to God and Christian faith

- Very immoral justifying violence and lies and violating human freedom and rights by the state – a universal right for the cause of proletariat morality

- Degradation of individual's morality and work ethics and discipline in those lying outside of the control of the party and state, leading to low labor productivity and high corruption which became the main reason for the collapse of the communist countries in the 1980's and 90's

- Too much persecution and control of religious and spiritual activities of people led them to seek alternative ways to satisfy their spiritual needs through under-ground churches as well as cults and superstitions

- Its political and economic systems experimented over the 70 years since Bolshevik revolution in 1918, have eventually failed and are now in the process of transit to various forms of market

- 이론적으로는 사회의 생산 수단을 소유하는 노동자들에게 정치-경제적 권력이 귀속되지만, 실제로 그 권력은 공산당과 국가가 가진다.
- 평가: 크게는 세속 인본주의 인간관과 동일하나, 이 세계관의 무신론, 물질주의와 공산주의는 인간과 사회의 영적 삶을 철저히 부정하며 종교 행위나 기관들을 박해하며 개인의 자유와 권리를 제한한다. 영혼의 병, 삶의 두려움과 불안, 체포와 박해로부터 구원을 얻는 것이 더욱 어려운 인간관이다.
- 모든 세계관 중에서 가장 물질주의적이고, 가장 비인간적이고, 하나님과 기독교 신앙에 대해 가장 적대적이다.
- 매우 비도덕적인 세계관이다. 정부에 의한 폭력과 거짓말을 정당화하고, 보편적으로 인정하는 인간의 자유와 권리를 정부가 짓밟는 행동을 노동자 중심 도덕성이라고 하는 대의를 핑계로 허용하기 때문이다.
- 정부와 공산당의 통제 밖에 있는 영역에서의 개인의 도덕 타락과 직업 윤리와 기강의 해이는 낮은 노동 생산성과 높은 부패를 야기시킨다. 이것이 1980년대와 90년대에 일어났던 공산주의 국가들의 붕괴를 가져온 주된 이유가 되었다.
- 사람들의 종교적 영적 활동에 대한 과잉 박해와 통제는 그들로 하여금 영적 필요를 채우기 위하여 사교 및 미신뿐만 아니라 지하 교회라는 대안을 찾게 만든다.
- 이 세계관에 근거하여 세워진 정치-경제 시스템들은 1918년 볼셰비키 혁명 이후 70년간 세계 여러 나라에서 실험되었지만 결국은 다 실패하였고, 이제는 여러 형태의 사회주의 혹은 비사회주의적 시장 경제로 변화하고 있다.

capitalism with or without socialism

- A historical irony that Marxism-communism gave away instead of Christian faith and capitalism has occurred contrary to what Marx and Lenin prophesied

3. Worldview of Post–modernism/Postmodernity

It is a broad and somewhat ambiguous belief system resulting from philosophical and cultural reactions to the modernity worldview.[45] It holds that reality is ultimately incomprehensible by human investigation, that knowledge is a social construction, that truth-claims are political power plays, and that the meaning of words is to be determined by readers, not authors. In brief, the postmodern worldview sees reality as what individuals or social groups make it to be. Subjective interpretation and emotion are what matter most. They hold atheism and cultural relativism and see human beings as socially-constructed selves. They support sexual egalitarianism. In politics, they hold leftism. Post-modernists see economics as the way to alleviate human suffering. They seek this goal through some form of government intervention within a free market environment.

New Age Worldview

It is not an "organized" belief system. Most New Agers reject any notion of doctrine, creed or organization, but they mix the worldviews of Hinduism, Buddhism and Post-modernism. It is more

---

45 (20) Postmodern theory article at http://allaboutworldview.org accessed during 2013-2017

- 이는 마르크스와 레닌이 예언했던 기독교 믿음과 자본주의의 몰락 대신 마르크시즘-공산주의가 멸망하는 역사적 아이러니가 되었다.

3. 탈근대주의(포스트모더니즘) 세계관

포스트모더니티 세계관은 모더니티(근대주의) 세계관에 대하여 철학적 문화적으로 대응하기 위하여 대두된 포괄적이고 일부 모호한 신념 체계이다.[45] 이 세계관의 기본적 주장은 궁극적인 세계-현실은 인간의 연구에 의해서는 알 수 없는 것이고, 지식은 하나의 사회적 산물이며, 진리 주장은 정치 권력의 놀이이고, 말과 글의 의미는 저자가 아니라 독자-청자에 의해서 결정되어져야 한다 등이다. 요약하면, 탈근대주의 세계관은 세계-현실은 개인이나 사회적 집단에 의해 결정된다는 것이다. 주관적 해석과 감정이 가장 중요한 것이다. 이 세계관의 신봉자들은 무신론과 문화 상대주의를 믿으며 인간은 사회적으로 만들어진 존재라고 본다. 성 평등주의를 지원한다. 정치 이념에서는 좌파이다. 이들은 경제는 인간 고통을 경감시키는 방법으로 본다. 이를 자유 시장 제도 안에서 정부의 개입으로 달성하고자 한다.

뉴 에이지(New Age) 세계관

이는 체계가 잡힌 세계관은 아니다. 이 세계관의 신봉자들 대부분은 교리나 신념 혹은 제도를 거부하나, 힌두교, 불교, 및 포스트모더니티 세계관을 혼합한 것을 가진다.

---

45 (20) http://allaboutworldview.org의 탈근대주의 이론 아티클, 2013-2017년 접속함.

of a movement of an extremely large, loosely structured network of organizations and individuals bound together by common values based in Eastern mysticism, pantheism and monism (the worldview that "all is one").[46] They believe that everything that exists consists of one and the same essence or reality. A second assumption is that this ultimate reality is neither dead matter nor unconscious energy. It is a being, awareness, and bliss. They hold that all that is, is God (pantheism) and man, a part of "all that is", is likewise divine.

---

46   (20) New Age article at http://allaboutworldview.org accessed during 2013-2017

이것은 동구(인도) 신비주의, 범신주의 및 모니즘(세계의 모든 것은 다 하나라고 믿는)에 근거한 가치관을 공유하는 매우 크고 유동적으로 조직된 개인과 조직들에 의한 하나의 운동이다.[46] 그들은 존재하는 만물은 하나의 동일한 본질 또는 실재로 구성된 것이라고 믿는다.

두번째 전제는 "이 근원적 실재는 죽은 것도 아니고 느낌이 없는 에너지도 아니다."라는 것이다. 그것은 하나의 존재이며 의식이며 환희이다. 그들은 존재하는 모든 것은 신이며(범신론) 사람이고, 따라서 그 모든 존재의 일부인 사람도 신적이라고 생각한다.

---

46 (20) http://allaboutworldview.org의 뉴 에이지 아티클, 2013-2017년 접속함.

VIII.

Competing Religious Worldviews of Hinduism, Buddhism, Confucianism, Islam, and Traditional Tribal Religions: An Overview in the context of the Seven Foundational Questions and Evaluations[47]

Below are brief introductions to the major world religions mentioned above and summaries of key teachings addressing the seven foundational questions of worldview and some existential questions - Hinduism, Buddhism, Confucianism, Islam and Traditional Tribal Religion or Animism-Shamanism. In addition, some evaluations of the key teachings are made based on the evaluation criteria mentioned in Chapter 5.

A. Hindu Worldview and an Evaluation

Being more of a group of religious and cultural traditions of

---

47 Most of evaluations are the works of the author while parts of introductions and teachings addressed to the seven foundational questions are drawn from the references as indicated in the footnotes

VIII.

경쟁 관계의 주요 종교적 세계관
(힌두 세계관, 불교 세계관, 유교 세계관,
이슬람 세계관 및 전통 종교 세계관):
일곱 개 근본 질문의 상황에 비추어 본 개관과 평가[47]

아래에서는 상기한 주요 세계 종교들에 대한 간략한 소개와 위에서 다룬 세계관의 일곱 개의 근원적 질문 및 일부 실존적 질문에 대한 이 종교들의 중요한 가르침을 요약한다. 즉, 힌두교, 불교, 유교, 이슬람 및 전통 부족 종교 혹은 정령주의-샤머니즘이 그 종교들이다. 추가로 그 중요한 가르침에 대하여 제5장에서 언급한 평가 기준에 근거하여 본 평가의 일부를 제시한다.

A. 힌두 세계관과 평가

인도의 5000년 역사에서 형성된 다양한 형이상학적 철학, 신념 및 행위들을 융합하고 수용한 여러 종교와 문화 전통으로 구성되는 것으로

---

47 대부분의 평가는 저자의 것이며, 일곱 개의 질문과 관련된 제 세계관의 소개와 가르침은 각주 (footnote)의 참고 자료에서 온 것이다.

India grown over 5000 years absorbing and assimilating various metaphysics, beliefs and practices, Hinduism is fundamentally eclectic and syncretistic.[48] It is also a religion of pantheism with polytheistic elements. In view of Hinduism's many different and often incompatible teachings, the following is based on the teachings of Upanishads of the Vedas, the earliest Hindu scriptures.

WV Q1. prime reality: Of many gods and goddesses worshiped by Hindu believers (including the gods of Brahma, Vishnu, and Shiva), Brahman is the ultimate, one abstract, all-pervading prime reality. The ultimate reality, Brahman is truth and the source of truth. All reality including the self is an aspect of Brahman. Brahman is an illusion maker and he does this and others as his play or sport. No moral goals behind these. He is not the creator God either.

Evaluation: While Hindu cosmology postulates that all is one, it sets Brahman as God and the ultimate reality above gods, humans, animals, etc. In addition, the Upanishads reveal that the self (atman) is identical with Brahman which contradicts the above. Brahman is not of a moral being, but is an illusion maker.

WV Q2. reality or world: Cosmo, or world, is something eternally existing (not created) but taking on an incarnation and reincarnation cycle, being subject to karma, or the law of cause/action and effect. What is seen in this world (physical and empirical things) is neither real nor unreal, but an illusion or 'maya' or transitory things. Due to ignorance and illusion, they are seen as real. The physical world is

---

48   (17) Norman Anderson, ed. Bruce Nicholls, *Hinduism*, 136-166

볼 수 있는 힌두교는 근본적으로 융합적이고 혼합적이다.[48] 힌두교는 또한 다신론적 요소가 포함된 범신론적 종교이다. 힌두교는 한 문제에 대해서도 자주 병립이 불가능한, 서로 다른 가르침을 준다는 점을 감안하여 아래에서는 힌두교의 고전 경전인 『베다』의 우파니샤드 가르침을 근거하여 살펴본다.

WV Q1. 근원적 현실: 힌두교 신자들이 예배하는 브라마, 비시누 및 시바를 포함한 많은 남신과 여신 중에서 브라만(Brahman)을 모든 현상을 주관하는 궁극적이고 추상적인 실체로 본다. 궁극적 실체인 브라만은 진리이고, 모든 진리의 근원이다. 인간을 포함한 모든 실재는 브라만의 일부이다. 브라만은 환상 제조자이며 환상을 만드는 것을 놀이로 또 재미로 한다. 이러한 실재의 이면에는 아무런 도덕적 목적이 없다. 그는 창조자도 신도 아니다.

평가: 힌두교의 우주론은 모든 것이 하나라고 규정하는데 브라만을 다른 신들, 인간, 동물 등의 위에 있는 근원적 신으로 궁극적 실재로 규정한다. 추가해서 우파니샤드는 자아, 즉 아트만은 브라만과 동일하다고 밝히는데 이는 상기한 것과 모순된다. 브라만은 도덕적 존재가 아니고 환상 제조자이다.

WV Q2. 현실 혹은 세계: 우주 혹은 세계는 창조된 것이 아닌 영존하는 그 무엇이며 인과응보 법칙인 카르마에 따라서 태어나고 다시 태어나는, 즉 윤회하는 것이다. 세상에서 보이는 물리적 경험적 사물들은 실제도 아니며 비실제도 아닌, 지나가버리는 마야 즉 허상 혹은 환상에

---

48 (17) Norman Anderson, ed. Bruce Nicholls, *Hinduism*, 136-166

제2부 · 세계관의 간략 소개와 아홉 개 주요 세계관의 개관 및 평가 **153**

neither real nor unreal; it is mere illusion (maya).

Evaluation: The world we sense and live in is too real to be an illusion and too orderly to be a product of the play of Brahman. The teaching that the world precedes humanity and gods is inconsistent with the Hindu presupposition that the world exists from eternity in cycles of incarnation and re-incarnation. There is no mention of the creation of the world by whomever in Hinduism. The Hindu view essentially negates the reality of the real world. At best, it is something confusing and something to renounce. Such a view leads to a passive, negative and fatalistic view of life. It is antithetic to the studies and science of the world.

WV Q3. human being: There is profound disagreement about the identity of self or humans. Being part of life human is of confusion and illusion and life repeats eternally following karmic law. One teaching says that there are two different views of being humans. One, we are individual souls struggling to purify ourselves so that we can merge with the supreme soul, Brahman. Two, all is god in the universe. A true human is one who treats all living beings as living souls and parts of god, and tries to purify himself by meditation and yoga to reach god's level. Another teaching says that individual personality and individuality is an illusion. Humans are simply an expression of the impersonal life force which is working its way toward "oneness with the One".

Evaluation: In Hinduism, there is no distinction between humans and others such as animals or even inanimate things. All is one. All are simply products of the playfulness of God Brahman. It does

지나지 않는다. 인간의 무지와 환상으로 인하여 실제로 보일 뿐이다. 물질적 세계 또한 실제도 비실제도 아닌 환상, 즉 마야에 지나지 않는다.

평가: 우리가 느끼고 살아가는 세상은 환상이라 하기에는 너무 확실하고 브라만의 놀이의 결과라고 보기에는 너무 질서 정연하다. 세계는 신들이나 인간보다 먼저 존재한다는 힌두 가르침은 세계는 영원 전부터 출생과 재출생의 윤회라는 힌두 전제와 합치하지 않는다. 힌두교에서는 누군가가 세상을 창조했다는 이야기가 없다. 힌두 견해는 본질적으로 실제 세상의 실재성을 부인한다. 기껏해야 세상은 혼돈스럽고 부정하여야 할 그 무엇에 지나지 않는다. 이런 관점은 삶에 대하여 수동적, 부정적, 숙명적 견해를 가지게 한다. 그래서 이 관점은 세계에 대한 연구나 과학에 반하는 것이다.

WV Q3. 인간-사람: 자아 혹은 인간이 무엇인가에 대한 힌두교의 가르침은 심각한 불일치를 보인다. 세상의 일부인 인간은 혼돈과 허상으로서 인간 삶은 카르마 법칙에 따라 영원히 윤회하는 것이다. 어떤 가르침은 인간에 대해서는 두 가지 다른 관점이 있다고 한다.

첫째, 우리는 개별적인 영혼으로 자신을 정화시키는 노력 끝에 최고의 영혼인 브라만에 통합되는 존재이다. 둘째, 우리 모두는 우주 속의 신이다. 진정한 인간은 모든 살아 있는 것들을 살아 있는 영혼으로 그리고 신의 일부로 취급하고 자신을 명상과 요가로 정화하여서 신의 경지로 도달하기 위하여 노력한다.

또 다른 가르침은 "인간 개성과 독자적 인간은 허구에 지나지 않는다."라고 한다. 인간은 모든 것이 하나가 되기 위하여 진행되는 비인격적 생명의 기운의 시현에 지나지 않은 것이다.

평가: 힌두교에서 인간은 다른 만물, 예를 들면, 동물 혹은 움직이지

not give due recognition to the very special status and capacities humans have, such as reasoning, speaking, using tools, etc., which are unique to humans only. The Hindu worldview of humans is simply not realistic. It reduces humans to illusions, transitory somethings or parts of an impersonal life force at best.

WV Q4. death: At death the body perishes returning to the elements from which it came while the soul transmigrates transferring to another body. Thus the cycle of birth, life, death and rebirth (samsara) continues. Since the body is impermanent it is not preserved but cremated. There is a concept of judgment made according to the law of karma and the cycle of rebirth. Following karmic law a man may be reborn as a god, as a member of a higher or lower caste or as an animal according to his every thought, word and act in the previous life. All creatures are involved in this cyclic time-process of samsara.

Evaluation: Differentiation of body and soul is pre-supposed here. But this again is not consistent with the Hindu monism. While the world is said to be an illusion, there is a body here which perishes and a soul that transmigrates. It is inconsistent. Since the present is determined by the past following the karmic law, one's fortunes are predetermined, making inequalities of birth and of mental and physical endowment fatalistic. Social classes based on the caste system are a result of this.

WV Q5. knowledge: Knowledge is understood to be an illusion. Nothing exists as it appears. Truth can be found only inside oneself

않는 물체들과 구분되는 것이 없다. 만물은 하나이다. 만물은 브라만 신의 놀이의 산물에 지나지 않는다. 힌두 가르침은 인간의 특별한 위치와 능력을 인정하지 않는다. 인간의 이성적 사고, 언어 능력, 도구 사용 능력 등 인간만이 가지는 것들을 인정하지 않는다. 간단히 말해, 인간에 대한 힌두 세계관은 현실적이지 않다. 그것은 인간을 허상이나 찰나적인 그 무엇이나 혹은 비인격적 생명력의 일부로 본다.

WV Q4. 죽음: 죽음에서 인간의 육체는 사라지며 그 본래의 요소로 변하여 되돌아가지만 그 영혼은 그 육체를 떠나 다른 육체로 전이한다. 이렇게 출생, 삶, 죽음과 다시 태어남의 순환, 즉 윤회(삼사라)는 계속된다. 인간의 육체는 영존하는 것이 아니기 때문에 보존하지 않고 화장된다. 죽음에는 카르마 법과 윤회의 순환에 따른 심판의 개념이 있다. 카르마 법에 따라 한 사람은 다음번 윤회에는 혹 신으로, 카스트의 높은 신분으로 혹은 낮은 신분으로, 혹은 동물로 다시 태어나게 된다. 이 법의 기준은 전생 중에 가졌던 모든 생각과 말과 행동들이다. 모든 피조물은 이 삼사라 윤회의 시간 과정 속에 빠져 있는 것이다.

평가: 인간의 육체와 영혼을 구분하는 것이 상정되어 있는데, 이는 또다시 힌두 모니즘, 즉 모든 것이 하나라는 원리에 위배된다. 세상 만물은 환상이라고 하면서 여기 인간의 육체는 죽으며 영혼은 다른 몸으로 전이한다. 모순이다. 인간의 현재는 카르마 법에 따라 과거의 삶에 의해 결정되기 때문에 한 사람의 운명은 이미 결정되어 있는 것이 된다. 즉, 사람의 운명은 숙명적으로 그의 출생과 정신적 육체적 대물림에 의해서 이미 결정되어 있다. 카스트 제도에 근거한 사회 계급은 이것의 결과이다.

WV Q5. 지식: 지식은 환상으로 이해된다. 현상으로 보이는 것 같은 실

through meditation, for example.

Evaluation: Human history testifies to the existence of a vast system of knowledge and science which has enabled humanity to progress and build civilizations. The Hindu worldview that knowledge is an illusion is not compatible with this historical fact.

WV Q6. ethics: While good and evil appear to exist in life, Hindu teaching posits that these are merely illusions. Karma always evens things out so that there is always proper balance. The cosmos is understood to be perfect every moment. Following Hindu teaching on the path of salvation or margas, selfless or disinterested action or the way of love is emphasized. The attitude of service or that of servant to master is taught. Following this, Mahatma Gandhi made the religion of service his life mission.

Evaluation: Good and evil exist in life as a reality. They are not illusions. Killings, wars, persecutions, etc. are real and human history is full of them. Good deeds of humans are also real and there are many examples of them in human history. Hindu teachings effectively negate the reality of the good and the bad. The moral foundation of Hindu ethics is very deficient because it is based on an immoral Brahman, the prime reality. Illusions of life are results of his play or sport, not anything of moral or ethical nature.

WV Q7. meaning of life: Human history has no permanence, or meaning. Life itself is just transitory and of illusion. But for an individual the ultimate goal of life is to attain moksha or detachment from worldly desires, or freedom from samsara or self-realization

재는 없다. 진리는 명상과 같은 것을 통해서 내적으로만 알 수 있는 것이다.

평가: 인간 역사는 인간 삶이 발전하고 문명을 건설하게 한 엄청난 지식과 과학의 시스템의 존재를 증언한다. 지식은 환상이라는 힌두 세계관은 이 역사적 사실과 부합하지 않는다.

WV Q6. 윤리: 삶에는 선한 것과 악한 것이 존재하는 것처럼 보이지만 힌두 가르침은 선과 악은 환상에 지나지 않다는 것을 전제로 한다. 카르마는 언제나 사물을 평형으로 만들기 때문에 늘 적절한 균형이 유지된다. 우주는 모든 순간이 다 완전하다고 이해한다.

한편, 구원의 길인 마르가의 가르침에 따라 이기심 없는 이해에 얽매이지 않는 행동 혹은 사랑의 도를 강조한다. 섬김, 즉 주인에 대한 종의 섬김을 가르친다. 이에 따라 마하트마 간디는 섬김의 종교를 그의 일생의 사명으로 만들었다.

평가: 삶에는 선과 악이 존재하는 것이 현실이다. 그것은 환상이 아니다. 살육, 전쟁, 박해 등은 실재이며 인간 역사는 이러한 것들로 가득차 있다. 인간의 선행도 실재이며 인간의 역사에는 많은 선행이 있다. 윤리성에 관한 힌두 가르침은 선과 악의 실재성을 실질적으로 부정한다. 힌두 윤리의 도덕적 바탕은 매우 부족한데, 이는 힌두 세계의 궁극적 실재인 브라만의 비도덕성에 근거한다. 삶의 모든 것이 허상인 것은 이러한 브라만의 놀이나 게임의 결과이지 어떠한 도덕–윤리적인 성품으로부터 기인하는 것은 아니다.

WV Q7. 인생의 의미: 인간의 역사는 항존성이나 의미가 없다. 삶 자체는 찰나적이며 허상에 지나지 않는다. 그러나 개인 인생의 궁극적 목적은 목샤에 도달하는 것 혹은 세상의 욕심으로부터 해탈하는 것이며

of union with Brahman. For Hindus the highest path of salvation is bhakti or devotion to a personal God. And there are traditionally three margas or methods of obtaining salvation—the path of selfless action or religious duty, the path of exclusive devotion to God, and the path of higher knowledge or spiritual insight.

Evaluation: Since there is nothing personal or individual associated with the Hindu reality, there is no meaning to life or individuals or human history. However, Hinduism teaches Moksha is individual salvation, which is inconsistent in itself. In Hinduism Moksha can be realized by bhakti and three margas. This is much easier said than done. For example, the third marga or the path of higher knowledge or spiritual insight is for the intellectual few only. Salvation depends entirely on one's efforts. There is no grace or help from without. In addition, there are so many teachings on how to and too many obligations to fulfill, which are often inconsistent and incompatible among themselves, that ordinary Hindus are in confusion and are at a loss. They are desperately in search of solutions to their life problems. This is why ordinary Hindus are superstitious and mysterious. Hinduism is not a system of doctrines or beliefs in a coherent manner, but an organic mixture of various religious traditions and practices in India over more than five millennia. There are many inconsistencies and gaps. Hence it is not strange for Hindu people to be attracted to syncretism, superstition, mysticism and fatalism.

Question on misfortunes, sufferings and inequalities: The cause of such is largely explained by the laws of karma. So is inequality

삼사라로부터의 자유이며 브라만과 연합하는 자아 실현이다. 힌두 신봉자에게 가장 높은 구원의 길은 박티, 즉 개인 신에 대한 헌신과 전념이다. 전통적인 구원의 길, 마르가에는 세 가지 방법이 있다. 자기 부정적 행동 혹은 종교 의무의 길, 신에 대한 전폭적 헌신의 길, 그리고 높은 지식 혹은 영적 통찰의 길이 그것이다.

평가: 힌두 세계관에는 인간 인격이나 개인의 개념이 없기 때문에 개인 인생이나 인류 역사의 의미가 없다. 그런데 힌두교는 개인 구원의 길로 목샤를 가르치는데 이는 모순 그 자체다. 힌두교에서 목샤는 박티 혹은 세 가지 마르가에 의해 얻어진다. 이는 말은 쉽지만 실행하는 것은 무척 어렵다.

예를 들면, 세번째 마르가, 즉 고등 지식 혹은 영적 통찰의 길은 적은 수의 지식인에게만 가능한 것이다. 그 구원은 전적으로 사람의 노력에 달려 있다. 외부로부터 오는 은혜나 도움은 없다. 추가로, 구원의 방법이나 달성하여야 할 행위에 대한 가르침은 너무 많고 또 이들이 서로 모순적이거나 양립 불가능한 것들이기 때문에 평범한 힌두 신자들은 혼돈과 당혹 속에 있게 된다. 그들은 그들 인생의 문제에 대한 해법을 처절하게 찾고 있다. 이것이 왜 일반적으로 힌두들이 미신적이며 신비주의적인지를 설명한다.

힌두교는 교리나 신념들이 논리적으로 조직된 시스템이 아니라 인도 5000년 역사 중에 형성된 다양한 종교적 전통이나 행태들이 유기적으로 혼합된 것이다. 따라서 많은 모순과 허점이 존재한다. 그러므로 힌두 신자들이 혼합주의, 미신, 신비주의나 숙명론에 끌리는 것은 조금도 이상한 것이 아니다.

불행, 고난 및 차별에 관한 질문: 이런 현상에 대한 원인으로 대부

of birth. Social class based on the caste system is justified and practiced even though it is outlawed by the Indian constitution. No solutions to these life problems are provided. Hence no salvation from these and the fear and concern of death.

Evaluation: Since present misfortunes and sufferings are pre-determined by past thoughts and acts, which one has no control over whatsoever according to karmic law, one cannot do anything about it. No solution to the fear and concern of death is provided, either. Hence, no effective salvation from these is provided. The only thing one can do is to do the margas to the best of one's efforts and knowledge, so that in the next life, one can be re-born into a higher caste or as a god. The injustice of the caste system of Hinduism is still accepted and practiced in the lives of the majority of Hindu people in India, even though the Indian constitution does not accept it.

B. Buddhist Worldview and An Evaluation

Buddhism is an offspring of Hinduism, and hence its basic metaphysical views are Hinduism-based. But it developed and evolved into a variety of doctrines and practices which are not the same as those of Hindu. Developing over the past 2,500 years in various cultures, it now is a broad family of religious and philosophical traditions. It was founded by a man named Siddhartha Gautama (Gotama) or Sakyamuni who later became Buddha. He was a teacher of a great wisdom and mind. His teachings became the base of the original Buddhism or Theravada Buddhism (TB), from which another type called Mahayana Buddhism (MB) was developed

분을 카르마 법칙에 돌린다. 출생에 따른 신분 차별도 여기에서 기인한다. 카스트 제도에 근거한 사회 계층 차이도 정당화되며 인도 헌법이 이를 불법화하였음에도 불구하고 아직도 실행되고 있다. 이러한 인생의 여러 가지 문제에 대해서 해답을 제공하지 않는다. 따라서 이런 문제들과 죽음에 대한 두려움과 걱정으로부터의 구원은 없다.

평가: 현재 삶의 불행과 고난은 카르마 법에 따라 지난 생의 모든 생각과 행동의 결과로 인해 이미 결정되어 있기 때문에 이에 대해서 할 수 있는 것이 아무것도 없다. 물론 죽음의 공포와 걱정에 대한 해결책도 없다. 그리하여, 이들 여러 문제에 대하여 효과적인 구원을 제공하지 못한다. 사람이 할 수 있는 유일한 것은 자기의 노력과 지식을 동원해서 마르가를 수행하여 다음 삶에서는 상위 카스터로 혹은 신으로 다시 태어나는 것을 바라는 것뿐이다. 힌두의 카스트 제도의 불의를 인도 헌법이 용인하지 않지만 아직도 많은 인도인의 삶 속에서 수용되고 시행되어지고 있다.

B. 불교 세계관과 평가

불교는 근원이 힌두교에서 파생되어 나온 종교이기 때문에 기본적인 형이상학적 관점들은 힌두교의 그것에 근거한다. 그러나 불교는 여러 교리나 수행들로 더욱 발전되고 진화되어서 이것들은 힌두교와는 다르다. 지금까지 2500년 동안 여러 문화에서 발전되어 온 불교는 이제는 다양한 종교와 철학 전통의 집합체적 종교가 되었다.

불교는 후에 성불한 싯다르타 가우타마(고타마) 혹은 사캬무니라는 사람에 의해 창시되었다. 그는 큰 지혜와 정신을 가졌던 스승이었다. 그의 가르침이 원조 불교 혹은 소승불교, 혹은 테라바다 불교(TB)의 근거가 되었으며, 그것으로부터 대승불교 혹은 마하야나 불교(MB)라 불리는

and became a much different type of Buddhism.[49] Therefore, Buddhist teachings on worldview questions according to Buddhist scriptures or canons of both types are given in two categories of TB and MB, as follows.[50]

WV Q1. prime reality: In TB: Gotama himself did not speculate on God or deities and on souls. Hence, his teachings are non-theistic. They are of moral, ethical, intellectual and this-worldly teachings. In MB, god or an absolute reality and other deities are acknowledged. But these are not a creator god or gods, nor are any purpose or morality attached to them. Emptiness can be regarded as the prime reality because MB teaches that what lies behind all relative and impermanent things is Emptiness. Gotama himself was deified as the Buddha and multiplied to the point of all are potential Buddhas. In this Buddha's Bodies, Gotama is considered merely one of countless historical manifestations of the True Buddha, with all humans, in fact, being potential Buddhas. So, it is very much of a pantheistic composition resulting from the syncretic accommodation of other religions such as Taoism, Animism and even Christianity.

Evaluation: In TB, there is no teaching on God or gods or deities. It is purely of this-worldly teaching. Hence it is deficient. In MB, emptiness is prime reality and all is manifestation of the True Buddha with all humans having the potential to become Buddhas. It is very much of pantheistic and animistic conception. There is no

---

49 (17) Norman Anderson, ed. Bentley-Taylor and Clark Offner, *Buddhism*, 169-189

50 (24) Gye Hwan, et al., 29-78

불교가 개발되었는데 이는 원조 불교와는 매우 다른 종류의 불교가 되었다.[49] 따라서 세계관 질문에 대한 불교의 가르침은 이 두 종파의 불교 경전 혹은 정경에 근거하기 때문에 TB와 MB 두 종류로 구분해서 표시한다.[50]

WV Q1. 근원적 현실: TB의 경우, 고타마 본인은 근원적 실재인 유일신, 신들 혹은 영혼에 대하여 가르치지 않았다. 그래서 그의 가르침은 비신적이다. 그것은 도덕적이고 윤리적, 지성적이며 현세 중심적 가르침이다. MB의 경우에는 신 혹은 절대자나 다른 영적 존재들을 인정한다. 그러나 이들은 창조신이나 신들은 아니며 아무런 목적이나 도덕성을 갖고 있지 않다. MB는 세상의 모든 상대적이고 변하는 것들 뒤에는 공이 있다고 가르치기 때문에 이 공이 근원적 실재라고 볼 수 있다.

고타마 본인은 부처로서 신격화되었으며 이는 모든 사람이 성불할 수 있다는 데까지 이르게 되었다. 이 부처론에서 고타마는 참된 부처의 여러 역사적 시현의 하나에 지나지 않으며 실은 모든 사람이 부처가 될 수 있는 가능성을 열어 놓았다. 따라서 이는 여러 종교들, 예를 들면, 도교, 정령 숭배 혹은 기독교로부터 혼합적으로 수용한 다신적 구조를 가진 신관이다.

평가: TB에는 유일신 혹은 신들에 대한 가르침이 없다. 그것은 오로지 이승-현생 중심의 가르침이다. 그래서 부족한 신관이다.

MB에서는 공이 근원적 실재이고 만물이 참된 부처의 시현이며 모든 사람은 부처가 될 수 있는 가능성을 가진다. 그래서, 대단히 범신적이고 정령주의적 개념의 신관이다.

---

49 (17) Norman Anderson, ed. Bentley-Taylor and Clark Offner, *Buddhism*, 169-189

50 (24) Gye Hwan, et al., 29-78

distinction of God or the prime reality from other deities or even humans who have the potential to become Buddhas. It is more of a monism which denies the distinctiveness of God or human beings from other things. This makes it very unrealistic.

WV Q2. reality or world: In TB: All that exists passes through the cycle of birth, growth, decay, death and rebirth (no creation), or samsara. Life is one and indivisible; its ever-changing forms are innumerable and perishable. The world of phenomena or the universe itself has a purely relative existence. This impermanence, this lack of absolute objective reality applies to the individual's self as well. There is nothing eternal or immortal about human being. This world of phenomena is also subject to Karma and rebirth or incarnation and reincarnation. The misery of life is caused by the fact that life is stuck in this eternal cycle and the solution to the misery is to get out of it, or moksha.

MB's view is basically the same as those of TB except that MB teaches that behind this world of purely relative existence lies Emptiness or sunyata. Hence Emptiness can be regarded as the ultimate reality. However, significant metaphysical concepts have been accepted, which are strikingly additional to the TB views concerned. One such is the pantheistic and animistic worldviews accommodated from other religions in China and Japan.

Evaluation: In TB, the world is a purely relative and impermanent existence. There is nothing eternal or immortal about the world and life. The world is subject to the law of Karma and the eternal cycle of rebirth or incarnation and reincarnation, and the misery of

신 혹은 만물의 근원과 다른 신들은 성불 가능성을 가진 인간과도 차이가 없다. 그것은 우주가 하나라는 모니즘과 유사하기 때문에 다른 만물에 대비한 신과 인간의 특별성을 부인하는 세계관이다. 그래서 매우 비현실적인 관점이다.

WV Q2. 현실-세계: TB에서는 존재하는 만물은 모두 창조가 아니라 출생, 성장, 병들고 죽고 다시 출생하는 윤회의 순환, 즉 삼사라를 지나간다. 생명은 하나이며 나눌 수 없는 것이지만 늘 변화하고 그 형태는 무수하며 멸절하기도 한다.

현상의 세계, 즉 우주는 순전히 상대적인 존재에 지나지 않는다. 이 비영원성과 절대적 객관성의 결여는 개별적 인간 자아에도 그대로 적용된다. 인간에게 영원한 것이나 불멸의 것은 없다. 이 상대적 현상의 세상은 카르마 법칙과 윤회 혹은 환생과 재환생의 법칙에 따르게 되어 있다. 삶의 비참함은 인간 생명이 이 영겁의 윤회의 순환에 빠져 있는데 있다. 이 비참함으로부터 헤어 나오는 길은 그것으로 부터의 해탈, 즉 목샤뿐이다.

MB의 관점도 기본적으로는 TB와 같지만 한 가지 다른 점은 세상의 완전히 상대적인 존재들의 배후에는 공, 즉 순야타가 있다는 것이다. 그래서 공을 궁극적 실재로 볼 수 있다. 그러나 TB의 관점과는 매우 다른 상당한 형이상학적 개념들을 추가하였다. 그 한 예가 범신론적이고 정령 숭배주의적 세계관의 수용인데 이들은 중국과 일본의 다른 종교들로부터 유래한 것이다.

평가: TB에서는 세상은 순전히 상대적-연기적이며 비영속적인 존재라고 가르친다. 세상과 삶에는 영원한 것이나 불멸의 것은 아무것도 없다. 세상은 카르마 법에 따라서 출생과 재출생의 영원한 순환, 즉 윤회

life lies in the fact that it is stuck in this cycle or samsara. Hence the world of phenomena is something to get out of and be renounced, rather than to work in or be the subject of studies or scientific investigation. TB's outlook of the world therefore is of non-reality of what we call reality and of fatalism and passivity.

In MB, in addition to the TB outlook which is shared by MB, a pantheistic and animistic outlook is additionally accommodated. This makes MB's outlook more superstitious, magical and mystical than that of TB which is basically of negation of reality and of fatalism and passivity.

WV Q3. Human being: In TB: Separate individual existence is really an illusion, for there is no such thing as self or soul (absence of self). The self has neither beginning nor ending, is eternally changing, and possesses only a phenomenal existence according to the doctrine of impermanence. Like the physical world, human life is subject to the law of Karma and the eternal cycle of rebirth, or incarnation and reincarnation. One's birth is preconditioned by one's earlier life. The Four Noble Truths teach that life is basically a succession of suffering experiences and the cause of suffering is desire-desire for possession and selfish enjoyment of every kind. In essence, suffering is caused by a deep, inner craving, rooted in ignorance, which ultimately cannot be satisfied. Suffering ceases when desire ceases, when this selfish craving, this lust for life, has been renounced and destroyed. The Eightfold Paths are believed to lead to the cessation of suffering. The misery of human life is caused by the destiny of samsara or the destiny of life stuck in the

이다. 그래서 인생의 비참함은 이 윤회의 사슬, 삼사라에 묶여서 헤어나오지 못하는 데 있다. 그래서 현상으로서 이 세상은 벗어나고 부정해야 할 것이지, 그 속에서 일하고 조사하고 연구와 과학을 하는 대상이 아니다. 따라서 TB의 세계관은 우리가 현실로서 보는 세계의 비현실화이며 숙명적이고 수동적인 관점이다.

MB에서는 상기한 TB의 기본 세계관에 추가해서 범신론적이고 정령숭배적 세계관을 수용하였다. 그래서 MB의 세계관은 기본적으로 현실의 부정과 숙명적이고 수동적인 TB의 세계관보다 더욱 미신적이고 마술적이며 신비적이다.

WV Q3. 인간: TB에서는 인간 개인의 존재를 하나의 허상으로 본다. 왜냐하면 인간 자아나 영혼은 없는 것으로 간주하기 때문이다. 인간 존재는 시작도 없고 끝도 없는 것으로 실존이 아닌 현상으로만 존재하며 비영구성 교리에 따라 영원히 변하는 것이다. 물질의 세계와 마찬가지로 인간 생명도 카르마 법칙과 영원한 윤회와 환생의 순환 하에 있다. 한 인간의 출생은 그의 전생에 따라 이미 결정되어 있다.

불교의 사성제(Four Noble Truths)는 인생에 대해서 다음과 같이 가르친다. 인생은 기본적으로 괴로움의 연속이며 이 괴로움의 원인은 욕심이다. 이 욕심은 물질적 소유와 각종 향락의 소유에 대한 것이다. 괴로움은 본질적으로 깊은 내적 욕망과 갈증에 의해 야기되며 이는 무지함에서 오는 것이고 채워질 수 없는 것이다. 괴로움은 욕심이 없어질 때, 개인적 욕망과 갈증과 생에 대한 욕정을 부정하고 없앨 때 소멸하게 된다. 팔정도(Eightfold Paths)는 이 소멸로 이끌어 주는 방법이다.

인간 삶의 비참함은 삼사라의 운명에 의한 것인데 이는 카르마 법에 따라서 벗어날 수 없는 윤회의 사슬에 갇힌 운명에 기인한다. 이 인생의

inexorable cycle of rebirth determined by the law of Karma. The solutions to the misery and suffering of life consist of getting out of it, or moksha which can be attained by way of knowing the Four Noble Truths and practicing the Eightfold Paths.

In MB: Basically, the same as the relevant teachings of TB. However, one element is accommodated additionally. That is the recognition of an individual soul which survives death and may pass through various post-mortem states en route to Buddhahood.

Evaluation: In both TB and MB, the Buddhist view of the human being, (or humanism) does not accord any special status or meaning to human life. It is just part of the world of phenomena that is an illusion and is ever changing and relative being subject to the inexorable eternal cycle of rebirth according to the law of Karma. If there is no soul or enduring self, what then is reborn? If there is no soul or enduring self, then such self cannot be enjoined to know the Noble Truths and practice the Eightfold Paths to get moksha. It is contradictory and inconsistent. Life is viewed as sufferings caused by desires. Its proclamation that life is suffering, seemingly a deep philosophical aphorism indeed, is only partially correct because life consists of much more than suffering. Plus, in terms of the cause of suffering, the Buddhist view that it is caused by desires is also partially correct. There are much more sufferings caused by evil people and wrong actions than by desires. Buddhist humanism fails to recognize the evil side of human nature, which is the cause of many sufferings and wrongs in the world. Hence, the Buddhist view of human being or life is only partially correct and basically negative, passive, and fatalistic. The only different element

비참과 괴로움을 해결하는 길은 그것으로부터 해탈하는 것, 즉 목샤인데 이는 사정제를 알고 팔정도를 수행함으로써 얻을 수 있다.

MB의 가르침도 기본적으로 상기한 TB의 가르침과 같다. 그러나 한가지 가르침을 추가로 수용하였다. 즉, 인간 영혼을 인정하며 이 영혼은 죽음을 넘어서 사후의 여러 상태를 지나 성불하는 단계를 거치게 된다는 것이다.

평가: TB와 MB 모두 인간과 인간 생명에 대해서 어떠한 특별한 지위나 의미를 부여하지 않는다는 불교의 인간관을 갖는다. 그것은 단지 실체가 아닌 현상 세계의 일부에 지나지 않으며 이 현상 세계는 허상이고 늘 변하는 상대적인 존재로서 카르마 법에 따른 영원한 윤회의 삶의 사슬에서 벗어날 수 없는 운명 아래 있는 것이다.

만약 개인의 영혼이나 지속적인 자아가 없다면, 다시 출생한다는 것은 무엇을 뜻하는가? 만약 영혼이나 지속적인 자아가 없다면, 그러한 자아가 사성제를 알고 팔정도를 실천하여 해탈에 이르도록 만들 수 없지 않겠는가. 이는 모순되고 앞뒤가 맞지 않는다.

불교는 인생은 욕망으로 야기된 고통으로 본다. 인생은 고통이라는 불교의 선포는 일응 심오한 철학적 경구 같지만 부분적으로만 맞는 것이다. 왜냐하면 인생에는 고통 외에 다른 것들도 있기 때문이다.

추가로 불교는 고통의 원인을 욕심으로 보지만 이 또한 부분적으로만 맞는 것이다. 악한 사람들과 악한 행동에 의해서 야기되는 고통이 욕심에 의한 것보다 훨씬 더 많기 때문이다. 불교의 인간관은 인간 성품의 악한 면을 인정하지 못해서 이것이 세상의 많은 고통과 해악의 원인임을 인정하지 못한다.

이러므로 불교의 인간관과 인생관은 부분적으로만 맞고 근본적으로는 부정적이고 수동적이며 숙명적이다. MB의 경우에 개인의 영혼은 죽

MB added is the recognition of an individual soul which survives death and may pass through various post-mortem states en route to Buddhahood. But, in terms of the significance of life, it does not add anything.

WV Q4. death: In both TB and MB, death of life or human is not accorded any significance. It is a mere part of the eternal cycle of birth, growth, decay, death and rebirth. Life is one and indivisible; its ever-changing forms are innumerable and perishable; every form must die and give place to a different one.

Evaluation: Death does not have any special meaning to Buddhists. It is just part of the inexorable cycle of birth and rebirth which are all subject to the law of Karma. What form and status this rebirth will take is entirely subject to what one has done and thought in one's previous life. It is predetermined and one has no control over it. The same is true for life. This is a too detached, uncertain and unrealistic view to explain the reality of life and death for every individual. From this results a fatalistic and passive attitude toward death as well as life. MB teaches that the spirit of the dead lives on, but this new teaching seems a result of syncretism from other theistic religions. It does not add much significance to the Buddhist view of death.

WV Q5. knowledge: In TB, there is no specific teaching recognizing a special capacity or design accorded to humans which will enable them to know anything. Humans are just part of the world of phenomena which is a purely relative existence. However,

음을 넘어 여러 단계를 거쳐서 성불한다는 것을 추가하지만, 이 또한 인생의 의미 면에서는 별 도움이 되지 못한다.

WV Q4. 죽음: TB와 MB 모두 인간의 죽음에 대해서는 아무런 의미를 부여하지 않는다. 그것은 생로병사와 환생의 영원한 윤회의 한 과정에 지나지 않는다. 생명은 하나이고 나누어지지 않는 것인데 무상한 생명의 형태는 셀 수 없이 많고 늘 변하고 소멸한다. 모든 형태는 죽게 되고 다른 형태에게 자리를 내어 준다.

평가: 불교 신자에게 죽음은 아무런 특별한 의미가 없다. 그것은 카르마 법 아래서 헤어나올 수 없는 생과 환생의 윤회의 일부에 지나지 않는 것이다. 환생 후 어떠한 모습과 지위를 가질지는 그 사람이 전생에서 어떤 생각과 행동을 하였는지에 전적으로 달려 있다. 그것은 이미 결정된 것이기에 아무도 그것에 영향을 줄 수 없다. 인생도 같다.

이 관점은 인간 개인의 삶과 죽음의 현실을 설명하기에는 너무 동떨어지고 불확실하며 비현실적이다. 죽음과 인생에 대한 불교의 숙명적이고 수동적인 태도는 여기에서 기인한다. MB는 죽은 자의 영은 계속 산다고 가르치지만 이 새로운 가르침은 다른 신적 종교로부터 혼합한 결과로 보인다. 이것 역시 불교의 죽음관에 대하여 새로운 의미를 부여하지는 않는다.

WV Q5. 지식: TB에는 인간은 그에게 특별한 기능이나 설계가 있어서 무엇인가에 대해서 알 수 있는 능력이 있다는 가르침이 없다. 인간은 단순히 상대적으로 존재하며 현상에 지나지 않는 현상의 일부에 지나지 않는다.

그러나 깨달음과 열반에 도달하는 방법들을 설파한 부처의 가르침은

Buddha's teaching on how to attain enlightenment or nirvana presupposes humans' capacity to know the Four Noble Truths and to practice the Eightfold Paths. In MB, teachings are basically the same except that the concept of grace or vicarious benefaction is accommodated. The implication of this is that humans can know the spiritual realm as well as material things through grace.

Evaluation: Expecting humans, who are not given any special capacity to know, to know the Four Noble Truths is inconsistent. Hence, Buddhist salvation based on knowing the Four Noble Truths is incompatible with the given capacity of humans. Perhaps that is why Gotama taught that attaining Nirvana is not generally possible within a life cycle of a human. Perhaps that is why MB teaches Emptiness or sunyata as the ultimate reality and accommodates the concept of grace to make it more feasible for ordinary people.

WV Q6. ethics: As in the case of Q5, in Buddhist teachings there is no specific capacity or design by which humans can discern what is good and what is evil. However, humans are enjoined to live ethically practicing the Eightfold Paths in order to attain cessation of suffering, the cause of the misery of life. It is a comprehensive course in disciplined meditation on self and world, self-improvement, and practices leading to moral perfection and the extinction of man's insatiable desires. It is the path to perfect detachment. It is also called the Middle Way, avoiding the two extremes of self-indulgence and self-mortification, both of which Gotama had tested and found wanting. The basis of good or bad is human intent and the effect of human action. Giving, love, and

사성제를 알고 팔정도를 수행할 능력을 인간이 알 수 있다는 것을 전제로 한다. MB의 경우에는 기본적으로 상기한 것과 같지만 대행에 의한 도움, 즉 은혜의 개념을 추가하였다. 이의 함의는 인간은 은혜에 의해서 사물뿐만 아니라 영계를 알 수 있다는 것이다.

평가: 알 수 있는 특별한 능력을 가지지 못한 인간이 사성도를 알 수 있다는 것은 모순이다. 따라서, 불교의 사성도를 알아서 얻는다는 구원은 인간의 주어진 능력과 상충되는 것이다.

아마도 이것 때문에 고타마는 열반을 얻는 것은 대부분의 경우 한 번의 인생에서는 불가능하다고 가르친 것으로 보인다. 아마도 이것 때문에 MB는 공 혹은 순야타가 궁극적 실재라고 가르치며 중생들에게 구원의 가능성을 높이기 위해 은혜의 개념을 수용한 것이 아닌가 생각된다.

WV Q6. 윤리: 상기 지식의 경우와 마찬가지로 불교에서는 인간에게 주어진 능력이나 설계가 있어서 무엇이 선하고 무엇이 악한지를 분별할 수 있다는 가르침이 없다. 그러나 인간은 윤리적으로 살아가도록 명령 받고 팔정도를 수행하여서 인간 질곡의 근원인 고통을 소멸하여야 한다고 한다.

불교학은 인간과 세상에 대해 엄격하게 명상하여서 충족할 수 없는 욕망을 소멸하고 도덕적 완성을 지향하는 것을 가르치는 과목이다. 그것은 완전한 해탈로 인도하는 길이다. 그것은 또한 중용의 길(Middle Way)이라고도 불린다.

왜냐하면 고타마는 자기 탐닉과 금욕을 다 해 봤지만 부족하다는 것을 발견하였기에 이 양극단을 피해서 중도의 길로 나가야 함을 가르쳤기 때문이다. 선과 악의 근거는 인간의 의향이자 인간 행동의 결과이다. 베품과 사랑과 지혜는 선한 의향으로서 선한 것으로 여긴다.

wisdom are of good intention and regarded as good. In MB, the promotion of moral life is also emphasized, but is in tension with its metaphysical ontology of Emptiness, where all dualities and categories including good and bad are no longer in existence.[51]

Evaluation: Expecting humans, who are not real beings but illusions and who are not given a special capacity to practice the highly ethical living of the Eightfold Paths, is inconsistent. Humans are simply expected to make the right choice to practice the Eightfold Paths. This is incompatible with their capacity. In MB, the ultimate reality of Emptiness where everything is transcended and void (where categories and dualities including that of good and bad and right and wrong are irrelevant) is not consistent with the requirement of living an ethical life that precedes the Emptiness. From the perspective of the ultimate reality, i.e. Emptiness, one cannot condemn the Holocaust as evil, since moral categories do not apply on that level.[52]

WV Q7. meaning of life: As explained for Q2 above, in both TB and MB, human life is a part of the world of phenomena, which is simply a relative existence lacking an absolute objective reality. Life defined as such includes existential miseries such as suffering, illness, and misfortunes.

Evaluation: Therefore, there is no special significance or meaning to life or the world. They are simply something to be renounced and get out of. As such, life includes so-called existential miseries

---

51   (9) Harold Netland, 303-307

52   (9) Harold Netland, 307

MB도 역시 도덕적 삶을 증진하는 것을 강조한다. 그러나 이것은 MB의 형이상학적 존재론인 공과는 긴장 관계에 놓이게 되는데 이는 공의 경지에서는 선과 악을 포함하는 모든 상대 개념과 분류들이 더 이상 존재하지 않기 때문이다.[51]

평가: 실체로 존재하는 것이 아니고 허상이며 특별한 능력도 받지 못한 인간에게 높은 수준의 윤리적 삶인 팔정도를 수행하기를 기대하는 것은 모순이다. 인간이 바른 선택 끝에 팔정도를 수행하기를 기대해야 하는 것이다. 이는 인간의 능력과 배치되는 것이다.

MB의 가르침인 근원적 실제인 공의 경지에서는 모든 것이 초월되고 빈 상태가 되는데(선과 악 혹은 옳고 그름을 포함한 모든 철학적 분류와 상대 개념들이 무의미한 상태) 이 공의 상태의 전 단계 삶에서 윤리적인 삶을 살아야 하는 것은 일관성이 없다. 이 공이라는 근원적 실재의 관점에서 보면 도덕적 분류가 더 이상 적용되지 않기 때문에 나치의 유대인 대학살인 홀로코스트를 악이라고 단정할 수 없게 된다.[52]

WV Q7. 인생의 의미: 위의 Q2에서 언급되었듯이, TB나 MB 모두 현상 세계의 한 부분인 인생은 상대적 연기의 결과로서 객관적 실존이 결여된 상대적 존재에 지나지 않는다. 이렇게 정의된 인간의 삶은 인간 실존의 문제인 고난, 병, 불행도 포함한다.

평가: 그러므로 인생과 세계에는 특별한 의미나 뜻이 있는 것이 아니다. 그것은 단지 부정하고 벗어나야 할 그 무엇이다. 이런 인생은 소위 인간 실존의 문제인 고난과 질병, 불행도 포함하기 때문에 이들에 대한 아무런 효과적인 구원을 제공하지 못한다.

---

51 (9) Harold Netland, 303-307
52 (9) Harold Netland, 307

such as suffering, illness, and misfortunes, and there is no effective salvation from these, either. It is one of a fatalistic, negative, and passive outlook of life and history of humans, indeed.

C. Confucian Worldview[53] and An Evaluation[54]

Being a school of ethics rather than a religion, early Confucianism taught by the Chinese sage, Kung Fu-tzu or Kung the Sage (or Confucius, the Latinized name) does not speculate on God, gods, or deities but focuses entirely on moral ideals and ethics important to correct living in this world. Confucius' character and teaching have had a decisive influence on Chinese thought and moral ideals. It is one of the three schools of thought or one religious complex for Chinese people (together with Taoism and Buddhism) who are not generally very religious, but mostly practical, yet superstitious animists. They tend to find their deepest spiritual values in ethical systems which regulate conduct without emphasis on gods or the afterlife. Confucius shed no new light on human's spiritual life problems, was uncertain about God and was content to be ignorant of the afterlife. He was mostly concerned with correct living in society, and when his lifelong endeavors to bring about a permanent political and social reformation in his home state came to nothing, he spent his last days under a cloud of disillusionment. Confucianism later became so important in China to the point of becoming a cult of the state, with Confucian scholars serving the state as the only qualified officials. It also accommodated the cult

---

53   (17) Norman Anderson, ed. Leslie Lyall, *Confucianism*, 219-226

54   (25) Sung Ki Kim, et al. 19-44; 191-203

인생과 인간 역사에 대하여 숙명론적이고 부정적이며 수동적으로 보는 세계관의 하나이다.

C. 유교 세계관[53]과 평가[54]

종교라기보다는 윤리학이라 할 수 있는 초기 유교는 중국의 성현인 쿵푸주 혹은 쿵 현인(혹은 라틴 음역으로 컨퓨셔스)의 가르침에 근거한다. 유교는 유일신, 신 혹은 영에 대하여 가르치는 바가 없고 대신 이 세상에서 바르게 살기 위해 중요한 도덕적 이상과 윤리에 전념한다.

공자의 성품과 가르침은 중국의 사상과 도덕적 이상에 결정적인 영향을 미쳐 왔다. 유교는 중국인의 삼대 종교-사상 체계(도교와 불교와 함께) 중 하나이다. 중국인은 일반적으로 그렇게 종교적이지 않고 대부분 현실주의자들이며 미신을 믿는 정령 숭배자들이다. 그들은 깊은 영적 가치를 신이나 사후 세계가 아니라 행위를 규제하는 윤리 시스템에서 찾는 편이다.

공자는 인간의 영적 삶의 문제에 대해서 새로운 것을 조명하지 않았고 신에 대해서는 불확실하였고 사후의 세계에 대해서는 모르는 것으로 만족하였다. 그는 사회생활 면에서 바르게 사는 문제에 대하여 많은 관심을 가졌다. 그래서 그의 일생의 노력의 산물인 출신국의 항구적 정치-사회 개혁이 아무런 결실을 얻지 못하였을 때 그는 생의 말년을 환멸 속에서 살았다.

후기 유교는 중국 사회에서 너무 중요시된 나머지 나라의 종교가 되어 유학자들이 국가의 유일한 자격을 갖춘 관리로서 봉직하기까지 이르게 되었다. 유교는 또한 중국 사회에서 전통적으로 매우 중요한 조상 숭

---

53 (17) Norman Anderson, ed. Leslie Lyall, *Confucianism*, 219-226

54 (25) Sung Ki Kim, et al. 19-44; 191-203

of the ancestors so strong traditionally in Chinese society, and the yin-yang principle of Chinese philosophy. Confucianism was also accepted in the East Asian countries of Korea, Japan, and Vietnam. In Korea, it had become the governing ideology of the Joseon dynasty of the late 14c through 19c. Literary works of Confucius and his disciples were regarded with religious veneration not only in China but in Korea, Japan, and Vietnam as well. Confucius after his death has been deified; shrines were built in his honor and sacrifices offered at his tomb.

WV Q1. prime reality: Early Confucianism did not teach anything new on God, gods or deities, or the afterlife, but left these to the people to speculate and practice in the context of their traditional animists' outlook. Masses of Chinese people remained superstitious animists, believing in heaven, the spirits of ancestors and others, and magic. They were also influenced in these matters by Taoism, particularly the degraded later version of it. Confucius himself declined to express an opinion on spiritual beings, and advised to keep aloof from them, but he accepted the traditional Chinese religious beliefs in heaven and in spirits.

Evaluation: No teaching on the prime reality, but left it for speculation to the people who were superstitious animists believing in the Lord on high, spirits of the ancestors and other dignitaries, and magic. Their outlook on the spiritual world was influenced very much by the later Taoism, which had degenerated into superstitions, magic, and animism. Hence, the Confucian outlook of prime reality is very deficient and syncretic.

배 종교와 중국 전래 철학의 음양 사상을 수용하였다.

유교는 또한 동아시아의 한국과 일본, 베트남도 수용하게 되었다. 한국에서는 유교(성리학)가 14세기 후반부터 19세기 조선의 지배 이데올로기가 되었다. 공자의 경전과 제자들은 중국뿐만 아니라 한국과 일본, 베트남에서도 종교적 숭배의 대상이 되었다. 공자는 사후에 신격화되었고 그를 모시는 사당들이 세워졌으며 그의 묘에는 제물이 바쳐졌다.

WV Q1. 근원적 현실: 초기 유교는 유일신, 다신, 혹은 영들과 사후 세계에 대해서 일체 새로운 것을 가르치지 않음으로써 이런 문제에 대해서는 중국인들의 전통적 정령주의적 세계관의 환경 속에서 유추하고 실천하도록 내버려 두었다.

중국 민중들은 하늘, 조상신과 영들 및 마술을 믿는 미신적인 정령주의자들로 살았다. 그들은 이런 문제들에 대하여 도교의, 특별히 타락한 후기 도교의 영향을 또한 많이 받았다.

공자 자신은 영적 존재들에 대해 견해를 밝히기를 거부하였으며 제자들에게 이러한 것으로부터 초연하도록 가르쳤지만 중국의 전통적인 하늘과 영에 대한 종교적 신념들은 수용하였다.

평가: 근원적 실재에 대한 가르침이 없고, 이에 대한 생각들을 사람들의 판단에 맡겼다. 이 사람들은 하늘의 주, 상제, 조상신 및 다른 유명인들의 신과 마술을 믿은 미신적인 정령주의자들이었다.

그들의 영적 세계에 대한 관점은 미신적이고 마술적이며 정령주의적인 후기 도교로부터 많은 영향을 받았다. 따라서 유교의 근원적 현실에 대한 가르침은 매우 부족하고 혼합적이다.

WV Q2. 현실 혹은 세계: 세상이 어떻게 존재하게 되었는지에 대한

WV Q2. reality or world: No speculation on how the world came to exist. Nor any normative value on it was given. The world is a given, and it is regarded as an important reality reflecting prime realities with good and bad morality taking on crucial importance. The Confucian outlook pre-supposes an innate and proper order in the world, and adhering to that is regarded as important.

Evaluation: A down-to-earth secular humanist, pragmatist, or materialist outlook of the world. No teachings on the unseen world of God, gods, or spirits, but delegating them to the speculation of people following their traditional beliefs and practices. The very optimistic outlook on humans and human institutions, supported by the cultivation of mind and morals, and by the education of the people, has not been validated in reality in the histories of China and other East Asian countries that have adopted Confucianism as the governing ideology. The region still remains relatively high on indices of corruption, and low on governance, law-abidance, and democracy.

WV Q3. human being: No speculation on how human beings came into existence. But Confucianism regards human beings as the most important part of reality, and postulates the inherent goodness of humans. It accords a critical importance to correct relations between humans and its ethics and morals aim to achieve these. It teaches that man's nature is as naturally good as water flows down. Hence, man does evil only against his nature. It believes that humans, families, institutions, and societies can be elevated through learning, cultivation of right characters, and enhancement of morals, supported by ethical systems that regulate the conduct of people.

숙고가 없다. 그리고 세계의 당위적 가치에 대한 가르침도 없다. 세계는 주어진 것이고 근원적 선과 악의 도덕성의 중요성이 반영된 매우 중요한 실재로서 인정한다.

유교 세계관은 세상에는 내재적인 적합한 질서가 있고 이 질서를 따르는 것이 매우 중요하다는 전제를 갖고 있다.

평가: 한마디로 매우 세속적이고 인본주의적이며, 실질적이고 물질적인 세계관이다. 상기 근원적 현실에서 지적했듯이, 유교는 보이지 않는 신과 영들에 대해서 가르치지 않고 대신 전통 종교적 믿음과 행위들을 따르는 사람들이 각자의 생각에 따라 살도록 하였다.

인간에 대한 교육과 인간의 마음과 도덕에 대한 수련을 통해서 인간과 인간 제도는 선하게 된다는 매우 긍정적인 세계관인데, 이는 중국의 역사적 현실과 유교를 지배 이데올로기로 수용한 동아시아 다른 나라들의 현실에서 입증되지 못했다.

동아시아 지역은 아직도 높은 수준의 부패 지수와 낮은 수준의 지배구조, 준법정신과 민주주의 제도를 가지고 있다.

WV Q3. 인간: 인간이 어떻게 존재하게 되었는지에 대한 숙고가 없다. 그러나 유교의 가르침은 인간을 현상 중에서도 가장 중요한 것으로 간주하며 인간의 내재적 선을 전제한다. 유교는 사람들 사이의 바른 관계에 대하여 결정적인 중요성을 부여하며 유교의 윤리와 도덕적 가르침은 이를 실현하는 것을 목표로 한다.

인간의 성품이 선한 것은 물이 아래로 흐르는 것 같이 자연스런 것이라고 가르친다. 그래서, 인간이 악을 행하는 것은 그가 타고난 본성에 역행하는 것이다.

인간 개인, 가족, 제도 및 사회는 배움과 바른 인격적 수양과 인간의

Evaluation: Its view of the nature of humans is too naïve and unrealistic to recognize the evil and sinful side of human nature. A more realistic view of humans seems to be one that recognizes the duality of good and evil in human nature. This unrealistic hypothesis on the nature of humans is responsible for the fact that the life-long social reformation and ideal governance efforts of Confucius and Mencius failed making them disillusioned in their later lives.

WV Q4. death: No speculation was given on the significance of death and the afterlife. However, Confucian teaching emphasized the importance of mourning for departed parents and set up elaborate rituals for the veneration of the dead. This is apparently in recognition of the spirits of the ancestors and the importance of appeasing them for the living to be blessed.

Evaluation: Since there was no new teaching or speculation on death and the afterlife, there was no help from Confucian teaching for the masses of people to solve the fear and enigma of death and the afterlife. They were left to follow the practices of their superstitious animist ancestors, who believed in the spirits of ancestors and other spirits in the context of the animist worldview. Hence the Confucian outlook of death is very deficient.

WV Q5. knowledge: There was no specific speculation on why humans could know anything. But, the whole system of Confucian wisdom and ethics is premised on the human capacity to know, cultivate, and educate man, as a means to building right character, conduct, and elevating social institutions.

Evaluation: Learning and knowledge are believed to lead to

행위를 규제하는 윤리적 제도에 근거한 도덕의 고양에 의해서 선하게 발전될 수 있다고 믿는다.

평가: 유교의 인간 본성에 대한 관점은 너무 순진하며 인간 본성이 가진 선과 악의 양면성을 바로 인정하지 못한다. 더 현실적인 인간관은 선과 악의 양면성을 가진 인간 본성을 인정하는 것이다. 이와 같은 인간 본성에 대한 비현실적인 가정으로 인하여 공자와 맹자의 일생의 사회 개혁과 이상적 통치 노력이 실패하고 그들의 말년의 삶이 매우 불행하게 되었다.

WV Q4. 죽음: 유교는 죽음과 사후 세계의 의미에 대하여 가르침을 주지 않았다. 그러나 돌아가신 부모에 대한 애도와 망자에 대한 존경을 위한 정교한 문상 의식의 중요성을 강조하였다. 이는 분명 조상신을 인정하고 이들을 위로하는 것이 살아 있는 자손들이 복을 받고 사는 데 매우 중요하다는 것을 인정하는 데서 기인한다.

평가: 유교는 죽음과 사후 세계에 대한 숙고나 가르침을 주지 않았기 때문에 일반 대중들이 가지고 있는 죽음과 사후 세계에 대한 두려움 및 의문에 대하여 아무런 답을 주지 못한다.

그들은 정령주의 세계관에 근거하여 조상신들과 여러 영들을 믿었던 그들 조상들의 미신과 정령 숭배 행위를 따르는 수밖에 없게 되었다. 이리하여 유교의 죽음관은 매우 부족하다.

WV Q5. 지식: 인간이 왜, 어떤 것을 알 수 있는지에 대한 가르침이 없다. 그러나 유교의 윤리적 지혜의 모든 가르침은 인간의 내재적인 능력으로 알고, 수련하고 교육할 수 있고 이를 통해서 인간이 바른 성품과 행위를 증진하며 사회 제도를 고양할 수 있다는 것을 전제한다.

the cultivation of humans and elevation of human societies. If so, the life-long efforts of Confucius and Mencius to build ideal governments and societies would not have failed as they did in reality. Both of them ended their lives in disillusion. Knowledge and education alone do not succeed in building right characters and elevating social institutions to the level of the ideals taught in Confucianism. The learned and the educated are as susceptible to corruption, greed, and wrong-doing as the uneducated, if not more.

WV Q6. ethics: Most of the Confucian teachings are moral and ethical with the premise that these would cultivate the characters and virtues of humans, and improve and elevate social institutions and governance. Good humans, correct rituals, and good morals and institutions are the goals of the ethical teachings. Being a pragmatic moralist, Confucius advocated "princely man" or in modern terminology, "perfect gentleman", characterized by kindness, sincerity, graciousness, loyalty, and self-denial. He emphasizes the importance of virtue, propriety, and correct ritual.

Evaluation: The life-long efforts of Confucius and Mencius to cultivate the virtues of humans and build ideal governments and societies failed miserably in reality. Both of them witnessed the failures in their lifetimes and lived their later years in disenchantment. Ethical and moral teaching alone do not succeed in building right characters and elevating social institutions to the level of the ideal person and society. Man and society are much more complex than the premise of natural goodness of man and the moral teachings built on that can cope with. The sinful nature of humans needs to be addressed first and foremost. The Confucian

평가: 공부와 지식 함양이 인간을 수련하고 인간 사회를 보다 좋은 것으로 만드는 데 기여한다고 믿는다.

만약 이 전제가 맞았다면, 공자와 맹자의 이상적인 통치 제도와 사회 건설을 위한 일생의 노력이 그렇게 실패하지는 않았을 것이다. 두 성현 모두 불행한 말년의 인생을 살았다.

지식과 교육만으로는 인간의 성품을 바르게 하지 못하며 유교가 지향했던 이상적인 사회 제도 건설에도 도달할 수 없다. 학식이 많고 교육을 많이 받은 사람도 그렇지 못한 사람들 만큼이나 부패와 탐욕과 악행으로부터 자유로울 수 없다.

WV Q6. 윤리: 유교 가르침의 대부분은 도덕과 윤리에 관한 것인데, 이것은 이들이 인간의 성품과 덕을 수련하고 인간 사회와 통치 제도를 고양하는 전제가 되는 것으로 믿기 때문이다. 선한 인간, 바른 제례, 선한 도덕과 제도가 유교의 윤리적 가르침의 목표이다.

실질적인 도덕가인 공자는 군자, 즉 현대적인 용어로는 완벽한 신사를 이상적인 인간이라 가르쳤으며 이 군자는 인, 성실, 덕, 충성과 자기 부정으로 특징지어지는 사람이다. 공자는 덕과 예절과 바른 제례의 중요성을 강조하였다.

평가: 공자와 맹자가 일생을 바쳐 노력한 인간 덕목의 수련과 이상적인 나라와 사회 건설은 현실적으로 크게 실패하였다. 이 실패를 목도한 이들은 그들의 말년을 큰 환멸 속에서 살았다.

윤리-도덕 교육만으로는 인간의 성품을 바르게 하지 못하며 사회 제도를 이상적인 수준으로 고양하지 못하는 것이다. 인간과 사회는 인간의 성선설 가정보다는 훨씬 더 복잡하며 이 성선설에 근거한 도덕적 가르침으로 해결하기에는 훨씬 더 복잡한 문제를 가지고 있다.

outlook of humans fails to recognize this. Ethical teachings and moral exhortation abound in current China, but the country is failing against increasing wrongs, corruption, and crimes of individuals and society.

WV Q7. meaning of life: Without any spiritual or afterlife aspects of life in the outlook, the Confucian view of the meaning of life is naturally confined to success and prosperity in this world. Elevating the names of a person and his family through secular success is the most important meaning of life. The base of that is for one to become a princely man (or perfect gentleman) by cultivating one's character and learning and educating oneself. Only such a gentleman is entitled to work as a government official, hence promotion in the ladder of the bureaucracy is regarded as a very important measure of success in life.

Evaluation: There is no spiritual or eternal meaning whatsoever in the Confucian value system. It's all temporal, and the secular promotion and elevation of the names of one and one's family is what matters most to the Confucian man. Unseen but eternally important matters are left to speculation within the beliefs understood and practiced traditionally by the masses of people in China, Korea, Japan, and Vietnam. So, the Confucian outlook is deficient on this matter.

Suffering/illness/misfortune/accidents: Confucianism teaches that the root cause of the problems of life is the deficiency of virtue, morality and ethics.

Evaluation: This teaching is very partial as it does not and cannot address the problems and miseries resulting from the spiritual side

가장 먼저 해결해야 할 과제는 인간의 죄성이다. 유교의 인간관은 이 점을 간과하고 있다. 오늘날의 중국을 보더라도 윤리적 가르침과 도덕적 훈계가 넘쳐나지만 증가일로에 있는 개인과 사회의 범법과 부정 및 범죄를 줄이지 못하고 있다.

WV Q7. **인생의 의미**: 그 어떤 영적 혹은 사후적 인생에 대한 가르침이 없는 유교 세계관 하에서는 인생의 의미는 자연스럽게 이생의 성공과 형통에 국한된다. 세상의 성공을 통하여 개인과 가문의 이름을 높이는 입신양명이 인생의 가장 중요한 의미가 된다.

이의 근거가 되는 것이 성품 수련과 학문 및 교육을 통하여 군자 혹은 온전한 신사가 되는 것이다. 이러한 신사만이 정부의 관료로서 봉직이 가능하기 때문에 이 관료 조직의 더 높은 지위에 오르는 것이 인생의 성공의 중요한 척도가 된다.

평가: 유교의 가치 체계에서는 영적 혹은 영원한 것에 대한 의미가 일체 없다. 유교-유가 사람에게 가장 중요한 것은 이생의 세속적 높은 지위와 개인과 가문의 이름을 높이는 일이다.

보이지 않지만 영원한 중요성을 가진 것들에 대해서는 그 사회(중국, 한국, 일본, 베트남)의 대중들이 전통적으로 내려오는 추측과 믿음과 수행에 따르게 하는 것이다. 따라서 이 문제에 관한 유교 세계관은 부족한 것이다.

고난, 병, 불행 및 사고: 이러한 인생 문제들의 근본 원인은 덕과 도덕과 윤리의 부족에 있다고 유교 세계관은 가르친다.

평가: 이 가르침은 인간의 영적인 면과 인간의 악과 악행으로 야기되는 문제와 질곡에 대하여 아무런 도움을 주지 못하며 또 줄 수도 없다.

of humans and the evils and wrongs done by humans. Further, the view is inconsistent with its own view that human beings are innately good. Even if the above diagnosis of the problems of life is correct, the cultivation and enhancement of virtue, morality, and ethics are left to the efforts and wills of humans. There is no help from without. Hence, there is no effective salvation from the fear of death and from the miseries of life's existential problems.

D. Islamic Worldview and An Evaluation

1. Islamic Worldview[55]

The Islamic worldview is grounded in Allah (God), Mohammad (the ultimate and final prophet of Allah), and the Qur'an (the Word of Allah delivered through Mohammad beginning in around 610 AD). Islam means submission to Allah and a Muslim is one submitted to Allah. About $1/5^{th}$ of the world's population is Muslim (about 1.2 billion adherents), about three quarters of which are non-Arabs. Islam is resurgent increasing Muslims all over the world. Islam is more than a religion; Islam covers all aspects of life for its followers. While religious scholars tend to treat the Islamic worldview as a monotheistic religion following the so-called five "pillars" of faith, the concept of Islamic State indeed goes much deeper and broader than that.

On the seven foundational questions, the Islamic WV differs significantly from the Christian WV on the attributes of God and human beings. As a result, Islamic salvation is very remote and very

_____

55 (5) James Sire, ed. Winfried Corduan, *A View from the Middle East: Islamic Theism*, 244-277

나아가 이 관점은 유교가 가르치는 인간의 내재적 선과 상충된다.

설령 위의 진단이 정확하다 하더라도 덕과 도덕과 윤리의 수련과 제고는 사람들의 노력과 의지에만 맡겨진다. 인간 이외의 외부로부터 오는 도움은 없는 것이다. 그리하여 죽음의 공포와 인간 삶의 실존의 질곡들에 대하여 효과적인 구원을 제공하지 못한다.

D. 이슬람 세계관과 평가

1. 이슬람 세계관[55]

이슬람 세계관은 알라(신), 모하마드(알라의 최종적 예언자)와 코란(서기 약 610년 이후 모하마드를 통해 준 알라의 말씀)에 근거한다. 이슬람은 문자적으로 알라에게 복종함을 의미하며, 무슬림은 알라에게 복종하는 개인이다.

전 세계 인구의 5분의 1, 즉 약 12억 명이 이슬람 신자이며, 그중 4분의 3은 아랍인이 아니다. 전 세계에서 무슬림의 수가 증가하고 있어 이슬람은 다시 부흥하고 있다.

이슬람은 종교 이상이다. 무슬림에게 이슬람은 인생의 모든 영역을 포괄한다. 종교학자들은 이슬람 세계관을 소위 다섯 가지 믿음의 기둥을 따르는 일신교 종교로 취급하지만, 이슬람 국가 개념은 그것보다 훨씬 더 깊고 넓다.

세계관의 일곱 개의 근원적 질문과 관련하여 이슬람 세계관은 기독교 세계관과 신과 인간의 속성 면에서 매우 다르다. 이의 한 예로, 이슬람교의 구원은 매우 멀리 있으며 무슬림들이 얻기 매우 어려운 것이 된

---

55 (5) James Sire, ed. Winfried Corduan, *A View from the Middle East: Islamic Theism*, 244-277

hard to attain by Muslims (more on this in the evaluation section below). The following is a summary of answers Islam provides to the seven questions:[56]

WV Q1: The fundamental reality in Islam is God (Allah) described as monotheistic, infinite, personal, transcendent, immanent, omniscient, sovereign and good. Of these attributes Islam emphasizes his oneness, greatness, and transcendence. He is the fundamental reality. He is the greatest of all deities, the ultimate reality and is quite remote from humanity. He has revealed himself to humanity through the Qur'an. With such concepts of Allah the incarnation and trinity of God believed in Christianity are not compatible.

WV Q2: God (Allah) created the universe ex nihilo, and all creatures are responsible to him. However, the world is a closed system insofar as nothing happens in the world outside of his divine decrees.

WV Q3: Human beings are the pinnacle of God's creation. They have been given abilities that other creatures, such as angels and jinn or evil spirits, are not capable of. However, their high standing also brings with it the responsibility to live up to God's standards. Humans are God's representatives on earth, higher than any other living creatures. And in contrast to Christian belief, in Islamic doctrine humanity is not beset with original sin because Adam was restored to fellowship with God upon penitence of his fall.

---

56 (5) James Sire, ed. Winfried Corduan, *A View from the Middle East: Islamic Theism*, 244-277

다(아래 평가 참조). 아래에서는 세계관의 일곱 개의 근원적 질문에 대한 이슬람의 대답을 요약한다.[56]

WV Q1: 이슬람 세계관의 근원적 실제는 알라신이고 이 신은 하나이 며, 무한대이며, 인격적이며, 초월적이며, 내재적이며, 전지하시며, 주 님이며 선하신 분이다. 이 속성들 중에서도 이슬람은 그의 유일성과 위 대함과 초월성을 강조한다.

그가 세상의 근원적 실재이다. 그는 모든 신들 중 가장 위대하며, 궁 극적 실재이며 인간으로부터 멀리 떨어져 있다. 그는 코란을 통해서 자 신을 계시하였다. 이러한 알라의 속성은 기독교의 도성인신(인카네이션) 과 삼위일체 신의 교리와 양립하지 못한다.

WV Q2: 우주는 알라신이 무에서 창조하였으며 모든 피조물은 그에 게 책임을 진다. 그러나 세계는 알라의 신적 명령 밖에서는 아무것도 일 어나지 못하는 점에서 폐쇄적 시스템이다.

WV Q3: 인간은 신의 창조물 중에서 가장 높은 존재이다. 그들에게 는 천사나 악령은 할 수 없는 능력들이 부여되었다. 그러나 이들의 높은 지위는 신의 기준에 맞게 살아야 하는 책임이 부여된다. 인간은 지구상 에서 신의 대표로서 다른 어떤 피조물보다 높은 지위를 가진다.

그리고 기독교 믿음과는 달리 이슬람의 인간 교리에는 인간의 원죄 가 없다. 왜냐하면 타락 후 죄를 회개함으로 아담은 신과의 관계를 회복 받았기 때문이다. 따라서, 인간은 순수하고 죄가 없는 상태로 태어나며

---

56 (5) James Sire, ed. Winfried Corduan, *A View from the Middle East: Islamic Theism*, 244-277

Consequently, humans are born in a state of purity and innocence, a fact that implies that any newborn comes into the world as a Muslim.

WV Q4: Death is a time of transition between this life and our eternal state, which will consist of either paradise or hell. At the judgment at the end of time, all human beings will be called to stand before the divine tribunal, and all their beliefs and attitudes, as well as the record of every action they have performed during their lifetime, will become the basis for judgment. Every human being will have accumulated a book of their deeds, both good and evil, during their mortal lives. Those whose good deeds outweigh evil deeds will be qualified for paradise, while those not into hell. No one can be fully sure if one has enough good to outweigh any bad until the verdict is given at the judgment. Paradise is depicted as a desert nomad's ideal place of delight where a beautiful oasis with fresh water, handsome boys serving all the best to eat and drink, and the beautiful huri, the enticing, dark-eyed virgins making themselves always available.

WV Q5: Allah has endowed human beings with the capability of knowledge by means of reason and the senses. Thereby, they can also know God's revelation. However, God's sovereign decrees limit human knowledge. Human reason is sufficient to discern truth from falsehood. But this would be useless if humans did not have the divine revelation to apply it. The messengers of God or prophets are the ones who teach the revelation.

WV Q6: Right and wrong are based on the teachings of the Qur'an, as amplified by the Hadith and interpreted by the schools

이 상태는 아기는 누구나 이 세상에 무슬림으로 태어남을 의미한다.

WV Q4: 죽음은 이 세상과 우리의 영원한 상태, 즉 영원한 낙원 혹은 지옥으로 가는 통과의 시간이다. 종말의 심판에서는 모든 인간은 신의 재판정 앞에 소환되어서 서게 되며 판결의 근거가 되는 것은 그들의 일생 동안의 모든 믿음과 태도들과 수행한 모든 작은 행위의 기록들이 된다. 모든 개개인은 그들이 일생동안 쌓아 올린 선과 악의 행위들이 기록된 책을 갖게 된다.

선한 행위가 악한 행위보다 많은 사람은 낙원에 가는 자격을, 그렇지 못한 사람은 지옥에 가는 자격을 가지게 된다. 아무도 최후 심판대에서 판결이 나기 전까지는 그의 선행이 악행보다 많은지 확실히 알 수 없다.

이 낙원은 사막 유목민들의 이상향으로 서술되는데, 그곳은 맑은 물이 있는 아름다운 오아시스로서 잘 생긴 총각들이 최상의 먹을 것과 마실 것을 섬기며 아름다운 휴리들, 즉 매혹적인 검은 눈을 가진 처녀들이 언제나 몸으로 섬기는 아름다운 곳이다.

WV Q5: 알라는 인간에게 이성과 감성을 통하여 지식을 얻을 수 있는 능력을 부여하였다. 이를 통하여 그들은 신의 계시를 알 수 있다. 그러나 신의 주권적 계명은 인간의 지식을 제한한다.

인간의 이성은 악으로부터 선을 구분하게는 한다. 그러나 신의 계시에 따라서 적용하지 못하면 이 이성은 아무런 소용이 없다.

이 계시를 가르치는 사람들은 신의 메신저들, 즉 예언자들이다.

WV Q6: 도덕적으로 바른 것과 틀린 것은 다음에 근거한다. 즉, 코란의 가르침과 이를 확대한 샤리아 법에 의해 해석된 『하디트』이다. 이것

of law, the sharia. The hadiths are several collections of sayings and actions by Muhammad, as allegedly remembered by those who knew him well.

WV Q7: Human history has significance in demonstrating the absolute sovereignty of God but, even more so, in providing the opportunity for people to demonstrate their submission to him. The goal of history is to subsume the entire world under the umma, the Islamic community, which is as much a political entity as a congregation of believers. Islam comes with the mandate to set up Islamic governments, and it is never fully implemented unless there is an Islamic state.

2. Islamic WV in 10 key Areas of Life

The above can be re-arranged by way of the main points of the teachings addressing the 10 key areas of life under the Islamic worldview as follows.

Islamic theology: It is of unitarian theism and does not hold the Trinitarian theism (no incarnation of God, all-powerful but distant God is emphasized, immanence of God is deficient, no Holy Spirit); "There is no god but (one) God, and Muhammad is the messenger of God" captures it all. Muslims hold that this god is the same one worshipped by Christians and Jews. But this claim does not hold, given the vast difference of character and natures of the Christian God and Allah.

Islamic Philosophy: Supernaturalism (Faith and Reason).

은 무하마드의 말과 행동들을 모은 몇 개의 모음인데 그를 잘 아는 사람들의 기억에 의해 만들어진 것이다.

WV Q7: 인간 역사는 신의 절대 주권을 보이는 데, 특히 사람들로 하여금 신에게 복종하는 것을 보이는 기회를 제공하는 데 의미가 있다.

역사의 목적은 전 세계를 우마, 즉 이슬람 공동체 아래로 가져오는 것이며 이 공동체는 이슬람 신도의 모임만큼이나 정치적인 공동체가 된다. 이슬람교는 이슬람 정부를 수립하는 것을 의무화하며 이는 이슬람 국가가 수립되기까지는 완전히 실행되지 않는 것이다.

2. 삶의 중요 10개 부문에 대한 이슬람 세계관

이상의 세계관 질문에 대한 대답의 요약을 아래에서는 인간 삶의 열 가지 주요 영역에 대한 이슬람 세계관이 가르치는 주 요점을 정리한다.

이슬람 신학: 유일신 신학이다. 이슬람교는 삼위일체 신을 주장하지 않는다. (신의 성육신은 없으며, 전능하지만 멀리 떨어져 있는 신을 강조하고, 신의 임재는 부분적이고 성령도 없다.) 이것을 잘 요약하는 것이, "유일신 외의 다른 신은 없으며 무하마드는 그 신의 말씀을 전하는 자이다."다.

무슬림들은 이 유일신이 크리스천과 유대인들이 예배하는 신과 같다고 주장한다. 그러나 이 주장은 크리스천 하나님과 알라의 성격과 본성의 큰 차이를 감안할 때 설득력이 없다.

이슬람 철학: 신앙과 이성을 포괄하는 초자연주의를 믿는다.

Islamic Ethics: Moral absolutes; The teaching of the Qur'an and the practices of Muhammad serve as the foundation for Islamic ethics. All human beings are called to "command the good and forbid the evil" in every sphere of life.

Islam and Science: Islamic Creationism which is the belief that the universe including humanity was created directly by Allah as explained in the Qur'an. Islam usually views Genesis of the Bible as a corrupted version of God's message.

Islamic Humanism/ Psychology: Mind-Body dualism, but un-fallen; Islam affirms that human beings exist beyond the death of the body. The Muslim view of human nature does not include the attribute of "fallenness" due to the Fall. Islam sees Adam's and Eve's disobedience as having been completely forgiven, thus leaving no trace of original sin in their offspring.

Islamic Sociology: Polygamy, Mosque, and Islamic State; The family, worship of God, and the state are central to Islamic teachings. But, there is substantial difference from Christianity. While most Muslims practice monogamy, the Qur'an permits a man to have four wives under certain conditions (vs monogamy of Gen 2:24). Regarding the worship of God and the government, Islam does not distinguish between religious/social institution and the government (no secular-sacred dualism). It is a comprehensive reality of theocracy. The state is to be as much Islamic as is the local mosque.

이슬람 윤리: 절대적 도덕이다. 코란의 가르침과 무하마드의 행동들이 이슬람 윤리의 근거로 작용한다. 모든 인간은 삶의 모든 영역에서 선을 명령하며 악을 금지하도록 부름을 받았다.

이슬람과 과학: 이슬람 창조론, 즉 인간을 포함한 우주는 코란에 설명된 대로 알라가 직접 만든 것으로 믿는다. 이슬람은 일반적으로 성경의 창세기는 신의 메시지가 오염된 것이라는 관점을 갖는다.

이슬람 인간론/심리학: 인간은 마음과 육체의 이중 구조이고 타락되지 않은 것이다. 이슬람은 인간은 육체의 죽음을 넘어서 존재하는 것을 확신한다. 인간 본성에 관한 이슬람의 관점은 태초의 타락에 따른 인간의 타락한 속성을 포함하지 않는다.

아담과 하와의 불순종은 완전히 용서함을 받았기 때문에 그들의 후손에게는 원죄의 흔적이 남아 있지 않다는 것이 이슬람의 견해이다.

이슬람 사회학: 일부다처, 모스크 및 이슬람 국가로 요약된다. 가정, 신에 대한 예배와 이슬람 국가가 이슬람 가르침의 중심이 된다. 그러나 기독교의 가르침과는 상당한 차이가 있다. 무슬림들 대부분이 일부일처를 따르지만 코란은 특정 조건에 따라 한 남자가 네 부인을 가지는 것을 허용한다(성경 창세기 2:24의 일부일처와 달리).

신에 대한 예배와 정부에 관해서는 이슬람은 종교/사회 기관과 정부를 구분하지 않는다(세속과 종교의 구분 없음). 완전한 신정 체제이다. 국가는 동네 모스크만큼이나 이슬람적이어야 한다.

Islamic Law–Shari'ah Law: Shari'ah is a body of laws and it governs many aspects of day-to-day life of Muslims. For example, it prohibits charging interest on loans. In contrast to biblical Christianity, Shari'ah does not reveal the nature of God, only his will.

Islamic Politics – Islamic Theocracy (Global Islam): Global Islam means that all nations would be ruled under an Islamic theocracy, which is a national government set up under the rule of Allah's divine sanction as expressed in the Qur'an and Shari'ah law. Though early Islam spread primarily through force, this methodology does not enjoy as much widespread support, even though it is still taught and practiced by some Muslim groups.

Islamic Economics – Stewardship of Property: Locating its economics between the capitalism of the West and the communism of the East, the Islamic worldview bases its economics on four foundational principles: unity, equilibrium (the responsibility to take care of the poor), free will, and responsibility.

Islamic History – Historical Determinism: the Islamic worldview affirms that because Allah created the world, he superintends it through time, guiding it toward an expression of his will. Hence it affirms that history is not made up of a series of chance happenings. "The world is a becoming entity, created by the will of a Designer and sustained by him for meaningful purposes. Historical currents take place in accordance with His will and follow established laws.

이슬람 법: 샤리아 법 체계이다. 샤리아는 하나의 법 체계로서 무슬림의 일상의 삶의 많은 부분을 지도한다.

예를 들면, 샤리아는 대출금에 대하여 이자를 물리는 것을 금한다. 크리스천 성경과 달리 샤리아는 신의 성품을 나타내지 않고 그의 의지만 보여 준다.

이슬람 정치: 이슬람 신정 정치(세계적 이슬람)이다. 세계적 이슬람은 세계 모든 나라가 하나의 이슬람 신정 국가에 의해서 다스림을 받는 것을 의미하는데, 이 국가는 코란과 샤리아 법에 의거한 알라의 신적 허가 아래 세워진 것이다.

초기 이슬람은 주로 무력에 의해 전파되었지만 이러한 방법은 더 이상 많은 지지를 받지 못하고 있다. 그러나 아직도 일부 무슬림 그룹들은 이 방법을 가르치고 실행한다.

이슬람 경제: 재산의 관리 개념의 경제학이다. 이슬람 경제 체제는 서구의 자본주의와 동구의 공산주의 중간쯤에 둔다.

이슬람 세계관에 따른 경제 제도는 다음의 네 가지 근본 원칙에 근거한다. 즉, 일치, 균등(가난한 자 구제 책임), 자유의지 및 책임이다.

이슬람 역사: 결정주의적 역사가 핵심이다. 이슬람 세계관은 알라신이 이 세상을 창조하였기 때문에 그가 세계 역사를 주관하고 그의 뜻에 따라 역사를 이끌어 가는 것을 확인한다.

그리하여, 이슬람은 역사는 우연히 일어나는 사건들로 되어지지 않는다고 확언한다. 한 이슬람 학자에 따르면, "세계는 디자이너인 창조주의 뜻에 따라 창조되고 의미 있는 목적에 맞게 유지됨으로써 하나의 실

They are not directed by blind chance, nor are they random and disorderly incidents", says an expert.

3. An Evaluation of Islamic WV

An internal consistency between the distant, law-giving, judging Allah and the unimpaired goodness of humanity is premised in Islamic legalism. Islamic humanism supposes the ability to do good by humans out of their unimpaired goodness (for in Islam's humanism there is no Fall of humanity). However, in reality, Muslims find themselves not being able to comply with many laws of Islam as they simply do not have the means to do so. Hence internal consistency is lacking for most Muslims. And this inevitably leads to a lack of confidence in their salvation. There is no means of grace. Allah is simply too far away and does not seem to bother with their problems. (There is no incarnation of Allah, nor the Holy Spirit helping Muslims). His will is of prime importance in Islam while His character, such as a loving Allah, is missing. Therefore, Muslims are stuck in the gap between the sovereignty of a distant Allah and their legal obligation. In the meantime, the pluralistic mysticism of folk Islam puts inspiration above revelation and denies the role of reason, which is inconsistent with the teachings of formal Islam. In extreme cases, it tends to degrade into superstition, magic and syncretism. In Sufi mysticism, the concept of love is something Muslims should have toward Allah, not the other way around.

In terms of effectiveness in solving their life problems, Muslims find no solutions to their fate, death, fear and guilt, and feel unsure of their salvation. In other words, there is no salvation here and

체가 되어 간다. 역사적 사건들은 그의 뜻에 따라 일어나며 정해진 법을 따른다. 맹목적 우연에 의하지 않고 임의적이고 무질서한 사건들이 아니다."

3. 이슬람 세계관 평가

이슬람 법치주의는 멀리 있으며, 법을 주고, 심판하는 알라와 인간의 훼손되지 않은 선이 내재적으로 일치성을 가지고 있는 것을 전제한다. 이슬람의 인간은 인간의 이러한 선에 근거하여 선한 일을 할 수 있는 능력을 가짐을 전제한다(이슬람에는 인간의 원초적 타락이 없다.). 그러나 실제 삶에 있어서는 무슬림들은 할 수 있는 수단이 없어서 이슬람의 많은 법을 지킬 수가 없는 자신을 본다. 그래서 무슬림 대부분의 경우, 위의 내재적 일관성을 견지할 수가 없다. 그리고 이는 피치 못하게 그들의 구원에 대한 확신의 부족으로 나타난다. 은혜의 도움이 없는 것이다. 알라는 단지 너무 멀리 있고 그들의 문제에 관여할 생각이 없는 듯하다(신의 성육신도 없고 도움을 주는 성령도 없다.). 이슬람에서는 알라의 의지가 가장 중요하고 사랑과 같은 성품은 그에게 없다. 그러므로 무슬림들은 멀리 있는 알라의 주권과 그들의 율법적 순종의 간격 사이에서 헤어나지 못하고 있다. 그런 반면, 다신적이고 신비주의적인 민간 이슬람은 계시보다는 영감을 중시하고 이성의 역할을 부인하기 때문에 정통 이슬람의 가르침과 일치하지 않는다. 극단적인 경우에 이런 이슬람은 미신, 마술과 혼합주의로 퇴화하는 경향을 가진다. 수피 신비주의에서는 사랑의 개념이 있지만 이는 무슬림들이 알라에 대해서 가져야 할 그 무엇이지 그 반대 방향의 것은 아니다.

무슬림들은 삶의 문제에 대한 효과적인 해법 면에서는 그들의 운명, 죽음, 두려움과 죄책감에 대하여 해답을 얻을 수가 없는데, 이는 그들이

now. In Islam, salvation is eschatological for only at the end of the world will one know if one goes to heaven or hell. There is no salvation here and now. Their God, Allah only demands submission to His will, but does not provide means to comply with it, such as grace or love. Too much emphasis on the sovereignty of Allah often leads to fatalism. Hence, they just keep repeating many rituals without much faith in solving their life problems. There is a spiritual void in Islam and it is inevitable because Allah is a too distant and unitarian God. There is no Holy Spirit and no incarnation of God in Islam to help Muslims attain salvation in the present life.

E. Traditional Tribal Religions' (TTR) Worldview and an Evaluation[57]

1. Introduction

Societies of traditional tribes are referred to by various names, such as pre-literary, tribal, traditional, primitive, primal or animistic society. For several reasons, in this course it is called a society or religion of traditional tribes (TT), and our focus is on the synoptic worldview of currently-existing religions/societies of TT (TTRs). A generalization is made from the similarities of the following three extant TTRs: the Ameru of Kenya, the Aboriginals of Australia, and the Quechua of South America. The religious world of traditional tribes is characterized by the following underlying principles:

---

57 This section except for evaluation draws heavily from Religions of pre-literary societies chapter of (17) *The World's Religions*, Sir Norman Anderson (ed), 1975, William Eerdmans Publishing Co. 11-46. Evaluations are made by the writer of this book.

구원에 대한 확신이 없기 때문이다. 다시 말하면, 이슬람에는 여기-지금의 구원이 없다. 이슬람의 구원은 종말적인 것이어서 한 사람이 천국 혹은 지옥으로 가는 것은 종말에 가야만 알 수 있다. 여기-지금의 구원은 없다. 그들의 신 알라는 그의 뜻에 복종하는 것만 요구하지 그것을 가능하게 해 주는 은혜나 사랑과 같은 수단은 주지 않는다. 알라의 주권에 대한 너무 많은 강조는 자주 숙명주의로 빠지게 만든다. 그리하여, 무슬림들은 삶의 문제에 대한 해결 가능성에 대한 믿음이 없이 많은 의식들을 기계적으로 반복한다. 이슬람에는 필연적으로 영적 공허함이 있는데 이는 알라는 너무 멀리 있고 인격적으로 단일신이기 때문이다. 이슬람에는 무슬림들이 현세에서 구원을 얻도록 도우는 성령 하나님도 없고 신의 성육신도 없다.

E. 전통 부족 종교의 세계관과 평가[57]

1. 도입

전통 부족 사회는 문자 전의, 부족의, 전통적, 원시적, 원초적 혹은 정령 숭배적 사회 등 다양한 이름으로 불린다. 몇 가지 이유로 이 책에서는 전통 부족 사회 혹은 종교(Traditional Tribe ; TT)로 부르기로 하며 우리의 관심을 세계에 현존하는 전통 부족 종교-사회(Traditional Tribal Religions ; TTR)가 공통적으로 가지는 세계관에 둔다. 다음의 현존하는 세 개의 전통 부족 종교들이 가지는 유사점에 근거하여 일반화한 세계관이다. 케냐의 아메루 부족, 호주의 원주민 부족, 및 남미의 케츄아 부

---

57 평가 부분을 제외한 이장의 대부분은 다음 참고 자료의 Religions of pre-literary societies 장을 출처로 한다. (17) *The World's Religions*, Sir Norman Anderson (ed), 1975, William Eerdmans Publishing Co. 11-46. 평가는 이 책의 저자에 의한 것이다.

Holistic; TTR's world is holistic, i.e. it is much more than the sum of the parts of the visible world one sees around oneself. The world is a rhythmic whole pulsating with vital spiritual forces. Everything is interconnected so that every activity from birth to death and beyond is interpreted as belonging to a whole - a religious whole. The whole of life is a religious phenomenon.

Spiritual; people in TTs look at happenings and see in them the working of spiritual forces which permeate their environment. In the event of injury, sickness, death, a hunt, sowing, building, journeying in any activity, whether successful or unsuccessful, the primary factor to be considered in any chain of causation is the spiritual forces that control the outcome. In all levels of the cultures of TTs religion and superstition or magical practices are closely intertwined.

Mythical; for the peoples of TTs, mythical does not mean unreal. By means of myths all the great moments of life and death are given meaningful expression and interpretation. For the people of a TT the origins of their world, how they came to be in it, their relationship to God and/or the gods as well as the origin of evil and death – all these fundamental beliefs are set out in mythic forms. Myth is the means by which a community expresses its faith in the reality of life.

Ritualistic; the myths of TTs express themselves chiefly in the rituals of the tribe. In all the great moments of life, and in most of the trivial, rituals are observed: birth, puberty, marriage, war, sickness, divorce, eating, cooking, planting, reaping, herding, housebuilding, departing and arriving, entering and leaving a

족. 전통 부족 종교 세계의 특징은 다음의 원리들을 배경으로 한다.

총체적(Holistic): 전통 부족 종교 (TTR)의 세계는 총체적이다. 즉, 사람이 그의 주위에서 보는 세상의 모든 부분들을 모은 것보다 더 큰 세계이다. 그의 세계는 중요한 영적 힘으로 충만하고 리듬 있게 움직이는 총체이다. 모든 것은 서로 연결되어 있어서 매일 일어나는 출생으로부터 죽음까지의 모든 것은 다 이 총체 즉 종교적 총체에 소속되어 있는 것으로 해석한다. 전체 삶이 종교적인 현상이다.

영적(Spiritual): TT 사회의 사람들은 일어나는 모든 일이 주위에 충만한 영적 힘의 작용인 것으로 본다. 여러 가지 일들, 즉 부상, 병, 죽음, 사냥, 씨 뿌리는 일, 집을 짓는 일, 여행 등 일체의 일들의 성패 결과에 대해서는 그것의 인과 관계를 좌우하는 영적 힘을 우선적인 요소로 생각한다. TT 문화의 모든 계층은 종교와 미신 혹은 마술적 행위들이 밀접하게 연결되어 있다.

신화적(Mythical): TT 사람들에게는 신화가 비현실적인 것이 아니다. 생사의 모든 중요한 순간들이 신화에 의해서 그 의미가 표현되고 해석된다. 이들에게는 악과 죽음의 기원뿐만 아니라, 세계의 시작, 그들이 어떻게 세계에 존재하게 되었는지, 그들의 신 혹은 영들과의 관계에 대한 근원적 신앙들이 신화적 형태로 표현된다. 신화는 한 공동체가 삶의 현실 속에서 가지는 신앙을 표현하는 수단이 된다.

제례적(Ritualistic): TT의 신화들은 부족의 제례를 통해서 주로 표현된다. 인생의 모든 중요한 순간들과 대부분의 사소한 순간들에 제례가

house, buying and selling and so on.

Rhythmic; the societies of TTs are governed by the seasonal cycle of seed-time and harvest, wet and dry season, winter and summer. A rhythmic beat is induced in the communal pattern of existence by this cycle and on it is superimposed the individual and generational themes of the human life cycle with its many variations. Rituals are the time-markers on the rhythmic cycle of season and life. There is no rush, no schedules to keep. Lateness and impatience are unknown. Time for societies of TTs is a cyclic one, not a linear process as understood by western people. For them the daily and seasonal clock is their timepiece.

2. TTR Worldview's Responses to Seven Foundational Questions and an Evaluation

These five principles provide the essential background to a summary of the major religious themes of TT societies in the context of the seven foundational questions addressed by worldview.

WV Q1. Prime Reality: Mana or spiritual/life force, is permeating the universe of TTs which is comprised of the unseen world of mana, supreme-being or a sky-divinity, many divinities, many spirits including ancestral spirits or the living dead, on the one hand and the seen world or the visible world (see below) on the other. The supreme-being, or the sky or high God is the creator or originator of all creation, but he is a distant God not intervening in the daily lives of the people. He is not often worshiped and shrines to him

행해진다. 출생, 성인식, 결혼, 전쟁, 병, 이혼, 식사, 요리, 파종, 추수, 사냥, 집 짓기, 출발과 도착, 집에 들어감과 나옴, 사고팔 때 등이 이에 해당한다.

주기적(Rhythmic): TT 사회의 삶은 씨 뿌릴 때와 거둘 때, 우기와 건기, 겨울과 여름의 계절적 운행의 주기로 다스려진다. 이 사이클에 따른 공동체의 삶의 형태는 주기적 고동을 나타내며, 그 위에 개인과 동년배의 다양한 삶의 사이클의 주제들이 올려진다. 계절과 인생의 주기적 사이클에 시간을 표시하는 것이 제례이다.

서두를 일도 없고 지켜야 할 일정도 없다. 지각이나 서두름은 없다.

TT 사회에서의 시간은 이러한 사이클이지 서구 사람들이 이해하는 일직선상의 과정의 시간이 아니다. 그들에게 시계는 매일과 계절의 시간이다.

2. 일곱 개의 근원적 질문에 대한 전통 부족 종교 세계관의 대답

이상의 다섯 가지 원리들이 세계관의 일곱 개의 기본적 질문의 상황으로 보는 TT 사회의 중요한 종교적 주제들에 대한 요약의 주요 배경이 된다.

WV Q1. 근원적 실재: TT의 우주는 한편으로는 마나, 초월자 혹은 하늘 신, 신들, 조상신 혹은 죽은 자의 살아 있는 신을 포함한 많은 영들의 보이지 않는 세계와 다른 한편으로는 보여지는 세상 혹은 보이는 세상으로 구성된다(아래 참조).

초월자 혹은 하늘 신은 창조자 혹은 창조의 원조이지만 그는 멀리 있

are rare. However, mana or spiritual/life force is behind everything and could be thought of as the prime reality. Plus, the living dead or ancestral spirits, nature-gods and manipulation of the mana are regarded as an important prime reality, as their impact on people's daily lives is greater than any others. There are good spirits, as well as capricious and malevolent spirits including demons. The latter are evil spirits who are often the subject of fear and appeasement.

Evaluation: It is hard to classify what constitutes prime reality by order of importance because all these unseens are interconnected with the supreme-being or the high God who, though he is the creator, is too distant and not interfering. In terms of the impact on daily lives, mana or life force, nature gods and ancestral spirits are of primary reality. Demarcation between divinities and spirits is of no importance because both highly impact the life of TT peoples in both positive and negative ways. Hence, TT peoples are left in the dark as to who the real reality is and what he does to them and expects of them. This is the foundational context which affects their views of the world-reality and human beings, among others.

WV Q2. reality or world: as pointed above, TTR's world is holistic, i.e. it is much more than the sum of the parts of the visible world one sees around oneself. The world is a rhythmic whole pulsating with vital spiritual forces. Everything is interconnected so that every activity from birth to death and beyond is interpreted as belonging to a whole - a religious whole. The whole of life is a religious phenomenon. There is no place for impersonal natural laws. The visible world is only a small part of the universe which includes taboos or prohibitions, sacred places, sacred things, sacred actions,

는 신으로 사람들의 일상의 삶에 관여하지 않는다. 그는 자주 예배되지 않으며 그를 위한 사당도 매우 드물다. 그러나 마나 혹은 영적-생명적 힘은 모든 사물의 뒤에 있으며 근원적 실재로 생각될 수 있다.

나아가 죽은 자의 영 혹은 조상신, 자연 신, 그리고 마나의 조정을 중요한 근원적 실재로 볼 수 있는데 이는 사람들의 실제 삶에 다른 어떤 것보다 더 큰 영향을 미치기 때문이다. 선한 영이 있는가 하면 변덕스럽고 악의적인 영도 있는데 마귀가 여기에 포함된다. 후자의 영들은 악한 영으로 자주 두려움과 선무 대상이 된다.

평가: 중요도에 따라 근원적 실재를 분류하기는 어렵다. 왜냐하면 이 모든 보이지 않는 것들이 창조주이지만 멀리 떨어져 있고 관여하지 않는 초월자 혹은 고등 신과 밀접하게 연결되어 있기 때문이다.

인간 삶에 대한 영향력 면에서는 마나 혹은 생명의 힘 혹은 자연 신과 조상신들이 근원적 실재이다. 신과 영의 구분은 중요하지 않다. 왜냐하면 둘 다 TT 사람들의 삶에 긍정적 및 부정적 영향을 크게 가지기 때문이다. 그리하여, TT 사람들은 누가 근원적 실재인지 그가 자신들에게 무엇을 행하는지 그리고 무엇을 기대하는지에 대하여 아무것도 모르는 어둠속에 놓여 있다. 이 근원적인 상황이 TT 사람들의 세계-현실과 사람 등에 대한 관점에 영향을 미친다.

WV Q2. 실재 혹은 세계: 위에서 본 대로 TTR의 세계는 총체적이어서 주위에 보이는 세계의 모든 것을 합한 것보다 더 크다. 그의 세계는 중요한 영적 힘으로 충만하며 주기적으로 운행하는 총체이다. 모든 것이 서로 연결되어 있어서 출생에서부터 죽음에 이르기까지 모든 행위들이 이 총체, 즉 종교적 총체에 소속되어 있는 것으로 해석된다.

삶의 전반이 종교적 현상이다. 비인격적 자연법칙의 자리는 없다. 보

sacred words, and sacred persons. The earth is sacred so much so that among many she is divinized as Mother Earth. The traditional tribal person lives in community in a world in which he feels at home and into whose rhythm he fits. But it is also a world which brings terror and fear. The world is a fearful one, and fear plays an important role in his life: dread of the spirit-filled night, terror of the witch and his witchcraft. In order that he may continually enjoy the good life – long life, many children, much food and wealth, great respect – and ward off evil – sickness, barren wives, locust plagues, disrespect from the young, witchcraft – he must know the secrets of power.

Evaluation: Reality or the world is not an object of studies or sciences, but holistic, spiritual, and religious phenomena inter-connected and permeated with the life-force, or mana. In all the great moments of life, and in most of the trivial, rituals are observed. The rituals are the time-markers on the rhythmic cycle of season and life. They enact the myths which in turn explain and interpret the rituals. Word and act belong together making TT people sacramental in their religious expressions where there is no written material (pre-literary society). Religion, superstitions, and magical practices are closely intertwined. Safety and prosperity depend very much on how well one avoids many taboos, appeases many spirits through offerings and rituals, and knows many secrets of the life-force directly or indirectly. Hence, the world they know is not compatible with world subject to natural laws, and one which becomes the subject of studies of science. Further, the fear of the world to which TT peoples are constantly subjected is left

이는 세상은 우주의 작은 한 부분에 지나지 않지만 이는 손대지 못하는 것, 즉 타부, 금지된 것, 신성한 곳, 신성한 물건, 신성한 행동, 신성한 말과 신성한 사람들을 포함한다. 지구는 매우 신성하여서 다른 신들과 함께 신성한 어머니 지구로 신격화된다.

TT 사람들은 세상에서 공동체 속에서 살며 그 속에서 그는 편안함을 느끼며 그 주기에 맞춰 산다. 그런데, 그 세상이 또한 공포와 두려움을 가져다주기도 한다. 세상은 두려운 곳이며 두려움이 그의 삶에서 중요한 요소가 된다. 영이 넘치는 밤의 두려움과 주술사의 주술의 공포 등이다. 사람이 좋은 삶(장수, 많은 자손, 많은 음식과 부, 높은 존경)을 계속하여 즐기고, 악한 것(병, 불임 부인, 메뚜기 재앙, 젊은이로부터 존경받지 못하는 것, 주술)을 떨쳐 내려면 생의 힘의 비밀을 알아야 한다.

평가: 현실 혹은 세계는 연구와 과학의 대상이 아니라 삶의 힘 혹은 마나가 넘치고 서로 연결되어 있는 영적이고 종교적인 현상의 총체이다. 모든 삶의 큰 순간들과 대부분의 소소한 순간들도 제례를 지키는 계제가 된다.

제례는 계절과 삶의 주기적 사이클에 대한 시간 표시다. 그들은 신화를 만들고 이 신화들이 그 제례를 설명하고 해석한다. 문자 전 사회로서 문자가 없기 때문에 말과 행위는 같은 것으로 그것을 통해서 그들의 종교적인 표현들을 신성하게 만든다.

종교, 미신, 그리고 마술은 매우 밀접하게 연결되어 있다. 사람의 안전과 번영은 그가 얼마나 잘 피해야 할 것, 즉 타부를 피하고 제물과 제례를 통하여 많은 영을 위무하고 삶의 힘의 비밀을 직접 간접으로 얼마나 많이 아느냐에 달렸다. 따라서 그들이 인식하는 세계는 자연법칙과 과학이 보여 주는 것과는 합치하지 않는다.

또한 TT 사람들이 항상 노출되어 있는 세상이 주는 두려움의 문제는

unaddressed. They are helpless against it and they just accept it as part of their lives.

WV Q3. human being: In TTR's WV, a human being is not accorded any special standing. He or she is a part of the holistic, spiritual, and religious world. But, he has to struggle to live a life avoiding curses and terrors, appeasing many spirits, and learning to know many secrets of the mana, or life-force. However, there are sacred persons like diviners, medicine-men, prophets, priests, shaman and sacred king. They are mediators between ordinary people and the divinities and spirits, and they are divided into the good and the bad.

Evaluation: A human being is nothing more than a part of the animistic and spiritual world which is permeated with mana, or the life-force. He is given no special standing or dignity. Nor is any special capacity accorded to him, which would make him more intelligent and powerful than other species. This view of humans is not consistent with the findings of science and history that humans, as homo sapiens, are most intelligent among the species of the world. He does not have any benefit of natural law and scientific knowledge about the world. This view of human beings is not compatible with the special capacity and performances of humans vindicated by the findings of philosophy, history, and psychology. Humans' exceptional standing and capacity among all creation is not appreciated. He is constantly subject to fear, curses, and terrors of many spirits including those of the living-dead and the life-force. Of course, he is mortal. No salvation from these is provided. His only hope is to accumulate the respect of his relatives during life,

미해결로 남는다. 그들은 이에 대해 아무것도 할 수 없기에 그들의 삶의 일부로서 그저 수용할 뿐이다.

WV Q3. 인간: TTR의 세계관에서 인간은 특별히 중요한 위치를 부여받지 못한다. 그는 총체적, 영적, 종교적 세계의 일부에 지나지 않는다. 그러나 그는 저주와 공포를 피하고 많은 영을 위무하며 삶의 힘, 즉 마나의 많은 비밀을 알기 위하여 배우는 삶을 몸소 살아나가야 한다.

한편, 신접자, 병 고치는 사람, 예언자, 제사장, 무당과 신성한 왕과 같은 신성한 사람들이 있다. 그들은 일반인들과 신들과 영들 사이에서 중재자가 되며, 그들은 선한 사람과 악한 사람으로 구분된다.

평가: 인간은 생의 힘인 마나가 넘치는 정령적인 세상의 한 부분에 지나지 않는다. 그에게는 특별한 지위나 존엄성이 주어지지 않는다.

또한 특별한 능력을 부여받아 다른 종들보다 더 지능적이고 더 힘이 있는 것으로 보이지도 않는다. 이는 인간은 과학과 역사가 입증하는 세계의 모든 종 중에서 지능적으로 가장 뛰어난 호모 사피엔스라는 사실과 배치되는 인간관이다. 그는 세계의 자연법칙이나 과학적인 지식의 도움을 받지 못한다.

이러한 인간관은 철학, 역사학, 심리학 등이 입증하는 인간의 특별한 능력과 업적과는 부합되지 않는다. 피조계 내의 인간의 뛰어난 위치나 능력을 평가하지 않는 인간관이다. 그는 죽은 자의 영들과 생의 힘을 포함한 많은 영의 두려움과 저주와 공포에 늘 노출되어 있다.

물론 그는 죽을 존재이다. 이러한 것들로부터 구원을 받을 길은 없다. 유일한 희망은 이 세상에 사는 동안 친척들의 존경을 많이 얻는 것이다. 왜냐하면 그 존경이 그를 사후 세상에서 행복한 망자의 땅으로 가게 해 준다고 믿기 때문이다.

which he believes would bring him to the happy Land of the Dead.

WV Q4. death: Death is normally regarded as the result of witchcraft. At death, the body of the deceased passes away but its spirit lives on (as an ancestral spirit or the living dead). Once dead, a person is believed to be in the Land of the Dead but is able to cause mischief to those whom he has left behind. In most TTs mortuary rites are of the greatest importance because the connection of the soul of the deceased with what he or she knew and was accustomed to must be broken completely, otherwise the soul may return and cause harm to the kin. The proper rites are also believed essential for speeding the soul to the Land of the Dead. For most TTs there is a continuing relationship between the living dead and the living. In most instances the living dead are feared as a source of arbitrary and irrational evil. This is why, in addition to mortuary rites, offerings of food and drink are regularly made to them.

Evaluation: Death is believed to be the result of witchcraft, and is regarded as something negative. But death is not the termination of everything. The spirit of the deceased is believed to live on as the living dead and is feared as a source of tricking harm to the bereaved. The spirit is believed to be in the Land of the Dead but still able to come back to cause harm to kin. In general, a man's actions in this life do not affect his eternal destiny. There is an indirect correlation between one's actions in this life and his immortality and happiness in the afterlife (for more see the ethics section below). There is not much for one to do to solve this destiny of death. This view of the cause of death is not consistent with what the knowledges of medicine and science indicate.

WV Q4. 죽음: 죽음은 보통 주술의 결과로 여겨진다. 죽음에 이르면 죽은 자의 육체는 죽고 사라지지만 그의 영은 계속 산다(조상신 혹은 죽은 자의 영으로서). 한번 죽은 사람은 망자의 땅에 거하지만 지상에 남아 있는 사람들에게 문제를 야기할 수 있는 것으로 믿는다.

거의 모든 TT 사람들에게 장례식은 가장 중요한 제례가 된다. 왜냐하면 망자의 영은 이생에서 아는 사람들이나 친숙했던 사람들과의 관계를 완전히 끊어야 하는데 그렇지 못할 때는 그 영이 이들에게 해를 끼치기 위해 돌아오는 것으로 믿기 때문이다. 또한 적절한 장례식은 망자의 영이 망자의 땅에 신속하게 가는 데에도 매우 요긴한 것으로 믿는다.

대부분의 TT 사람들에게 망자의 영과 살아 있는 사람들 간에는 계속적인 관계가 있다. 대부분의 경우 망자의 영은 살아 있고 자의적이고 이해할 수 없는 악의 원인으로 두려움의 대상이 된다. 이것이 장례식에 더해져서 이 영들에게 정기적으로 음식과 마실 것을 제물로 바치는 이유가 된다.

평가: 죽음은 주술의 결과로 일어나는 것으로 믿고 부정적인 것으로 간주된다. 그러나 죽음이 모든 것의 끝은 아니다. 망자의 영혼은 그의 영으로 계속 살면서 남아 있는 가족에게 해를 끼치는 원인이 되는 두려운 것으로 믿는다.

일반적으로, 한 사람의 이생에서의 행동은 그의 영원한 운명에는 영향을 미치지 않는다. 한 사람의 이생의 행위들과 그의 영생과 죽음 후의 행복 여부는 간접적인 관계에 지나지 않는다(아래 윤리 부분 참조).

사람이 이 죽음의 운명을 해결하기 위해서 할 수 있는 것이 아무것도 없다. 이들의 죽음의 원인에 대한 믿음은 의학과 과학의 지식이 밝히는 것과 합치하지 않는다.

WV Q5. knowledge: To live well in this life, one is simply expected to know the things and persons to avoid and how to appease the spirits by knowing the secrets of the life-force. The members of TT societies are expected to learn and understand an extraordinary range of proverbs, myths, legends, fables, laws and customs which are transmitted by word of mouth. There are prayers and songs to know and sing. One is believed to gain wisdom as one's age is advanced. In many TT societies, elders are believed to have more wisdom and are respected. In some tribes, they believe that the spirits of the dead will lead and guide them to knowledge through seers.

Evaluation: Knowledge, as a survival tool, is taken for granted. The source of the capacity to know is not known. Wisdom is believed to accumulate as one ages. But, there is no knowledge of the impersonal natural laws because there is no such thing in TT societies. Human reasoning as a base of knowledge is not known to him. His knowledge scope does not include natural laws and sciences. Their view of human being does not premise such human capacity as explained above.

WV Q6. ethics: Good and evil in TT society are judged by a very simple rule – whether or not it does harm to the well-being of the community or threatens its members' health. As most activities of TT society may be interpreted to be responses to be sacred, in order to preserve the harmony of life and ensure blessings from the divine, all actions which threaten harmony are seen as evil and contrary to the will of the creator-spirit and therefore must be eliminated. In some tribes, they believe that they can know what is wrong or good

WV Q5. **지식**: 이 세상에서 잘살기 위해서 사람은 피해야 할 사물과 사람을 알며 생의 힘과 관련된 비밀을 알아내서 영들을 위무할 줄 아는 것이 기대된다.

TT 사회의 구성원들은 구전으로 전해오는 많은 양의 잠언, 신화, 전설, 우화, 법과 풍습을 배우고 이해할 것으로 기대된다. 알아야 할 기도와 부를 노래가 있다.

사람은 나이가 들면서 지혜를 얻는 것으로 믿는다. 많은 TT 사회에서 장로들은 지혜가 더 많은 사람으로 믿고 존경을 받는다. 일부 부족의 경우 망자의 영혼이 예시자를 통해 지식으로 이끌어 준다고 믿는다.

평가: 사람들 대다수의 경우 살아남기 위한 지식은 다 주어진 것으로 생각한다. 무언가를 아는 능력의 근원은 모른다. 지혜는 사람이 나이를 먹음으로써 쌓이는 것으로 믿는다.

그러나 비인격적인 자연법칙에 관한 지식은 없다. 왜냐하면 TT 사회에는 이러한 지식이 없기 때문이다. 지식의 바탕으로서 인간의 이성에 대해서는 알지 못한다. 그의 지식의 범위는 자연법칙과 과학을 포함하지 않는다.

위에서 본 것처럼 그들의 인간관 자체가 이러한 인간의 능력을 전제하지 않는다.

WV Q6. **윤리**: TT 사회에서 선과 악의 판단은 간단한 법칙에 의해 결정된다. 공동체의 안녕에 해를 끼치는가와 공동체 구성원의 건강에 해가 되는가의 여부에 달렸다. TT 사회의 대부분의 행위들은 신성하게 되기 위한 반응으로 해석되기 때문에 삶의 조화와 신의 축복을 보존하기 위해서는 공동체의 조화에 해가 되는 모든 행동은 악으로 간주하고 창조주 영의 뜻에 반하는 것으로 제거되어야만 한다. 일부 부족의 경우

through the help of the spirits of the dead. Violating social rules and traditions is evil and believed to bring curses.

Evaluation: The criterion on which good or evil is decided in TT society has nothing to do with the High God or other divinities. Rather, it is based on the simple question of whether an action does harm to the well-being of the community or threatens its member's health. Except in a few isolated instances, a man's actions in this life do not affect his eternal destiny. To a large extent immortality and one's happiness in the Land of the Dead depends on the care and respect shown after death by one's relatives. Hence, there is an indirect correlation between one's actions in this life and his immortality and happiness in the afterlife. In this view, there is no motivation for enhancing and cultivating morals and ethics in this life. Ethical value is lacking in TT's worldview.

WV Q7. meaning of life: There is no divine-given purpose of life in TT societies. One's life is only a small part of a world full of the life-force. If one lives in community in synchronization with its rhythm and in harmony with other members, one's life is well and meaningful. If one avoids the terror of the world and wards off evil and enjoys the good of the world such as long life, many children, much food and wealth, and great respect, one's life is all the more meaningful.

Evaluation: The meaning of one's life in TT society lies mostly in securing safety by warding off evil and enjoying the good of the world such as a long life, many children, much food and wealth and great respect. It is closely associated with one's physical safety and secular success. It has no relationship with one's destiny in the

는 악과 선을 망자의 영의 도움으로 알 수 있는 것으로 믿는다. 사회적 법칙과 전통을 범하는 것은 악이고 이러한 것은 저주를 초래한다.

평가: TT 사회에서 선과 악의 판단 기준은 하늘 신이나 다른 신들과는 아무런 관계가 없고 행동이 공동체의 안녕에 해가 되는지 그리고 구성원의 건강을 해치는지 아닌지라는 간단한 법칙에 달렸다. 몇 개의 산발적인 예를 제외하고는 사람의 이생에서의 행위는 그의 영원한 내세에는 영향을 미치지 않는다.

한 사람의 죽음 후, 망자의 땅에서의 영생과 행복은 죽음 후에 남은 친족들이 그에 대해 보이는 염려와 존경에 크게 의존한다. 그리하여 사람의 이생의 행동들과 그의 사후의 영원한 운명과 행복 간에는 직접적인 연관 관계가 없다. 이생에서 도덕과 윤리를 고양하고 수련하여야 할 아무런 동기가 없는 윤리관이다. 윤리성이 결여된 세계관이다.

WV Q7. 인생의 의미: TT 사회에서는 신이 주는 삶의 목적이 없다. 한 사람의 인생은 생의 힘이 넘치는 총체적 세상의 아주 작은 일부분에 지나지 않는다. 만약에 한 사람의 삶이 공동체 안에서 공동체의 주기적 움직임에 동기화되고 다른 구성원들과 조화롭게 살면 그의 인생은 좋고 의미 있는 것이다. 나아가, 세상의 공포를 피하고 악령을 막아내고 세상의 좋은 것, 즉 장수, 많은 자손, 많은 먹을 것과 부 그리고 큰 존경을 즐길 수 있으면 그의 인생은 더할 나위 없이 의미 있는 것이 된다.

평가: TT 사회 사람들의 인생의 의미는 대부분 악령을 막아서 안전을 확보하고 장수, 많은 자손, 많은 먹을 것과 부와 많은 존경으로 대표되는 세상의 좋은 것을 즐기는 데 있다. 육신의 안전과 세속적 성공은 밀접하게 연관되어 있다. 그것은 사후 운명과는 아무런 관계가 없다. 그래서 TT 사람들의 인생은 이생의 삶에 중점을 둔다. 죽음 후의 인생의

afterlife. So, TT people's lives are very much focused on this world. Life beyond death is left unaddressed. This provides the basis from which problems of the Shamanistic worldview result.

Suffering/illness/misfortune/accident: These happen when people mistreat dead spirits and violate social rules and traditions.

Evaluation: This view is very partial in explaining the suffering and misfortune happening in people's lives. Much of these are caused by the many wrongs and crimes of living individuals and communities. Most illness is caused by bacteria and viruses, not the spirits of the ancestors. This view is also inconsistent with what humanity's history and science teach. It is very superstitious.

문제는 해결하지 못한 상태로 둔다. 이는 무속적 세계관의 문제의 기원이 된다.

고난, 병, 불행, 사고: 이러한 것들은 사람들이 망자의 영을 잘못 대하거나 사회적 법칙과 전통을 범한 결과로 생긴다.

평가: 이 관점은 사람들의 인생에서 일어나는 많은 고난과 불행을 설명하기에는 매우 부분적이다. 이러한 많은 것이 살아 있는 개인과 공동체의 악행과 범죄로 초래된다. 대부분의 병은 박테리아나 바이러스에 의해 발생하지 조상의 영혼에 의해서 일어나지 않는다.

이 관점 역시 인간의 역사와 과학이 가르치는 것과는 합치하지 않는다. 매우 미신적이다.

IX.

Overall Assessment
of Evaluations of Worldviews

A. Deficiencies and Unrealities of other WVs

Religious and philosophical-ideological WVs other than the Biblical WV each has many deficiencies and unrealities when evaluated by the three evaluation criteria explained in Chapter 5. Examples of such deficiencies and unrealities of WVs other than the Christian WV are many as shown in the previous three chapters.

Other WVs have the wrong presuppositions on reality, particularly on theism and humanism, because they are based on human thoughts and traditions, not on the revelations of the creator God or the Lord of the world. A good example is the story of the origin of humans in Sumerian and Babylonian mythologies that humans were formed by the dust and blood of a god killed in battle with another god. Quite a drastic contrast with the humans created

IX.

세계관 평가에 대한
전체적 평가

A. 다른 세계관의 부족함과 비현실성

제5장에서 설명한 세 가지 세계관 평가 기준에 따라 평가해 볼 때 성경 세계관을 제외한 다른 종교적 철학적-사상적 세계관들은 각각 많은 부족한 점과 비현실성을 가지고 있다. 기독교 세계관을 제외한 다른 세계관의 부족성과 비현실성의 예들은 앞의 세 장에서 보듯이 매우 많다. 다른 세계관들은 세계에 관하여 잘못된 전제들을, 특히 신관과 인간관의 면에서, 가지고 있는데 이는 창조주 혹은 세상의 주님이 보여 주는 계시가 아니라 인간의 생각과 전통에 근거하고 있기 때문이다. 한 가지 좋은 예가 수메르-바빌론 신화에 나오는 인간의 시작에 관한 이야기인데, 인간은 신들의 싸움에서 패한 신의 피와 흙의 먼지가 합해져서 만들어졌다는 것이다. 이는 신의 숨결과 흙의 먼지가 합해져서 신의 형상으로 인간이 창조되었다는 것과 큰 대조를 이룬다. 다른 세계관에서 신들

in the image of God being formed by dust and the breath of God. And gods in other WVs are not creator gods who created the world and are all-knowing. They are not moral either. Hence their WVs have inherent incoherencies and cannot provide answers to the fallen hearts of the world. Other examples include Hindu/Buddhist monism, and their view of time; the Islamic distant law-giving Allah under their unitarian theism and view of humanity without original sin; the Confucian view of mankind as originally good that does not comprehend the duality of human nature correctly. Only the Christian WV comprehends it correctly and provides a solution.

Hence adherents of other WVs are in confusion and darkness because they are stuck in their WVs which are not realistic and sufficient; nor consistent within; and not able to solve the many problems of fallen hearts.

B. Supremacy of Christian WV

In terms of the three evaluation criteria, the Christian WV meets them better than any of the other WVs. No significant internal incoherency is found, and its effectiveness in problem-solving including moral assessment is outstanding. It is sufficient and supreme on all three evaluation criteria. A few points that set the Christian WV above others are:

1. Christian theism of a Trinitarian God of love, the God Incarnate, and God the Holy Spirit indwelling and helping believers.
2. Most discerning and realistic view of the duality of the

은 세계를 창조한 창조신이 아니고 전지한 신도 아니다. 그들은 도덕적
이지도 않다. 이리하여 그러한 세계관들은 내재적 모순을 포함하고 있
으며 세상 사람들의 타락한 마음에 대하여 답을 주지 못한다. 다른 예들
은 다음을 포함한다. 즉, 힌두교–불교의 모니즘과 시간관, 이슬람의 인
격적인 유일신관에 근거한 아주 멀리 있으면서 율법을 주는 알라신과
원죄가 없는 인간관, 유교의 원초적으로 선한 인간관 등이다. 이들 세계
관은 인간 성품의 이중성을 정확하게 알지 못한다. 기독 세계관만이 이
를 정확하게 알고 그 해법을 제공한다.

그리하여, 다른 세계관을 따르는 사람들은 혼돈과 어둠 속에 있는데,
이는 비현실적이고 부족하며 내부적인 모순을 가지거나 인간의 타락한
마음에서 야기되는 많은 문제를 해결해 주지 못하는 세계관들에 빠져
있기 때문이다.

B. 기독 세계관의 우월성

세 가지의 세계관 평가 기준에 비추어 보면, 기독 세계관은 다른 세
계관들보다 이 기준들을 더 잘 충족시키는 것으로 생각된다. 심각한 가
르침의 내부적 모순이 없으며 도덕성을 포함한 인간의 문제에 대한 효
과적 해결 능력이 뛰어나다. 세 가지 평가 기준을 충족시키는 면에서 충
분하며 우월하다. 다른 세계관에 비하여 기독 세계관을 우월하게 만드
는 몇 가지를 요약하면 다음과 같다.

1. 사랑과 성육신의 신이며 성령 하나님으로 믿는 자 속에 임재
   하며 도와주는 기독교의 삼위일체 신관
2. 인간 성품의 이중성을 가장 잘 알며 이에 대하여 현실적인 관
   점을 가진 점

human nature.

3. Fulfillment of the prophecies of God in history, and the historical facts of the incarnation, death, and resurrection of Jesus, the God Incarnate.

4. The Incarnational being and life of Christians as a means to help God achieve the salvation of the world.

C. Overall Assessment and a Sensible Approach to Inter-religious Evangelism

The evaluations made so far, and an objective comparison of them indicate that overall, the Christian worldview is outstanding and satisfies the three criteria better than other worldviews. Based on this, we, the children of our Trinitarian God should be more confident in our faith and more earnestly preach and teach the Gospel Worldview to the church, on one hand. But, on the other hand, we must be more prudent and sensitive to the followers of other WVs when we do apologetics or evangelism using these evaluations. Talking in a manner of over-confidence and pride, and looking down on them is of course the last thing to do for Christ's disciples who are called to share the gospel of Jesus with them and to love them. Such an attitude of communication is not conducive to winning-over the hearts of unbelievers. Instead, we should communicate our WV to them with sensitivity and wisdom, and not only in talks, but in deeds of love and service and through our transformed and Spirit-filled beings and lives. (Additional discussions on worldview evangelism are included in the next chapter.)

3. 신의 예언들이 역사 속에서 이루어진 점과 성육한 하나님인 예수의 성육신과 죽음 및 부활의 역사적 사실
4. 신의 세상 구속 사역을 크리스천들의 성육화한 존재와 삶이 수단이 되어 돕는 점

C. 전체적 평가 및 종교 간 전도에 대한 적절한 접근

지금까지의 평가들과 이들에 대한 객관적 비교에 의하면, 전체적으로 기독교 세계관은 뛰어나고 세 개의 평가 기준을 다른 세계관들보다 더 잘 충족시킨다. 이에 근거하여, 우리 삼위일체 하나님의 자녀인 크리스천들은 한편으로는 우리 믿음에 대하여 더 확신을 가져야 하며 복음 세계관을 교회 앞에 더 성실히 설교하고 가르쳐야 한다.

그러나 다른 한편으로는 우리 믿음을 이 평가에 근거하여 논증하거나 전도할 때에 다른 종교-철학을 따르는 사람들에게 더 신중하고 배려하는 자세를 가져야 한다. 너무 넘치는 자신감과 우월감으로 말하거나 다른 종교인들을 내려다보는 자세를 취하는 일은 예수님의 복음을 나누고 사람들을 사랑하도록 부르심을 받은 그리스도의 제자들이 결코 삼가해야 하는 일이다. 이런 자세로 행하는 소통은 불신자들의 마음을 얻는 데 도움이 되지 않는다. 대신, 우리는 우리가 믿는 세계관을 그들에게 조심스럽게 그리고 지혜롭게 소통시켜야 하며, 말뿐만 아니라 변화되고 성령 충만한 우리들의 모습과 사랑과 섬김의 행동으로 소통해야 할 것이다. (세계관 전도에 관해서는 다음 장에서 더 자세히 살펴본다.)

- Compared to other worldviews, GW is evaluated supreme because it: 1) provides answers to all foundational questions (sufficiency), 2) does not have any internal inconsistency in its teachings, 3) offers a comprehensive salvation to the humanity (from not only death but also existential sufferings), and 4) is most moral grounded in the attributes of God and His teachings

- As evaluation of two non-gospel WVs indicate, other world views' teachings and doctrines are unrealistic, deficient, internally inconsistent, and not good morally, and do not offer a comprehensive salvation to the humanity from their sins-deaths and existential sufferings

- Key points of why GW is supreme compared with others:
- Supreme God of the Bible: His greatness, his attributes, and his plans and actions for salvation of the fallen humanity; A personal God who speaks the Word to humanity the truth and the way to salvation (the Bible of his special revelation)
- A comprehensive salvation helped by the Holy Spirit is offered; Anyone who believes in Christ Jesus, the Son of God is saved from his sins and death and he is helped by the Holy Spirit to repent of his sins and to believe in Jesus as his savior; The Holy Spirit of God continues helping believers to live lives of sanctification vs Other worldviews do not have such God nor offer of salvation and help
- Realistic and rational view of World: it is created good by God and fallen but, it is an important reality care of which is

복음 세계관의 충분성과 우월성 (요약)

■ 다른 세계관과 비교할 때, 복음 세계관은 다음의 이유로 우월한 것으로 평가된다: 1) 모든 근원적 질문에 대해 해답을 준다(충분성), 2) 가르침의 내부적 모순이 없다(합리성), 3) 인간에게 가장 포괄적인 구원을 준다(죽음에서 뿐만 아니라 실존적 고난으로부터도), 4) 하나님의 성품과 그의 가르침에 근거하기 때문에 가장 도덕적이다.

■ 복음 세계관이 아닌 다른 두 세계관이 보여 주듯이 다른 세계관들의 가르침과 교리들은 비현실적이며 부족하고 내부적 모순을 가지며 도덕적으로 선하지 않고 인간에게 죄와 죽음 그리고 실존적 고난으로부터의 포괄적인 구원을 제공하지 못한다.

■ 다른 세계관과 비교해서 복음 세계관이 왜 우월한지 그 중요 포인트를 다시 요약하면 다음과 같다.

■ 우월한 성경의 하나님: 그의 위대함, 그의 속성 및 타락한 인류에 대한 그의 구원 계획과 사역들, 인격적인 신으로 인류에게 진리와 구원의 도를 말씀하는 하나님(그의 특별 계시인 성경)

■ 성령 하나님이 돕는 포괄적 구원을 제공한다. 누구든지 하나님의 아들인 예수를 믿는 자는 죄와 죽음으로부터 구원을 받는데, 성령 하나님이 믿는 자가 죄를 회개하고 예수를 그의 구원자로 믿도록 도와준다. 하나님의 성령이 신자들이 성화의 삶을 살도록 계속해서 돕는다. 이것은 이런 신이 없고 구원을 도와주지 않고 삶에서도 도움을 주지 않는 다른 세계관과 대비된다.

■ 현실적이고 합리적인 세계관이다: 복음 세계관은 세계는 하나님이 원래 선하게 창조하였으나 타락하게 되었지만 여전히 중요한 현실이기에 피조계에서 으뜸으로 창조된 인간이 이를 관리하도록 하는 것이다. 이는 세계를 환상으로 보거나 아무런 도덕성을 갖고 있지

entrusted to humans as the cream of the creation vs illusion or no morality of other worldviews

- Most realistic and truthful view of Human being: He-She as physical and spiritual being is created good and best among creation by God (dignity of human as the cause for human rights) and was entrusted with rule and management of the world; But, the first parents, Adam and Eve rebelled against God and fell from his presence (the Fall) making all their descendants sinners (original sin)

- Hence, humans have duality of good and evil in their hearts, and only Gospel Worldview presupposes this duality, particularly sinfulness and provides solution to it

- Because of their separation from God due to their sins, they are doomed to death or eternal separation from God, but they are offered a comprehensive salvation through Christ Jesus, the Son of God; Anyone believing in Jesus as his savior is saved and he is helped by the Holy Spirit for his repentance of sin and belief in Jesus and for his life of sanctification

않은 다른 세계관과 대비된다.

■ 가장 현실적이고 바른 인간관이다: 그-그녀는 하나님이 육체적이며 영적인 존재로서 그리고 선하고 좋게 만들었으며(인권의 근거인 인간의 존엄성) 그에게 세상을 지배하고 관리하도록 맡겼다. 그러나 인간의 원초적 부모인 아담과 하와는 하나님을 거역해 그의 존전에서 추락하게 되었고(인간의 타락) 이것(원죄)이 그들의 모든 후손을 죄인으로 만들게 되었다.

■ 이 결과, 인간은 선과 악의 이중적 마음을 가지게 되었다. 복음 세계관만이 이런 인간 심성의 이중성을 전제한다. 특별히 인간의 죄성을 전제하며 그에 대한 구원을 제공한다.

■ 그들의 죄 때문에 인간은 하나님으로부터 떨어져 나오게 되고 이에 따라 죽음의 운명에 처해졌으며 영원히 하나님으로 분리되는 운명을 가지게 되었다. 그러나 그들에게는 하나님의 아들인 그리스도 예수를 통한 포괄적인 구원의 기회가 주어진다. 즉, 누구든지 예수를 구원의 주님으로 믿는 사람은 구원을 받게 된다. 이를 위하여 성령 하나님이 그가 죄를 회개하고 예수를 믿도록 도와주고 성화되는 삶을 살도록 도와준다.

X.

Worldview Evangelism: Need, Contents, and Strategy

A. Need of Worldview Evangelism

Based on the comparative evaluation of the major worldviews using objective or context-independent criteria, the Christian or Gospel WV more sufficiently and realistically answers the foundational questions of the world and life than other worldviews, as is seen in the two previous chapters. Plus, this confirms that the gospel of Jesus is not only the good news of salvation but also a comprehensive worldview. It provides the most effective salvation to fallen humanity here and now. It is also the right source of answers to the big problems of fallen humanity and the world. Therefore, this fact needs to be preached and taught to Christians in and outside the church. However, as discussed in Chapter 2, the church so far has failed to teach and equip believers that the biblical

X.

세계관 전도:
필요와 내용과 전략

A. 세계관 전도의 필요

특정 세계관 상황이 아닌 객관적 평가 기준들을 사용한 세계관의 비교 평가에 의하면 기독 세계관 혹은 복음 세계관은 다른 세계관들보다 세계와 인생에 관한 근원적 문제들에 대해서 보다 충분하고 보다 현실적으로 답한다. 더불어, 이는 예수님의 복음은 구원의 기쁜 소식일 뿐만 아니라 포괄적인 세계관임을 확인한다. 이는 타락한 인간에게 여기-지금의 구원을 가장 효과적으로 제공한다.

또한 이는 타락한 세상과 인간의 큰 문제들에 대한 바른 대답의 원천이 된다. 그러므로 이 사실은 교회 내-외의 크리스천들에게 설교되어 지고 가르쳐야 할 필요가 있다.

그러나 제2장에서 논의된 것처럼 기독 교회는 성경 세계관이 좋은 소식일 뿐만 아니라 완벽하고 뛰어난 세계관으로서 세상을 더 잘 알게

worldview is not only the good news, but also a comprehensive and supreme worldview that better comprehends the world and better provides solutions to the big questions of the world. This is a good antidote to producing so many nominal Christians pursuing the so-called prosperity gospel, rather than the true gospel of Jesus, as most of nominal Christians have not gone through a complete conversion including transformation of their old worldview to the Gospel worldview. This also prepares the disciples of Jesus better for inter-cultural missions. In parallel, Christian faith, grounded on the biblical worldview, should be reasoned and shared with unbelievers and followers of other worldviews. Sharing with them the Christian worldview's key answers to the foundational questions of human beings and the world as well as the most effective salvation available, and letting them compare them with the teachings of their own religions (even without mentioning the supremacy of the Christian worldview) would go a long way in winning their hearts and souls, if done correctly. The ministry of Christian evangelism should include transformation of unbeliever's WV into the Christian WV since the gospel of Jesus Christ is not only the good news of salvation but also a comprehensive worldview. Hence, the purpose of WV evangelism should be to help unbelievers appreciate the shortfalls of their worldviews and convert them to the gospel worldview.

B. Content of Worldview Evangelism

The main content of worldview evangelism is the gospel of Jesus Christ, which enables anyone to repent of their sins and believe in

하고 세상의 큰 문제들에 대하여 더 좋은 해답을 제공한다는 것을 신자들에게 가르치고 준비시키는 데 실패하였다. 이것은 진정한 복음이 아니라 소위 번영 복음을 추구하는 이름만 크리스천인 사람들을 양산하는 문제를 해결하는 길이 될 것이다. 왜냐하면, 대부분의 이름만 크리스천인 사람들은 그들의 세계관을 복음 세계관으로 변화시키는 것을 포함하는 완전한 회심을 거치지 않았기 때문이다. 이는 또한 예수님의 제자들을 문화 간 선교를 위하여 더 잘 준비시킨다.

동시에, 성경 세계관에 근거한 기독 믿음을 불신자들과 타종교인에게 합리적으로 이해시키고 나누어야 한다. 기독 세계관은 효과적인 구원을 포함한 인간과 세상의 근원적 문제들에 대한 주요 해결점을 제공한다는 것을 그들과 나누고 그들로 하여금 이를 자신의 종교의 가르침과 비교하게 하는 것은 (기독 세계관의 우수성을 언급하지 않고도) 올바르게만 하면 그들의 영혼을 구원하는 데 많은 도움이 될 것이다.

기독 믿음의 전도 사역은 불신자들의 세계관을 기독 세계관으로 변화시키는 것을 포함해야 하는데, 이는 예수님의 복음은 구원의 좋은 소식일 뿐만 아니라 하나의 포괄적인 세계관이기 때문이다.

이처럼, 세계관 전도의 목적은 불신자들이 자기들의 세계관이 부족한 것이라는 것을 알게 도와주고 그것을 복음 세계관으로 바꾸게 하는 것이다.

B. 세계관 전도의 내용

세계관 전도의 주요 내용은 누구나 자기 죄를 회개하고 하나님의 성육신인 예수님을 믿고 영원한 생명을 얻게 해 주는 예수님의 복음이다 (요 3:16-17). 그리고 은혜의 하나님은 성령으로 하여금 이 과정을 돕게

him, the incarnate Son of God, leading them to enjoy eternal life (John 3:16-17). And the gracious God lets his Holy Spirit help them do this. That is how fallen humanity and the world are redeemed as the perfect creation of God. Through and in Jesus Christ, God redeems all creation by the conversion of old persons with old WVs into new persons or disciples of Jesus Christ with new gospel WVs. A true conversion of a person involves not only changes of behavior and rituals but also transformation of one's worldview. These make up the core of the gospel. Hence, the contents of worldview evangelism consist of the gospel of Jesus, with emphasis on the gospel worldview.

C. How Do We Do Worldview Evangelism?

It is indeed a difficult and challenging ministry. Like doing apologetics in interreligious contexts, it is a difficult and sensitive matter that must be conducted with wisdom, tact and genuine respect for religious others. Interreligious encounters always occur in contexts shaped by the history and culture of the persons involved.[58] These are the basis of their identity and heritage, making anything intended to reason, critique and persuade their worldview, very sensitive. At a minimum, it requires effective use of morally acceptable and culturally appropriate means of persuasion, together with respect for their culture.[59] Reasoning and preaching of the Christian WV to unbelievers or the adherents of other religions can

---

58 (9) Harold Netland, 282

59 For more on how one should do the interreligious apologetics, see (9) Harold Netland, 282-283

하신다. 이것이 타락한 인류와 세상을 하나님의 완전한 창조로 구속하는 방법이다.

하나님은 예수님을 통하여 그 안에서 피조물을 구속하시는데 이는 옛 세계관을 가진 옛 사람들을 복음 세계관을 가진 새 사람들 혹은 예수의 제자들로 회심시키는 과정을 통하여 이루어진다. 한 사람의 진정한 회심은 그의 행위와 예식의 변화뿐만 아니라 그의 세계관의 변화를 수반한다.

이상이 복음의 핵심적 내용이다. 세계관 전도의 내용은 복음 세계관이 강조된 예수님의 복음으로 구성된다.

C. 세계관 전도는 어떻게 해야 하나?

실로 어렵고 도전적인 사역이다. 다 종교 상황에서 기독교 논증을 하는 것과 마찬가지로 세계관 전도는 지혜와 요령과 다른 종교인들에 대한 진정한 존경으로 해야만 하는 어렵고 예민한 사안이다. 종교 간 만남은 늘 해당 사람들의 역사와 문화에 의해서 만들어진 상황 속에서 일어난다.[58]

이런 역사와 문화는 이들의 자기 정체성과 유산의 근거가 되기 때문에 무엇이든 그들의 세계관에 대해서 논의나 비판이나 설득을 하는 것은 매우 예민한 것이 된다. 이것을 행할 때에는 최소한 도덕적으로 용납이 되며 문화적으로 적절한 설득과 그들의 문화에 대한 존경을 효과적으로 사용하는 것을 필요로 한다.[59]

---

58 (9) Harold Netland, 282

59 종교간 논증을 어떻게 하여야 되는지에 대한 추가적인 자료로는 (9) Harold Netland, 282-283 참조

be helpful sometimes, but not always. Particularly those done in a manner of over-confidence in the Christian faith and of looking down on religious others, are of the least appropriate attitude to win hearts and souls. If one resorts to this, one may win arguments, but very likely will lose the heart and soul of the person. In addition, evangelism done only in word, not supported by deeds of love and respect, is not very effective. Far more effective for the conversion of unbelievers is the sharing of disciples' incarnational being, life, and work of love and service in the power of the Holy Spirit. Because such life and work are reflective of the way and truth of Jesus Christ, and the Holy Spirit uses these to help the process of conversion.

D. Cross-cultural Evangelization and Contextualization

In addition, for cross-cultural preaching and evangelization, the gospel should be properly contextualized in the cultures of the recipients to make it culturally relevant while keeping the core of the gospel uncompromised. This is done by way of contextualization. The fallenness of a person, group, society and humanity is caused by sin and complicated by the collective evils in the cultures one grew up. The cultural context of the target person/people with a focus on the deficiencies of their worldviews needs to be examined (assessment), and the power of the Gospel (resources) must be provided. In other words, the resource should be matched with the needs of the target person/people in an effective manner: a critical contextualization needs to be done for an effective evangelization of people in other cultures.

불신자나 타종교인들에게 기독교 세계관을 논리적으로 설명하고 설교하는 것은 때로는 도움이 되지만 늘 그런 것은 아니다. 특별히 이를 기독 믿음에 대한 과대한 자신감과 다른 종교인들을 내려다보는 태도로 하는 것은 그 사람들의 마음과 영혼을 얻는 일에는 가장 부적절한 태도가 된다. 이렇게 하면 그들을 대상으로 논쟁에는 이길 수 있을지 모르지만 그들의 마음과 영혼은 십중팔구 잃게 된다.

추가로 사랑과 존경의 행동이 뒷받침되지 않는 말뿐인 전도는 그리 효과적일 수가 없다. 불신자의 회심을 위해서 훨씬 더 효과적인 방법은 제자의 성육신적인 존재와 사랑과 봉사의 삶과 사역을 성령님의 권능 속에서 나누는 것이다. 이런 삶과 사역은 예수 그리스도의 길과 진리를 반영하고 성령님이 회심의 과정에서 사용하시는 수단이 되기 때문이다.

D. 문화 간 전도와 상황화

추가로, 타문화권에서의 선교와 전도를 위해서는 복음을 듣는 자의 문화에 맞게 상황화하여 복음의 핵심은 지키면서 듣는 이가 자기 문화로 이해할 수 있는 복음이 되게 해야 한다. 이것은 상황화(contextualization)를 통해서 가능하다.

개인과 그룹, 사회와 인류의 타락은 이들의 죄의 결과이며 이들의 공동체적 악과 문화가 그 타락을 더 복잡하게 만든다. 전도 대상자와 공동체의 문화 상황을 그 세계관의 부족한 부분들에 주의를 기울여서 검토하고 평가하고 이에 대한 해답으로 복음의 능력을 제공해야 한다. 다시 말하면, 전도 대상자와 공동체의 필요를 복음의 자원으로 효과적으로 채워 주어야 한다. 즉 타문화 사람들에 대한 효과적인 전도를 위해서는 비판적 상황화(critical contextualization)를 행해야 한다.

- Theological Reflection on Why GW is so supreme: Because it is based on the Word of God or the Bible which is the special revelation spoken by God of the Bible vs Other WVs are grounded on human reflections, thoughts and ideologies

- Gospel of Christ Jesus is the solution to problems of the fallen humanity because it is the power of God for salvation (Romans 1:16); GW is the answer to the big questions of world and life; So, worldviews of people (both believers and non-believers) should be transformed to GW

- Their traditional worldviews should be replaced by GW

- But reality is even most believers' worldviews are not changed to GW; As gospel has not been adequately contextualized in their cultures, most of their conversions have been partial ones—their external behaviors and rituals are changed, but not their values and worldviews; Their sanctification often does not entail transformation of their worldviews to GW

- So what do we do with this Gospel and GW?
1) We believers should know and believe that gospel of Jesus is also a supreme, comprehensive worldview
2) For cross-cultural evangelization and preaching, or missions, the gospel should be properly contextualized in the cultures of the recipients to make it culturally relevant
3) should care that a person's conversion to Christian faith needs conversion of his WV and values to gospel WV and values to ensure total change of the person, and

- 복음 세계관의 우월성에 대한 신학적 생각: 성경의 하나님이 말씀하신 특별 계시, 즉 하나님의 말씀 혹은 성경에 근거하기 때문, 이에 대비되는 사람의 성찰과 생각, 이데올로기에 근거한 다른 세계관들

- 복음은 구원을 위한 하나님의 능력(롬 1:16)이기 때문에 예수 그리스도의 복음은 타락한 인류의 문제들에 대한 해답이다. 복음 세계관은 세계와 인생의 중대한 문제들에 대한 답이다. 신자나 불신자를 불문하고 모든 사람의 세계관을 복음 세계관으로 변화시켜야 한다.

- 그들의 전통적인 세계관은 복음 세계관으로 대체되어야 한다.

- 그러나 현실은 신자들 대부분의 세계관마저도 복음 세계관으로 변화되지 않았다는 것이다. 그들에게 복음을 전도할 때 그들 문화 상황에서 적절히 전도(상황화 전도)되지 않았기 때문에 대부분 그들의 회심은 부분적 회심, 즉 행위와 의식은 변화되었으나 가치관과 세계관은 변하지 않은 상태이다. 그들의 성화된 삶은 자주 그들의 세계관을 복음 세계관으로 변화시키는 것을 수반하지 않는다.

- 그러면, 복음과 복음 세계관에 대해서 우리는 무엇을 해야 하나?

1) 우리 신도들이 예수님의 복음은 최고의 포괄적인 세계관이라는 것을 알고 믿어야 한다.

2) 타문화권 전도와 설교, 선교를 위해서는 이 복음을 듣는 자의 문화로 상황화해서 이들이 문화적으로 이해할 수 있게끔 해야 한다.

3) 한 사람의 기독 믿음에의 회심은 그의 세계관과 가치관을 복음 세계관과 가치관으로 바꾸어서 그 사람을 전인적으로 변화시키는 것을 포함해야 한다.

4) should preach and communicate the Gospel to unbelievers not only in talks but also in deeds of love and service and in our transformed and Spirit-filled beings and lives

- Goal of gospel worldview evangelism should be the transformation of unbeliever's worldview into Gospel WV without which their total persons are not changed (recalling human identity comprise three levels including WV)
- Otherwise, what is transformed is external-level identity only or Partial conversion
- It is particularly effective for evangelism to intellectuals who are in search for answers to big questions of world and life

4) 불신자에게 복음을 전도하고 소통할 때는 말뿐만이 아닌 사랑과 섬김의 봉사로 그리고 성령 충만으로 변화된 우리의 존재와 삶으로 해야 한다.

■ 복음 세계관 전도의 목표는 불신자의 세계관을 복음 세계관으로 변화시키는 것이 되어야 한다. 그렇지 않으면 그의 전인적 변화는 불가능하기 때문이다. (인간 정체성의 3단계 구성 참조)

■ 그것이 안되면 변화된 것은 외부층의 정체성뿐이기 때문에 부분적 변화에 지나지 않는다.

■ 복음 세계관 전도는 특별히 지식인들에 대한 전도에 효과적이다. 왜냐하면 그들은 세계와 인생의 중대한 문제들에 대한 해답을 추구하기 때문이다.

XI.

Christian Living at the Crossroads
faithful to Christian Worldview

A. Five Signs of Our Time

The world in which Christians live as disciples of Jesus Christ faithful to Christian worldview has changed dramatically. Behind the change are several important developments, which can be seen as signs of our time and which constitute the context of Christian living and missions. The following five signs are drawn from what Goheen and Bartholomew identify as four signs in the western world as well as my supplements.[60]

1. Post—modernity

As explained in Chapter 7, post-modernity as a reactionary

---

60   (12) Goheen and Bartholomew, 2008, 107-126

XI.

두 가지 다른 길 앞에서
기독교 세계관에 충실한 크리스천의 삶

A. 우리 시대의 다섯 가지 징표

예수 그리스도의 제자로서 기독교 세계관에 충실한 삶을 살아야 하는 크리스천이 사는 지금의 세계는 극적으로 변화하였다. 이 변화의 뒤에는 몇 가지 중요한 변천들이 있다. 이 변천들을 우리 시대의 징표 (sign)로 볼 수 있으며 이들이 크리스천의 삶과 선교의 상황이 된다. 아래의 다섯 가지 징표들은 고힌과 바톨로뮤의 저서에서 따온 네 가지와 저자가 추가한 하나로 구성된다.[60]

1. 후기 (탈) 근대주의

제7장에서 설명했듯이 근대주의 세계관에 대한 반작용으로 나타난

---

60 (12) Goheen and Bartholomew, 2008, 107-126

worldview to the modernity worldview does not accredit absolute truth to any worldview or religion. The postmodern worldview sees reality as what individuals or social groups make it to be. Subjective interpretation and emotion are what matter most. It encompasses atheism and cultural relativism, and sees human beings as socially-constructed selves. It also supports sexual egalitarianism. In politics, it adheres to leftism. Post-modernists see economics as the way to alleviate human suffering. They seek this goal through some form of government intervention within a free market environment.

It does not accept that the gospel is the truth, nor the mega-story of the Bible as the truth. As a result, it accords highest priority to individuals' emotions, feelings, choices, and subjective interpretations of what is read and heard. This is well reflected in, for example, how young people of the world today view sexuality. Freedom to choose whatever they feel are good and sexy is the guideline. From this, the phenomenon of the gay and lesbian movement, advocacy of rights of LGBT, etc. result. It is very clear how Christians and disciples of Jesus Christ should respond to these: they are not compatible with what the Word of God teaches and encourages.

2. Consumerism and Globalization

Globalization is an extension of modernity values and institutions, particularly international trade and investment backed up by the political-economic systems of free democracy and market capitalism. It provides huge benefits to those engaged in international trade and the wider and deeper use of technologies.

세계관인 탈근대주의 세계관은 어떤 세계관이나 종교도 절대적인 진리로 받아들이지 않는다. 이 세계관에서는 현실-세계를 개인이나 사회 집단이 만드는 것으로 본다. 주관적인 해석과 감성이 가장 중요한 것이다. 그들은 무신론자이며 문화 상대주의자이며 인간은 사회적으로 만들어진 것으로 본다. 성적 평등을 지지하며 정치에서는 좌파 이념을 견지한다. 경제는 인간의 고통을 경감시키는 수단으로 본다. 그들은 이러한 목적을 자유 시장 경제 하에서 정부의 간섭을 통해 달성하기를 원한다.

이 세계관의 신봉자들은 복음을 진리로, 성경의 거대 담론을 진리로 받아들이지 않는다. 이러한 세계관에 근거하여 이들은 개인의 감정, 느낌, 선택과 읽는 것과 듣는 것에 대한 주관적인 해석에 최우선 순위를 둔다. 이러한 관점은 예를 들면, 오늘날의 젊은이들이 성(sexuality)을 어떻게 보느냐에 잘 반영되어 있다. 그들이 느끼기에 좋고 성적 매력이 있는 것이면 무엇이나 선택하는 자유를 가진다는 행동 지침이다. 여기서부터 동성애(gay and lesbian)운동, LGBT 소수자 권리 운동 등이 결과물로 등장한다.

이러한 현상에 대해서 크리스천들과 예수 그리스도의 제자들이 어떻게 반응해야 하는지는 매우 자명하다. 이것들은 하나님의 말씀이 가르치고 지키기를 바라는 것들과 양립할 수 없다.

2. 소비주의와 세계화

세계화는 근대주의 가치와 제도의 연장이며, 특히 국제 무역과 투자가 중심이며 이는 정치-경제 제도로서 자유 민주주의와 시장 자본주의에 의해서 뒷받침된다.

세계화는 여기에 참여하는 사람들에게 국제 무역과 더 넓고 깊은 기술의 혜택을 통해서 큰 이득을 제공한다. 그러나 이득을 보는 사람은 교

But the benefits are only for the well-educated and internationally engaged, i.e. international elites and institutions. About 90% of the world population is still outside of globalization.

In recent decades, many financial crises impacting the whole world have arisen and are symptoms that free market capitalism, which is widely believed to be the best system, is not sustainable. Two factors lie at the core of the problems of free market capitalism: mass production and consumption, and the unchecked greed of the people in the market-places. The first factor leads to the waste of world's resources, resulting in environmental disasters of global magnitude. It also leads to unchecked consumerism as the way and value of life for multitudes of credulous people. This, of course, feeds into the mass production and consumption of free market capitalism. It also has ethical implications, as such consumerism makes everything consumable, even human bodies (e.g. prostitution and pornography). It certainly goes against the life-style of true disciples of Jesus. True disciples of Jesus need an alternative system of values that is consistent with gospel values and the Christian worldview.

3. Resurgence of Local–Traditional Cultures

Thanks to the collapse of the colonial age and the advent of cultural relativism, people all over the world, particularly those in the so-called two-thirds world, have a high view of their traditional cultures. This is especially so with those who are outside of the benefits of globalization. These are the people who are generally less educated and less open to international trade and investment.

육을 잘 받고 국제적인 일에 참여하는 사람들, 즉 국제적인 엘리트들과 기관들로 한정된다. 전 세계 인구의 약 90%는 아직도 국제화 밖에 있는 것이다.

최근 몇 십년 동안 전 세계에 영향을 미치는 많은 금융 위기가 발생하였는데, 이는 우리가 가장 좋은 체제로 믿었던 자유 시장 자본주의가 지속 가능하지 못함을 보여 주는 징조들이다.

자유 시장 자본주의 문제의 핵심에는 두가지 요인이 있는데, 하나는 대량 생산과 대량 소비이고, 두번째는 시장에서 보이는 사람들의 무절제한 탐욕이다.

첫 번째 요인은 세계 자원의 낭비와 이에 따른 세계적 규모의 환경 파괴로 이어지며, 이는 또한 많은 순진한 사람이 무절제한 소비주의를 삶의 방법, 나아가 삶의 가치로 여기게 만든다.

이것은 또한 자유 시장 자본주의의 대량 생산과 대량 소비로 연결된다. 이 문제는 윤리적 함의를 가지게 된다. 왜냐하면 이러한 소비 지상주의는 모든 것을 소비가 가능한 것으로 만들어서 사람의 육체도 소비의 대상(예를 들면, 매춘과 음란물 거래)으로 만들어 버리기 때문이다. 이는 당연히 예수님 제자로서의 삶의 스타일에 반하는 것이다. 예수님의 진정한 제자들은 복음 가치와 기독 세계관에 일치하는 대안적인 가치관을 필요로 한다.

3. 지역-전통문화의 소생

식민주의 시대의 붕괴와 문화 상대주의의 등장에 힘입어 전 세계의 많은 사람, 특히 소위 3분의 2 세계의 사람들은 자신들의 전통문화에 대해서 높은 견해를 갖게 되었다.

이 현상은 세계화의 혜택 밖에 있는 사람들에게 특히 그렇다. 이들은

However, they are the majority in terms of number of people globally. They include tribal peoples many of whom have not heard of the gospel of Jesus yet. For them, traditional religions and cultures are what form their worldviews and values and beliefs. For an effective evangelization of them, such values and worldviews have to be replaced by those of the Christian faith. Without such transformation their conversion often remains a partial one. Their total conversion requires evangelization by way of gospel worldview evangelism, and critical contextualization of their culture, as discussed earlier.

4. Resurgence of Christianity in Two Thirds World

Goheen and Bartholomew argue that "although postmodernity has revived religion as a topic of discussion, it has kept religion firmly within those boundaries that had been prescribed by the secular assumptions of modernity, but religion is indeed increasingly a major cultural force in our times: we are currently living through one of the transforming moments in the history of religion worldwide. One example of such transformation is the renascence of Christianity, especially in the southern hemisphere, where since the mid-twentieth century the number of faithful Christian believers has grown phenomenally. Christians are now a majority or sizeable minority in many of the fastest-growing countries in the world, including the Philippines, Nigeria, Mexico, Brazil, and China."[61] They further say "the character of the faith that has grown so vigorously in the developing world is noteworthy, for

---

61 (12) Goheen and Bartholomew, 2008, 120

일반적으로 교육을 덜 받고 국제 무역과 투자에 덜 열려 있는 사람들이다. 그러나 수적으로 보면 이들이 다수가 된다.

이들은 예수님의 복음을 아직 들어 보지 못한 많은 부족민을 포함한다. 그들에겐 전통 종교와 문화가 그들의 세계관과 가치와 신앙관을 형성한다. 이들을 효과적으로 전도하기 위해서는 이러한 가치관과 세계관을 기독 믿음의 것들로 변화시켜야 한다.

이러한 변화를 수반하지 못한 회심은 부분 회심으로 멈추게 된다. 그들의 완전한 회심을 위해서는 복음 세계관 전도와 그들 문화의 평가적 상황화를 통한 전도가 필요하다.

4. 3분의 2(2/3) 세계 내의 기독교 부흥

고힌과 바톨로뮤는 다음과 같이 주장한다.

"비록 탈근대주의가 종교를 하나의 담론으로 다시 살려 내었고, 그 담론은 근대주의의 세속화 가정이 제시하는 범위 내에서 행하여 지지만, 종교는 실제로 우리 시대의 하나의 중요한 힘이 되었다. 우리는 지금 세계 종교 역사상 큰 변화 중 하나의 시기를 살아가고 있다. 이러한 변화의 한 예가 기독교의 재도약, 특히 20세기 중반 이후 신도 수가 엄청나게 증가한 지구 남반부에서 일어나고 있는 도약이다. 지금 기독교인의 규모는 인구가 가장 빠르게 증가하는 많은 나라에서 다수이거나 상당한 수의 소수가 되었는데 여기에는 필리핀, 나이지리아, 브라질과 중국이 포함된다."[61]

그들은 나아가 "개발 도상국에서 매우 왕성하게 성장한 기독 믿음의

---

61 (12) Goheen and Bartholomew, 2008, 120

it is predominantly an orthodox, conservative Christianity with a high view of the Bible and a strong social conscience."[62]

5. Resurgence of Islam

Not only Christian faith but Islam also has resurged significantly in recent year. Samuel Huntington in The Clash of Civilization and the Remaking of World Order alerts us to the remarkable recent growth in Islam, which parallels that of Christianity in the southern hemisphere. Islam grew from 12.4 percent of the world's population in 1900 to 19.6 percent in 1993. This resurgence of Islam, which began in the 1970s, now directly affects some one-fifth or more of humanity and has significant implications for the rest of the world. Philip Jenkins in The Next Christendom: The Coming of Global Christianity notes that of the world's twenty-five largest nations, by the year 2050 twenty will be predominantly or entirely Christian or Muslim. Nine of these countries will be wholly or mainly Muslim, eight others wholly or mainly made up of Christians, and the remaining three will be deeply divided between the two faiths. No less than ten of the world's twenty-five largest states could, by the middle of the twenty-first century, be the site of serious conflict between adherents of Islam and Christianity.[63] Resurgent Islam presents two major challenges to Christianity: First, it challenges Christianity to once and for all rid itself of the sacred/ secular dualism that Christianity has complacently lived with since modernity. Second, it questions whether Christians and Muslims can

---

62 (12) ibid

63 (12) Goheen and Bartholomew, 2008, 122

성격은 주목할 만한데, 압도적으로 정통, 보수 기독교로서 성경에 대하여 높은 관점을 가지며 매우 강한 사회 의식을 갖는 믿음"이라고 말한다.[62]

5. 이슬람의 부활

기독교뿐만 아니라 이슬람교도 최근에 꽤 많이 부활하였다. 사무엘 헌팅턴은 그의 저서 『문명의 충돌과 세계 질서의 재편』에서 최근 지구 남반부에서 기독교의 부흥에 버금가는 대단한 성장을 보이고 있는 이슬람을 지적한다. 이슬람교 신자의 수는 1900년에 세계 인구의 12.4%에서 1993년의 19.6%로 증가하였다. 이러한 이슬람의 부흥은 1970년대에 시작되었고, 지금은 전 세계 인류의 약 5분의 1에 대하여 직접적인 영향을 미치고 있으며 나머지 전 세계에 대해서도 큰 시사점을 준다.

필립 젠킨은 그의 저서, 『차기 기독교 국가: 세계적 기독교의 도래』에서 세계의 25개 대국 중에서 2050년이 되면 20개 국가가 대부분 혹은 전부 기독교 또는 무슬림 국가가 될 것이라는 점을 주의해 보라고 말한다. 그중에서 9개 국가는 모두 혹은 대부분 무슬림 국가가 되고, 다른 8개 국가는 모두 혹은 대부분 기독교 국가가 되며, 나머지 국가는 두 종교로 양분될 것으로 본다. 21세기 중반에는 세계 25개 대국 중에서 10개국 이상은 이슬람교와 기독교 신자들 간에 심각한 갈등이 생기는 곳이 될 것이다.[63]

이슬람의 부활은 기독교에 두가지 중요한 도전을 야기한다. 첫째, 이슬람은 근대주의 이후 기독교가 편리하게 살아온 성과 세속 이분법에서 최종적으로 완전히 나올 것을 도전한다. 둘째, "이슬람의 진정한 종교

---

62 (12) 위의 저서
63 (12) Goheen and Bartholomew, 2008, 122

live together peacefully in a global world, given Islam's intolerance of genuine pluralism of religion.[64]

B. Seven Megatrends shaping 21st century missions

Timothy Tennent summarizes seven megatrends shaping 21st century missions, which he believes requires the church, particularly the western churches to take a completely different approach to Christian missions. They are as follows.[65]

1. The Collapse of Christendom

The Western world can no longer be characterized as a Christian society/culture in either its dominant ethos or in its worldview. Christendom has collapsed, and 21st century missions must be reconceptualized based on this new reality.

2. The Rise of Postmodernism: Theological, Cultural, and Ecclesiastical Crisis

The Western church has responded in very different ways to the collapse of Christendom and the emergence of post-modernity, but none have managed the transition without experiencing some form of crisis.

3. The Collapse of the "West–Reaches–the–Rest" Paradigm

Western Christians have been slow to grasp the full missiological implications of the simultaneous emergence of a post-Christian

---

64 (12) Goheen and Bartholomew, 2008, 123-4

65 (15) Timothy Tennent, 2010, 18-50

다원주의 불용납에 비추어 전 세계에서 두 종교가 평화적으로 공존할 수 있을 것이냐?"라는 질문을 던진다.[64]

B. 21세기 선교의 환경이 되는 일곱 개의 메가트렌드

티모시 테넌트는 21세기 선교를 형성하는 일곱 개의 큰 경향(mega-treands)을 요약한 바 있는데, 그는 이것은 세계 교회 특히 서구 교회가 기독교 선교에 대하여 완전히 다른 접근을 취하기를 요구한다고 믿는다. 이 메가트랜드는 다음과 같다.[65]

1. 기독교 국가의 붕괴

서구 세계는 지도적인 윤리성이나 세계관 면에서 더 이상 기독교 사회 혹은 문화로 특징되어질 수 없다. 기독교 국가는 붕괴되었고, 21세기 선교는 이러한 새로운 현실에 근거하여 새롭게 규정되어져야 한다.

2. 탈근대주의의 부상

신학적, 문화적, 교회적 위기: 기독교 국가의 붕괴와 후기 근대주의의 부상에 대하여 서구 교회는 매우 다른 방법으로 반응하였지만, 이 변화를 이런저런 위기로 경험하지 않고 잘 관리한 교회는 하나도 없다.

3. "서구에서 다른 지역으로" 패러다임의 붕괴

서구 크리스천들은 탈 기독교 서구(post-Christian West)와 탈 서구 기독교(post-Western Christianity) 현상이 한꺼번에 일어나는 현상이 주는

---

64 (12) Goheen and Bartholomew, 2008, 123-4
65 (15) Timothy Tennent, 2010, 18-50

West and a post-Western Christianity. In the post-Christian West age, the mission is "from everywhere to everywhere". Plus, the West itself has become a field of mission because of "practical atheism" and the West's accommodation of the spiritism of the East.

4. The Changing Face of Global Christianity

The simultaneous emergence of multiple new centers of Christian vitality has created a multidirectional mission with six sending and receiving continents.

5. The Emergence of a Fourth Branch of Christianity

We can no longer conceptualize the world Christian movement as belonging to Roman Catholic, Protestant, or Eastern Orthodox communions exclusively. Many new Christians, particularly in the two thirds world, belong to various independent, Pentecostal-oriented movements, that are prophetic or quasi-Christian but moving toward orthodoxy communities. The 21st century is characterized by enormous changes in Christian self-identity, which influence how the Christian message is understood and shared.

6. Globalization, Immigration, Urbanization, and New Technologies

Globalization has fostered dramatic changes in immigration, urbanization, and (information-communication) technological connectivity. As a result, the traditional sending structures and geographic orientation that have dominated missions since the 19th century are no longer tenable. Now the traditional South or

선교적 함의의 전모를 빠르게 파악하지 못했다. 비기독교 서구 시대의 선교는 "여러 곳에서 여러 곳"("from everywhere to everywhere"으로의 것)이 되었다. 나아가 서구의 "실용적 무신론주의"와 서구의 동양 영성 수용은 서구 자체를 선교의 현장으로 만들었다.

4. 세계 기독교 모습의 변화

기독교의 주요 거점이 세계 여러 곳에서 동시에 출현함에 따라 선교도 육대주가 모두 선교를 보내고 받는 다방향 선교가 되었다.

5. 기독교의 네 번째 교회 등장

전 세계 기독교를 더 이상 로마가톨릭 교회, 개신 교회 및 동방 정교 교회라는 세 교회로 개념화할 수 없게 되었다. 많은 새로운 크리스천들, 특히 3분의 2 세계의 신자들은 다양한 독립 교회, 오순절(성령)파 지향 교회나 예언적 혹은 유사 크리스천 교회이지만 정통 교회를 향해 움직이는 교회들에 소속되어 있다.

21세기는 크리스천 정체성의 큰 변화로 특징되어지며 이는 기독교 말씀을 어떻게 이해하고 나누는지에 대해서 영향을 미친다.

6. 세계화, 이민, 도시화와 새로운 기술

세계화는 이민, 도시화 및 정보-통신 기술의 연결성에 극적인 변화를 조성하였다. 이에 따라서 19세기 이후의 선교를 주도하였던 전통적 선교 파송 구조와 지리적 방향성이 더 이상 유지될 수 없게 되었다. 이제는 전통적 지구 남반부 혹은 3분의 2 세계 교회가 몇 십 년 전까지는 생각할 수 없는 규모로 많은 선교사를 파송하는 주체가 되었다.

the two-thirds world have become the senders of missionaries in a magnitude not conceivable a few decades ago. The implications of such globalization for missions are wide and deep.[66] First, globalization increases the speed of change of cultures. As a result, the hybridization of cultures and crisis of security and self-identity are taking place. Second, such changes of culture make the task of contextualization ever more difficult. Third, cooperation and inter-connectedness of churches of the world are increasing exponentially. The driving force of this is mega churches in North America and Asia. As a result, the so called "McDonaldization of ministry" is happening in field churches in the majority world. Cookie-cutter models of various ministries are distributed and adopted worldwide without much concern about contextualization. Lastly, such changes and confusions resulting from globalization make the truth of the Scriptures and the traditions of apostolic and evangelical churches, all the more important. These remain the unchanging foundations of the church in this world of rapid change.

7. A Deeper Ecumenism

The simultaneous emergence of post-denominational identity among many, as well as the emergence of thousands of new denominations, requires the forging of new kinds of unity that transcend traditional denominational and confessional identities. The advent of global Christianity with multiple centers of vitality means that we have an opportunity to see ourselves first and

---

66   (16) Craig Ott, 2014

이러한 선교의 세계화가 주는 함의는 매우 넓고 깊다.[66]

첫째, 세계화는 문화 변화의 속도를 증가시킨다. 그 결과 문화의 혼합화와 문화적 자기 정체성과 안정성에 대한 위기가 일어나고 있다.

둘째, 이러한 문화 변화는 상황화 과업을 더욱 더 어렵게 만든다.

셋째, 세계 교회의 협력과 연결이 기하급수적으로 증가한다. 이 현상을 주도하는 것은 북미와 아시아의 대형 교회이다. 이의 한 결과는 비서구 다수 세계의 현지 교회에서 소위 "사역의 맥도날드화"가 일어나는 것이다. 각양각색의 사역의 붕어빵식 정형들(cookie-cutter models)이 현지 문화의 상황을 개의치 않고 분배되고 수용되고 있다.

마지막으로 이러한 변화들과 이에 따른 혼란은 성경의 진리와 사도적 전통과 복음주의적 교회를 견지하는 것을 더욱 더 중요하게 만든다. 이것들은 급변하는 세계에서 유지해야 할 교회의 불변하는 기초가 된다.

7. 더 깊은 교회 일치 운동(Ecumenism)

교회의 정체성과 관련하여 동시에 일어나고 있는 기존 교파 탈피화와 수천의 새로운 교파의 출현은 교회의 일치 운동과 관련하여 전통적 교파와 기독교회 구분을 초월하는 새로운 교회 일치를 만들어야 할 필요성을 제공한다. 세계 여러 곳에 존재하는 많은 교회의 거점과 함께 나타나는 세계 기독교(global Christianity)의 출현은 우리에게 우리 자신을 우선적으로 사도적 신앙을 선포하는 기독교인으로 본 후에, 부차적으로 개혁 교회, 성령과 교회, 은사 교회, 아르미니안 혹은 독립 교회로 보는 기회를 가지게 한다. 진리이신 그리스도는 모든 시대와 장소의 크리스천을 사도적 믿음을 중심으로 일치시키신다. 이는 더 깊고 더 영적인 일

---

66 (16) Craig Ott, 2014

foremost as Christians proclaiming the apostolic faith and only secondarily as Reformed, Pentecostal, Dispensational, Arminian, or independent Christians. Christ himself, who is the Truth, unites all Christians in every age and place around the apostolic faith. It is a deeper, spiritual unity that acknowledges our catholicity because we are all members of the body of Christ and share a common faith in and union with Jesus Christ and a calling to bear witness to Him in authentic ways throughout the world.

C. How the Global Church Should Respond to These

Against the backdrop of these megatrends, the World Council of the Churches (WCC) advocated a moratorium on missions in 1972. And Timothy Tennent suggested at least a need for a Selah and Rebirth of missions.[67] The first one seems too radical a response. The second view is acceptable in so far as it requires a serious reexamination of how western churches carry out missions, lest they take the business-as-usual approach to missions. But this does not necessarily mean to stop missions. With the global Christianity of much diversity and vitality becoming a new reality, and with the start of the Lausanne Movement for World Evangelization since 1974, the global church commonly sharing the ecumenical confession on evangelism adopted by the Lausanne Covenant does not need to stop but should continue her holy calling of participation in the Mission of the Triune God of the Bible. In addition, such a new world is in need of a global theology more so than at any other time.

---

67 (15) Timothy Tennent, 2010, 50-51

치로서 세계적 공통 교회성을 인정한다. 왜냐하면 우리들은 그리스도의 몸의 지체이고 예수 그리스도 안에서 연합한 공동의 믿음을 나누고 세계 어디서나 그리스도를 바르게 그리고 권위 있게 증거하는 일에 부름을 받았기 때문이다.

C. 이러한 큰 변화에 대하여 세계 교회는 어떻게 대응하여야 하나?

상기한 큰 경향을 배경으로 세계교회협의회(WCC)는 1972년에 선교의 중지를 권면하였다. 그리고 티모시 테넌트는 최소한 선교의 일시적 중단과 새로운 선교의 시작을 제안하였다.[67]

첫 번째 권면은 너무 급진적인 반응으로 생각된다. 두 번째 제안은 서구 교회로 하여금 선교에 대해서 종래의 관행에 문제가 없다는 듯이 그대로 지속하는 것을 하지 않기 위해서 선교를 어떻게 해야 하는지 재검토를 필요로 한다는 점에서 수용할 수 있다. 그러나 이것이 선교를 중단할 필요가 있다는 것을 인정하는 것은 아니다.

세계 교회의 많은 다양성과 활력이 새로운 현실이고 1974년 이후 세계 전도를 위한 로잔 운동(Lausanne Movement)이 시작된 점을 배경으로, 로잔 운동이 채택한 복음주의적 신앙 고백을 공유하는 세계 교회는 선교를 중단할 것이 아니라 성경의 성삼위 하나님의 선교에 동참하는 거룩한 소명을 계속해야 한다. 추가하여 이러한 새로운 세계는 그 어느 때보다도 세계적 신학(global theology)을 더 필요로 하게 만든다.

---

67 (15) Timothy Tennent, 2010, 50-51

D. Christian identity, disciples' mission, and incarnational life in some key areas of contemporary life

Against this background, redeemed Christians or disciples of Jesus Christ need to reconfirm: the gospel worldview; their identity in the world; their mission; and their incarnation of the gospel, in several important areas of contemporary life.

1. Christian Identity in the World (as a faith community as well as an individual Christian)

a. A Pilgrim/Sojourner/Foreigner with a mission in this world

b. A redeemed, new person living in world but not of It (2 Cor 5:17); Masterpiece of God made anew for good works (Eph 2:8-10); Children of God (John 1:12-13; Matt 5:9); Chosen to be holy people of God who is holy (Lev 11:44).

c. The Salt and the Light (Matt 5:13-14); a City on a Hill (Matt. 5:13-16); Christ's Ambassador (2 Cor. 5:20); Faithful Witness to the Lordship of Christ.

d. Disciple of Jesus Christ bid to follow Him and to witness to Him in the world despite persecution and sufferings (Mat 28:19-20; John 17:15-18).

2. Disciple's (the church and individual) Mission

a. Called and sent to witness the foundational truth that Christ Jesus is the Creator, Redeemer of all things and the Lord who rules all of history, and moves it to its appointed end (Matt. 28:18-20, Col. 1:15-20; Rev. 4).

b. To live out the Gospel of the Kingdom of God, the good news

D. 크리스천의 정체성 및 제자의 사명과
우리 시대 삶의 몇 중요한 분야에서의 성육신적 삶

이러한 배경에 비추어 구속받은 크리스천들 혹은 예수 그리스도의 제자들은 다음을 재확인해야 한다. 즉, 그들의 복음 세계관, 세계 속에서 정체성, 선교 사명과 이 시대 삶의 중요한 영역에서의 복음의 성육신화이다.

1. 세상 속에서 크리스천의 정체성(크리스천 개인뿐만 아니라 믿음의 공동체로서)

a. 이 세상에서 사명을 가지고 사는 순례자/여행자/외국인

b. 세상 속에 살지만 세상에 소속되지 않은 구속 받은 새 사람(고후 5:17), 선한 일을 위하여 새롭게 된 하나님의 걸작품(엡 2:8-10), 하나님의 자녀(요 1:12-13; 마 5:9), 거룩하신 하나님의 거룩한 백성으로 선택받은 자(레 11:44)

c. 세상의 소금과 빛(마 5:13-14), 언덕 위의 도시(마 5:13-16), 그리스도의 대사(고후 5:20), 그리스도의 주님 되심을 신실하게 증거하는 자

d. 박해와 고난을 무릅쓰고 예수 그리스도를 따르고 세상에서 그를 증거하는 사명으로 부르심을 받은 그의 제자

2. 교회와 개인으로서 제자의 사명(mission)

a. 예수 그리스도가 만물의 창조주와 구속자이시며 세상을 다스리시며 역사를 정해진 종말을 향해 움직이시는 분이라는 근원적 진리를 증거하기 위해서 부르심을 받고 보내진 자(마 28:18-20; 골 1:15-20; 계 4)

b. 만유 전체를 구속하고 회복하는 하나님의 구속 사역(Missio Dei)에

of God's redemption in Jesus Christ by participating in the Missio Dei, i.e. to redeem and restore the whole of God's good creation (Matt. 28:18-20, John 17:15-18, 20:21).

c. To make the gospel incarnate in every area of life; Not to retreat from it or accommodate the world under sacred-secular dualism, but be sent to and engage culture by way of the incarnational life and critical contextualization (John 17:13-18); To critically discern God's good creational structure and cultural idolatry; To faithfully embody the Gospel in all cultural arenas, institutions and policies to live out "I have become all things to all people, that by all means I might save some" (1 Cor 9:22) ; e.g. How the Apostle Paul contextualized the oikos, the primary social institution of home/family of the Roman Empire from a patriarchal household to one shaped by Christ's sacrificial love for the church (Eph 5); Another e.g. An Indian Hindu festival to pray to Hindu gods for blessings of husbands and family made for Indian Christian women to pray to God for blessings of husbands and families.

d. To be an individual (lay) witness to the lordship of Christ in ordinary daily secular work in business, politics, education, and other professional work, as well as in the work of farmers, factory workers and so on.

e. To be a communal or church witness; a church as the incarnation of Jesus in the world, as a community to help the members sanctify themselves and engage the culture through her whole life and through critical contextualization of the Word of God.

f. To be a Merciful Witness: Like their Lord, they must love and

참여함으로써 하나님 나라의 복음과 예수 그리스도 안에서 행하시는 하나님의 구속의 기쁜 소식을 살아내는 자

c. 삶의 모든 영역에서 복음을 성육신 하는 것, 거룩-세속 이분법에 따라 세상에서 탈출하거나 세상을 수용하는 것이 아니라, 성육신적 삶과 비판적 복음의 상황화를 통하여 문화로 다가가고 그 문화에 관여하는 것(요 17:13-18), 하나님의 선한 창조 구조와 문화 숭배(cultural idolatry)를 비판적으로 분별하는 것, 모든 문화 영역, 제도, 정책에서 복음을 신실하게 구현하고, "… 내가 여러 사람에게 여러 모습이 된 것은 아무쪼록 몇 사람이라도 구원하고자 함이니"(고전 9:22) 말씀을 살아내는 것, 이의 두가지 예로서 사도 바울이 로마 제국의 주된 사회 제도인 가정/집(oikos)을 위계적인 가정 구조에서 그리스도의 희생적 사랑에 의해 형성된 가정으로 상황화한 것(엡 5)과 다른 하나는 힌두 신들에게 남편과 가족의 복을 비는 인도의 힌두 여자들의 축제를 하나님께 남편과 가족의 복을 기원하는 기도 모임으로 상황화한 것이다.

d. 개인으로서 일상적 세속의 사업, 정치, 교육, 전문적 일, 농부 혹은 공장 노동 등 속에서 그리스도의 주님 되심을 증거하는 것

e. 공동체나 교회로서 증거하는 것: 세상 속에서 예수님의 성육신으로 교회 및 하나님의 말씀을 비판적 상황화를 통하여 구성원들이 자신의 삶의 여러 영역에 적용하고 문화에 관여하며 성화하도록 돕는 공동체

f. 인자한 증인이 되는 것: 그들의 주님을 따라 사회의 가난한 자들과 억압받는 자들을 사랑하고 돌보는 것, 이러한 자들에 대하여 자비를 베

care for the poor and the oppressed in society; Compassion for the marginalized must go hand in hand with structural transformation (justice).

g. To be a tolerant, peace-seeking and suffering witness; Mission of tolerance, mission of peace, not a mission of coercion by any means; Winning souls through patient witnessing in deeds of love, care, service and peace-making, as well as in words.

3. Disciple's incarnation of the gospel in some key areas of contemporary life (Christian perspectives)

a. Business: Business is fundamentally good since it provides the means by which needed commodities and services may be produced and traded; healthy business is motivated by the loving service of one's neighbor; However, being subject to competition in the market, both local and global, business needs to be sustainable as a business model. On the other hand, business, as it is practiced by sinful humans in our good but fallen world, is easily misdirected toward wrong goals and can be used for selfish or dishonest gain or exploitation; Therefore, Christians should discern a misdirected or corrupt structure of a business and try to reform it as much as possible from within, and if not possible, then they with like-minded persons should create new businesses structured so as to serve and provide for the needs of their neighbors and communities. At the same time, they as a business model need to be sustainable by meeting with the costs and expenses of the business and making a reasonable profit; When they do this, their business can be a delightful and fulfilling vocation benefitting many (Deut. 25:13-15,

푸는 것과 구조적 변화를 추구하는 것을 같이 행하는 것

g. 인내하고 평화를 추구하고 고통을 수용하는 증인이 되는 것, 그의 사명/선교는 어떤 수단을 동원하여 강제하는 것이 아니라 인내하고 평화하는 것, 사랑, 돌봄, 섬김과 평화 구축의 행위 속에서 인내하는 증거를 통해서 영혼을 구원하는 것

3. 현시대 삶의 주요 분야에서 제자가 해야 할 복음의 성육신화

a. 비즈니스-사업

비즈니스는 기본적으로 좋은 것이다. 왜냐하면 그것을 통해서 필요한 제품과 서비스를 생산하고 거래하기 때문이다. 이웃을 사랑하는 마음으로 섬기는 것이 비즈니스의 동기이다. 그러나 국내외 시장의 경쟁에서 수행되기 때문에 비즈니스는 비즈니스 모델로서 지속성을 가져야된다.

다른 한편으로는 선하게 창조되었지만 타락한 세상에서 죄인인 인간들이 수행하는 비즈니스는 쉽게 잘못된 목표로 기울어지고 개인의 욕심과 부정직한 이득이나 착취에 악용될 수 있다. 그러므로 크리스천들은 비즈니스의 잘못된 방향과 부패 구조를 분별하고 이를 내부에서 개혁하도록 노력해야 하고, 만약 이것이 불가능하다면 같은 생각을 가진 사람들과 함께 구조적으로 바로 된 새 비즈니스를 만들어서 이웃과 공동체의 필요를 채우는 섬김을 해야 한다.

동시에 비즈니스들은 비즈니스 모델로서 사업의 원가와 비용을 충당하고 합리적인 이익을 만들어 냄으로써 지속성을 가져야 한다. 비즈니스가 이런 기능을 하면 그런 사업은 많은 사람에게 유익을 주는 기쁘고 뿌듯한 부르심이 된다(신 25:13-15; 잠 11:1; 암 8:4-6; 미 6:10-11).

Proverbs 11:1, Amos 8:4-6, Mic. 6:10-11).

b. Government and politics: Government has been instituted by God for our good and must conform to God's design; Its role is to maintain public justice in society, and it is entitled to use force to do so; However, governments can be corrupted by various idolatries; Christians should be model citizens by abiding laws and paying taxes well; Yet, they can never give uncritical allegiances to any human government since their first loyalty is to Jesus; Christian groups can cooperate with governments on various welfare works and others while retaining their Christian integrity (Rom 13:1-7).

c. Education: Public education's goal is deficient in most cases since it lacks character building and Christian ethics education. It is mostly to provide learning of modernity and post modernity values—science and technology, value of progress and prosperity and practical knowledge of how to use information for daily lives. Hence, Christians must supplement public education with the education of biblical values and ethics as well as character building. We are called to be critical participants in the culture of education, lest we are disengaged from our neighbors. If there is no such danger, then separate Christian schools or home-based education can be an alternative.

d. Christian perspective on competition in sports and education: Competition can enhance joy and emotional intensity helping to sharpen one's skills and capacity and produce satisfying physical and mental exercise unless it is done purely to win over rivals; An opponent should not be a rival but rather someone who provides the opportunity for a more delightful experience of testing of

b. 정부와 정치

정부는 사회의 공동 선을 위하여 하나님이 제정해 주신 것이기 때문에 하나님의 설계에 부합되어야 한다. 정부의 역할은 사회의 공적 정의를 유지하는 것으로 이를 위해서 무력을 사용할 권한을 부여받았다. 그러나 정부는 각종 우상에 의해서 부패할 수 있다. 크리스천들은 법을 잘 지키고 세금을 성실히 납부하는 모범적인 시민이 되어야 한다. 그러나 그들의 우선적인 충성은 예수님에게 있기 때문에 인간의 정부에 무조건적인 충성을 바칠 수는 없다. 크리스천 그룹들은 각종 복지 사역들에 대하여 정부와 협력할 수 있으나 늘 크리스천의 정직성은 유지해야 한다 (롬 13:1-7).

c. 교육

대부분의 경우 공교육은 인성 수립과 기독교 윤리 교육을 하지 않기 때문에 공교육의 목표는 부족하다. 대부분의 교육 내용이 근대주의화 후기 근대주의 가치(과학과 기술, 발전과 번영의 가치 및 일상생활에서 필요한 정보에 대한 실무적 사용법)에 한정된다. 따라서, 크리스천들은 이러한 공교육을 성경적 가치와 윤리 교육 및 인성 교육으로 보완하여야 한다. 우리 이웃으로부터 완전히 소외되지 않으려면 사회의 교육 문화에 비판적인 참여자로서 참여하도록 부름 받았다. 이러한 소외의 위험이 없다면 별도의 기독교 학교나 가정 근거 교육을 대안으로 할 수 있다.

d. 스포츠와 교육에서의 경쟁에 관한 기독교적 견해

경쟁 대상자를 이기는 것이 목적이 아닌 경쟁은 기쁨과 감성적 밀도를 높여 주기 때문에 사람의 기능과 능력을 향상시키고 육체적 정신적 운동에 도움이 된다. 경쟁 상대는 이겨야 할 대상이 아니라 나의 능력을

capacity; Such competition is an enriching part of God's gift and can bring about cooperation, celebration, respect and even love (e.g. the story of Eric Liddell, the Olympic medalist in running and a devout Scottish Christian and missionary who was one of the two main actors of the famous movie "Chariots of Fire"); Yet, competition can be twisted by sin and thus turn ugly. Hence, it is necessary to discern what healthy and normative competition is. Human beings are created in God's image, and therefore even in the heat of competition they must be treated with love, dignity, respect and appreciation; Sports and athletics are part of creation and can bring delight as gifts of God if they are not twisted by sin. This perspective can be applied more broadly to many kinds of competition, premised under the ideology of the market economy of the contemporary world. Merit or performance is an important criterion for success in the capitalist market economies of the world. But, by definition, such is based on relative values, not absolute values. Human beings are created by God with absolute dignity and rights, and competition in whatever areas or situations should not be allowed to compromise such absolute values of humans.

시험해 보는 기쁨을 경험해 보는 기회를 주는 사람이 되어야 한다. 이런 경쟁은 하나님이 주시는 은사를 증가시키는 것이며 협력, 축하, 존경과 사랑까지도 가능하게 해 주는 것이다. (이런 경쟁의 한 예가 유명한 영화 "불의 전차"의 주연 중 한 사람인 올림픽 육상 입상자이자 신실한 스코틀랜드 크리스천이며 선교사인 에릭 리들의 이야기이다.)

그렇지만, 경쟁은 죄로 인하여 변질되어서 추하게 될 수가 있다. 그래서 건강하고 당위적인 경쟁이 무엇인지를 분별하는 것이 필요하다. 인간은 하나님의 형상으로 창조되었기 때문에 경쟁의 열기 가운데서도 그들은 사랑, 존엄, 존경과 감사로 대우받아야 한다. 스포츠와 체육은 창조의 한 부문으로 죄로서 변질되지 않은 한 하나님의 선물로서 기쁨을 가져다준다. 경쟁에 대한 이러한 관점은 현 세상의 시장 경제 이데올로기 하에서 전제되는 많은 종류의 경쟁에 적용될 수 있다.

장점과 업적은 세계의 시장 경제 내에서 성공의 중요한 기준 중의 하나가 된다. 그러나 당연히 이러한 것은 절대 가치가 아니라 상대 가치에 근거한다. 인간은 하나님께서 절대적인 존엄과 가치를 가진 존재로 창조하셨다. 그래서 어떠한 분야나 상황에서도 경쟁은 이러한 인간의 절대 가치를 훼손시키는 수단으로 변질되면 안 된다.

제3부

기독교 선교: 기본과 현대적 이슈들

Part III.

Christian Mission:
Basics and Contemporary Issues

XII.

A Summary of Theological Perspectives on Basics and Contemporary Issues of Mission for Field Missionaries[68]

A. Introduction

Mission is every disciple's and every church's holy calling from our Lord Jesus Christ (Matthew 28:18-20). Our God is a missionary God, and the mission of God or *Missio Dei* in Latin is what the Trinity God is doing for the redemption of the fallen humanity and world. The goal of the Trinity God's redemption works is to save humanity and the world, and establish and expand the Kingdom of God on earth, as well as for eternity. The church is called to participate in this holy work of the Trinity God and the disciples are to live out their lives in fulfillment of this call. Indeed, this is the core of the whole story of the Bible. Mission, therefore, is justified

---

68 Perspectives based on the apostolic, reformed, and evangelical theologies and traditions

XII.

현장 선교사를 위한 선교의 기본과 현대적 이슈들에 대한 신학적 관점들 요약[68]

A. 도입

선교는 우리 주님 예수 그리스도께서 분부하신 모든 제자 개인과 교회의 거룩한 사명이다(마 28:18-20). 우리 하나님은 선교하시는 하나님이시며 하나님의 선교 혹은 라틴어로 *Missio Dei*는 삼위일체 하나님께서 타락한 인류와 세상을 구속하시기 위한 역사이다. 삼위일체 하나님의 구속 사역의 목적은 인류와 세상을 구원하고 지상과 영원에서 하나님 나라를 세우고 확장하는 것이다. 그리고 교회는 삼위 하나님의 이 거룩한 역사에 참여하도록 부르심을 받았으며 제자들은 이 소명을 그들의 인생에서 삶으로서 완성하도록 부르심을 받았다. 사실, 이것은 성경 전체 말씀의 핵심이다. 그러므로 선교는 현시대에 팽배한 종교 다원주의

---

68 사도적이고 개혁적, 복음주의적 신학에 근거한 관점과 대답

despite the prevailing human wisdom of religious pluralism and truth relativism of our age. And our call to it is holy and mandatory. (More on the justification of mission is in the following ppt slides). This makes it obvious that the Trinitarian Mission is primary and our or the church's missions are supplementary, as we are called to participate in the Mission of God. In other words, the driver of mission is God, not the church. God uses the church as an instrument for his mission. And the goal of the mission of God is not the church, but the kingdom of God, where the Trinity God reigns.

B. Summaries of Theological Perspectives on important Themes of Mission

In this chapter, key points of important themes of mission such as the definition of mission, evangelism, justification of mission, purpose of mission, task of mission, spiritual dynamics and warfare, the Holy Spirit and mission, and prayers and mission, are summarized in the form of power point slides used for my lectures on these to Seminaries and Bible Colleges. Key points of some other topics closely related to some of the above themes are also summarized. Most of the key points are drawn from Ott and Strauss, Encountering Theology of Mission: Biblical Foundations, Historical Developments, and Contemporary Issues, an excellent book on the theology of mission for the globalized world we live in. (I have been using the book as one of the text books for my Christian Mission courses. The main author of the book, Dr. Craig Ott was the professor at Trinity Evangelical Divinity School who taught me contextualization at the school) The book is listed as reference (14) in this book. My own

와 진리의 상대주의에 근거한 인간의 지식과 지혜에도 불구하고 정당화
된다. 그래서 선교에 대한 우리의 사명은 거룩하며 필수적이다. (선교의
정당화에 대해서는 다음의 파워포인트 슬라이드 내용에서 더 다루게 된다.)

이상에 비추어 선교의 주관자는 삼위 하나님이시며 우리와 교회의
선교는 보완적인 것으로 하나님의 선교에 참여하도록 부르심을 받은 것
이다. 달리 표현하면, 선교를 주도적으로 하는 이는 하나님이지 교회가
아니다. 교회는 선교를 위하여 하나님이 사용하는 도구이다. 그리고 하
나님의 선교 목적은 교회가 아니라 삼위 하나님이 통치하는 하나님 나
라이다.

B. 선교의 핵심 주제들에 대한 신학적 관점들의 요약

이 장에서는 선교의 중요 주제들의 핵심 내용에 대하여 저자가 국내
외 신학대학원과 신학대학에서 강의할 때 사용하는 강의안들을 (파워포
인트 슬라이드 형태로) 요약 정리하였다.

그 주제들은 다음과 같다. 즉 선교의 정의, 전도, 선교의 정당성, 선
교의 목적, 선교의 과업, 영적 세계와 영적 전투, 성령과 선교 및 기도와
선교. 또한 이상의 주제들과 밀접히 관련된 다른 화제들 일부의 핵심 내
용도 요약하였다. 이들 대부분의 중요 내용은 오트(Ott)와 스트라우스
(Strauss) 공저, *Encountering Theology of Mission: Biblical Foun-
dations, Historical Developments, and Contemporary Issues*에서
인용되었는 바, 이 책은 현재 우리가 살고 있는 세계화된 세계에 잘 부
합하는 훌륭한 선교 신학 서적이다. (저자는 국내외 신학교의 선교 신학 교과
서의 하나로 이 책을 사용하고 있으며, 주 저자 오트 교수는 저자에게 신학대학원
[Trinity Evangelical Divinity School]에서 상황화 과목을 가르친 교수였다.) 이
책은 책의 말미에 참고 자료 (14)로 포함되어 있다.

additions are the parts, "Why Development for Christian Mission" and "Transformational Development". Some minor additions, explanations, and improvements are made as well. The slides are prepared in a more narrative and logical sequence than usual, so that the important points may be grasped by reading them without too much explanation.

Definitions of Evangelism-Mission

- Evangelism = Introduction of and preaching to unbelievers Gospel of Jesus Christ for their conversion and faith in Him
- Purpose is to redeem the person for a restored relationship with God and freedom from effects of sin in all areas of life; To make him/her spiritually right before God; To save him/her from sin and death
- This is done with the regeneration of the person by the Holy Spirit and with his repentance of sins and turn to Jesus in faith
- Is done in other cultures as well as in evangelist's culture
- Mission = Generally refers to Spreading of a religion to unbeliever(s) or followers of other religions
- Christian mission = God's sending activities for reconciliation of the fallen humans and world to himself and to his kingdom; Activities of the church to participate in such activities
- Mission = God's redemption work = Missio Dei in Latin < Missionary God = God's sending of Angels, apostles, disciples or the church to reconcile to himself and bringing into his kingdom the fallen humans and world

본 장의 내용 중 저자가 집필한 부문은 "왜 기독교 선교에 개발인가" 와 "변혁적 개발"과 그 외의 군소 추가, 설명, 및 보정들이다. 슬라이드 의 내용은 일반적인 경우에 비해 더 자세하고 더 논리적으로 쓰여져서, 주의해서 읽으면 많은 설명 없이도 중요한 포인트들을 이해할 수 있도 록 하였다.

전도와 선교의 정의

- 전도의 정의: 불신자들에게 예수 그리스도의 복음을 소개하고 전 하여서 그들이 개종하고 그리스도를 믿는 믿음을 가지게 하는 것 이다.
- 전도의 목적은 전도 대상자를 구속하여서 하나님과의 관계를 회복 하게 하고 삶의 모든 영역에서 죄의 영향에서 자유롭게 하는 것이 며, 그/그녀를 하나님 앞에서 영적으로 바르게 하는 것이고, 그/그 녀를 죄와 죽음에서 구원하는 것이다.
- 이는 성령께서 전도 대상자의 심령을 새롭게 하여 주고 그의 죄에 대한 회개와 믿음으로 예수 그리스도께 감으로써 가능하게 된다.
- 이는 전도자의 문화권 내에서 뿐만 아니라 다른 문화권에서도 가 능하게 된다.
- 선교의 정의: 일반적으로 불신자나 타종교 신봉자에게 한 종교를 전파하는 것을 일컫는다.
- 크리스천 선교는 타락한 인간과 세계를 자신과 자신의 나라로 화 해시키기 위하여 하나님께서 하시는 보냄의 사역들을 말하며, 이 사역에 동참하기 위한 교회의 사역들을 일컫는다.
- 선교(영어 대문자 M으로 시작되는 단수형)는 하나님의 구속의 사역이 며, 라틴어로 *Missio Dei* = 하나님의 선교이며 선교하시는 하나

- Missions = Redemption works and ministries of apostles, disciples and the church engaged to participate in and supplement God's Mission; Sometimes written in small letter m to differentiate from Mission of God
- Mission < from Latin word, *Missio* (sending) or *Mitto* (to send)
- The word Mission or Missionary was first used in 16th century by two Jesuit missionaries
- In Greek word of NT, *Pempo*; *Apostello* (Sending) > Apostle=one sent by Jesus Christ and by the church

Why Mission: its Justification

- Because of Desires, Will, and Plan of God; God of love desires, plans, and wills to redeem the fallen humanity and nature from sins, evils, and deaths ever since the Fall
- His will and plan of the redemption and how they have been carried out in the human history is the main theme of the holy Bible, the scripture of God < the Redeemer-Savior God = Missionary God < His nature and will
- Therefore, the foundation of Mission is not only from several key verses of Bible such as Genesis 12:3, Matthew 28:18-20, Acts 1:8 but from God's nature and will and the total message of the Bible, his Word
- Hence, all disciples of the Lord Jesus and all his churches must participate in this holy Mission of God
- This is one of the three Great Cs of the disciples and the

님에서 유래된다. 이를 위하여 하나님께서 천사, 사도, 제자, 교회를 보내어 타락한 인간과 세상을 자신과 자신의 왕국으로 불러들이는 것이다.

- 선교(복수형)는 하나님의 선교에 참여하기 위한 사도, 제자, 및 교회의 구속 사역과 활동을 의미한다. 하나님의 선교와 구분하기 위하여 때로는 소문자로 쓰기도 한다.
- 선교의 어원은 보냄을 의미하는 라틴어 동명사, '미씨오' 혹은 '보내다'를 의미하는 동사, '미토'에서 유래한다.
- 현재 사용하는 선교 혹은 선교사라는 말은 16세기 중에 두 예수회 선교사들에 의해 처음으로 사용되었다.
- 신약의 헬라어로는 보냄을 의미하는 '펨포'와 '아포스텔로'이며 여기에서 예수 그리스도에 의해 보내심을 받은 사도, '아파슬'이 유래하였다.

왜 선교: 선교의 정당성

- 하나님의 바라심과 뜻이며 계획이기 때문이다. 사랑의 하나님은 타락 이후 내내 타락한 인류와 자연을 죄와 악과 사망으로부터 구원하기를 원하시며, 계획하고 뜻하신다.
- 하나님의 구원의 뜻과 계획과 이들이 인간 역사에서 어떻게 전개되어 왔는지가 하나님의 경전. 즉 거룩한 성경의 핵심 주제이다.
  〈 구속자-구원자 하나님 = 선교하시는 하나님 〈 그의 성품과 뜻
- 그러므로 선교의 근거는 창 12:3, 마 28:18-20, 행 1:8과 같은 성경의 몇 요절에 있는 것이 아니라 하나님의 성품과 뜻 및 그의 말씀인 성경의 전체 메시지에 있다.
- 그러므로 주님 예수님의 모든 제자와 그의 교회들은 이 거룩한 하

church:

1) The Great Calling = Doxology (Ephesians 1:6, 1 Corinthians 6:19-20, Matthew 5:16)

2) The Great Commission = Evangelism, Discipleship & Church Planting (Matthew 28:19-20)

3) The Great Commandment = Compassion & Social Transformation (Matthew 22:37-39, 1 John 4:20-21, John 13:35)

Evangelism-Mission and Church

- Therefore, Mission is Not an Option, but a Must, a Mandate the Church needs to carry out = our Lord's Great Commission given to all disciples and the church (Matthew 28:18-20, Acts 1:8)

- The church has been redeemed, equipped to be disciples, and being sent to participate in the Mission of God > Missional Church = The very reason why the church exists

- God's Mission is Holistic Mission for redemption of totality of person and world, and hence the church should participate in such Mission in faith and obedience

- Depending fully on the Holy Spirit, the Church must preach the gospel and witness Jesus Christ to unbelievers any time and any place, and should be sent to the ends of the earth to carry out the Great Commission of the Lord (Acts 1:8, Matthew 28:19-20)

- The purpose is to make disciples by baptizing them in the name of trinity God and teaching them to observe all that Christ Jesus commanded

나님의 선교에 의무적으로 동참해야 한다.

- 이것은 제자와 교회가 수행해야 하는 소위 세 가지 위대한 C 중 하나다.

1) 대 소명 = 예배(엡 1:6; 고전 6:19-20; 마 5:16)

2) 대 위임 = 전도, 제자화, 및 교회 세움(마 28:19-20)

3) 대 계명 = 이웃 사랑과 사회 변혁(마 22:37-39; 요1 4:20-21; 요 13:35)

전도-선교와 교회

- 그러므로 전도-선교는 선택 사항이 아니라 의무이다. 교회가 수행해야 할 책무이다. = 주님의 대 위임은 모든 제자와 교회들에게 주어진 명령이다(마 28:18-20; 사 1:8).

- 교회는 구속 받았고, 제자로 세워졌고 하나님의 선교에 참여하기 위하여 보내심을 받았다. 〈 선교적 교회 = 왜 교회가 존재해야 하는지에 대한 이유

- 하나님의 선교는 사람과 세상의 전인적-통합적인 구속을 위한 것이기에 교회는 이러한 선교에 믿음과 순종으로 꼭 동참해야 한다.

- 성령님에게 전적으로 의존하는 가운데 교회는 때와 장소를 불문하고 불신자들에게 복음을 전파하고 예수 그리스도를 증거해야 하며, 주님의 대 위임을 수행하기 위하여 땅끝까지 보내져야 한다(행 1:8; 마 28:19-20).

- 이의 목적은 불신자들에게 삼위 하나님의 이름으로 세례를 베풀고 예수 그리스도가 명령한 모든 것을 지키게 가르침으로써 이들을 제자로 만드는 것이다.

- This requires their conversion and turning to faith in the Lord Jesus Christ
- The scope of the mission is all peoples, tribes, nations, and cultures of the world who are in need of total redemption of God

Total Conversion and Partial Conversion

- The conversion should be that of total person involving not only external behaviors and symbols but also beliefs and values and worldviews (< the three layer construct of human identity)
- Teaching Christian worldview to unbelievers to help them convert from their old worldview to Gospel worldview is of good benefit
- Such teaching and conversion will change their traditional beliefs and values to those of Gospel which will in turn change their behaviors and symbols suited to those of Gospel
- Change of external behaviors and symbols only is partial conversion only and such tends to backtrack to former identity
- This is one of main reasons why there are so many "nominal" Christians all over the world today
- Quick and easy conversion seen in many "crusades" and in many preaching with emphasis on "prosperity gospel" tend to produce many partial converts who are unavoidably nominal Christians
- Are there many such Christians in Kenya or in other African countries? There are many such in Korea

- 이는 그들의 회심과 이들이 돌아서서 주님 예수 그리스도를 믿는 것을 필요로 한다.
- 선교의 범위는 하나님의 전인적 구속을 필요로 하는 세계의 모든 사람들과 종족들, 나라들과 문화들이다.

완전한 회심과 부분적 회심

- 회심은 사람 전체의 회심이 되어서 그 사람의 외부 행동과 상징들뿐만 아니라 그의 신념들과 가치들 및 세계관이 포함되는 회심이 되어야 한다. (〈 인간 정체성의 3층 구조에 비추어)
- 불신자들에게 기독교 세계관을 가르쳐서 그들이 옛 세계관에서 복음 세계관으로 변화하게 도와주는 것은 많은 유익을 준다.
- 이러한 가르침과 변화는 그들을 전통적 신념과 가치로부터 복음의 신념과 가치로 변화하게 하며, 이는 다시 그들의 행위와 상징들을 복음의 것들로 변화시켜 준다.
- 외부 행위와 상징만의 변화는 부분적 회심에 지나지 않아서 이런 회심은 퇴보하여 이전의 정체성으로 회귀하는 경향을 가진다.
- 이것이 오늘날 온 세계에 왜 이렇게 많은 "이름뿐인" 크리스천이 존재하는지에 대한 주요 이유 중 하나이다.
- 많은 대형 전도 집회와 많은 기복적 복음을 강조하는 설교에서 보는 쉽고 빠른 회심은 많은 부분적 회심자를 만들어 내며 이들은 피치 못하게 이름뿐인 크리스천이 되는 것이다 .
- 케냐나 다른 아프리카 나라에는 이런 크리스천이 많이 있습니까? 한국에는 이런 사람이 많이 있습니다.

Why Development for Christian Mission?

- If an evangelist or missionary only preach the gospel of Jesus Christ to one who is miserably sick or hungry without giving him something to eat or curing his illness, would the preaching be effective? No, it will only be a noisy gong

- That's why Christian Mission needs to provide not only spiritual salvation but also physical uplifting thru economic and social development = Redemption of whole person > This requires a Holistic Mission

- Development is related to both big picture or macro development of a country, nation, or society, and various economic and social development projects at micro level (individual, cooperative, NGO, company)

- Development at macro level is for economic and social progress of a country or a society made possible by economic growth supported by more and better use of workforce, capital goods, technology, and institutions and policies

- Development at micro level relates to ability/undertakings to produce and trade goods and services undertaken by individuals, cooperatives, NGOs and companies with a goal to serve communities and customers with the products and services they need

- Development projects can take the form of not-for-profit or business or for profit. The former is mostly for serving the neighbors and for self-sufficiency, while the latter is a business to serve customers and make itself sustainable by making a reasonable profit (Operating revenues can cover not only costs and

왜 기독교 선교에 개발/발전이 필요한가?

- 만약 전도자나 선교사가 많이 아픈 사람이나 심하게 배고픈 사람에게 먹을 것과 병 고치는 일을 도와주지 않고 예수 그리스도의 복음만 전하면 그 전도는 효과가 있을까? 없다. 그것은 그저 시끄러운 소리에 지나지 않을 것이다.

- 그렇기 때문에 기독교 선교는 영적 구원뿐만 아니라 경제-사회 개발을 통하여 육체적 필요 상황을 향상시켜줘야 한다 = 전인적 구속 〉 이는 전인적-통합적 선교를 필요로 한다.

- 개발은 한 국가와 나라, 사회의 거시적이며 큰 그림의 개발과 개인, 조합, NGO, 회사 차원의 경제-사회 개발 프로젝트의 미시적인 양면과 관련된다.

- 거시적 개발-발전은 한 나라-사회의 경제-사회적 발전을 의미하며 이는 그 나라의 노동력, 자본재, 기술, 제도와 정책을 더 많이 더 효율적으로 사용함으로 성취하는 경제 성장에 의해서 가능하게 된다.

- 미시적 개발은 공동체나 고객을 그들이 필요로 하는 상품과 제화로 섬기기 위하여 개인, 조합, NGO, 회사들이 이들을 생산하거나 교역할 수 있는 능력 혹은 사업과 관련된다.

- 이러한 개발 프로젝트는 이익 창출이 목적이 아니거나 이익 혹은 사업 목적의 형태를 취할 수 있게 된다. 전자는 대부분 이웃을 섬기거나 자족 목적의 형태이며, 후자는 사업으로서 고객에게 봉사하고 적절한 이윤을 창출하여 지속적으로 존재하는 형태이다. (이런 사업은 영업 수익이 원가와 비용을 충족할 뿐만 아니라 사업 소유자와 투자자에게 돌아갈 이익을 만든다.)

expenses but also some margin for owners or investors)

Holistic Approach to Mission

- Redemption of whole persons and whole nature requires holistic approach to mission < God's concern for the totality of human life and creation < Creation order of the creator God of the Bible
- This can be seen in two obligations or mandates: Gospel Mandate & Creation Mandate; It can be simplified as obligation of evangelism and social action or development, purpose of which is to save souls and to alleviate poverty and oppression
- Gospel mandate is given to Christians and the church while Creation mandate to all humanity (Christians and non-Christians)

Gospel Mandate & Creation Mandate

- Typical activities of Gospel Mandate: Evangelism, discipleship, church planting and growth, cross-cultural mission to all peoples
- Typical activities of Creation Mandate: Social action, hospitals, schools, relief efforts, economic development, family advocacy, environmental protection; For short these are often called Development or Social action
- God's provision for Gospel Mandate: Special grace, special revelation, the power of the Holy Spirit
- God's provision for Creation Mandate: Common grace, general revelation
- Gospel Mandate applies mainly to: Spiritual life, vertical and

선교에 대한 전인적-통합적 접근

■ 전인적이고 전자연적인 구속은 전인적-통합적 선교를 필요로 한다. 〈 하나님의 인간 생명과 창조의 전인적-통합적 관심 〈 창조주 성경 하나님의 창조 질서

■ 이는 다음의 두 가지 책무 혹은 두 가지 명령 수행으로 이해될 수 있다. 즉, 복음 명령과 창조 명령이다. 이는 전도 책무와 사회적 행동 혹은 개발 책무로 요약될 수 있는데 그 목적은 영혼 구원과 가난과 압제 경감에 있다.

■ 복음 명령은 크리스천과 교회에 주어진 것인데 비해 창조 명령은 신자와 비신자를 포함한 모든 인류에게 주어진 것이다.

복음 명령과 창조 명령

■ 복음 명령의 대표적 활동: 전도, 제자화, 교회 개척과 성장 및 모든 민족에 대한 타문화권 선교

■ 창조 명령의 대표적 활동: 사회적 활동, 병원, 학교, 구제 사역, 경제 개발, 가정 지지 및 환경 보호. 이들을 줄여서 개발 혹은 사회 활동이라 한다.

■ 복음 명령을 위한 하나님의 공급: 특별 은총, 특별 계시 및 성령의 권능

■ 창조 명령을 위한 하나님의 공급: 일반 은총 및 일반 계시

■ 복음 명령의 적용 영역: 영적 삶, 삶의 모든 영역을 하나님의 주권 아래로 가져오기, 수직-수평적 화해, 보다 영적인 성격

■ 창조 명령의 적용 영역: 인간의 존엄성, 가정, 정부, 환경 관

horizontal reconciliation, bringing all aspects of life under the lordship of the King; more of spiritual nature

- Creation Mandate applies mainly to: Human dignity, family, government, stewardship of the environment, care for the poor and weak, creative expression; more of general ethical nature
- Biblical basis of Gospel Mandate: Matthew 28:19-20, Acts 1:8, Ephesians 2
- Biblical basis of Creation Mandate: Genesis 1-2, Exodus 20:1-17 (The Ten Commandments), Jeremiah 29:7, Micah 6:8, Romans 13, Galatians 6:10, 1 Peter 2:13-14

Relationship between the Two Mandates

- The Gospel message is not merely one of personal salvation but of transformed relationships and values entailing social responsibility; So the two mandates belong together and neither is optional; But retaining a distinction is useful
- Fulfillment of Gospel Mandate leads to the power to fulfill Creation Mandate; Redeemed people experience the power of God's love in Christ and the transformation of the Holy Spirit; Creation mandate can only rightly be fulfilled when the relationship to God is restored; Gospel mandate rightly fulfilled when Christians are a living testimony to what a restored creation order looks like

The two Mandates and Mission

- While the purpose/task of mission includes fulfillment of the both mandates, preferably in integration,

리, 가난한 자-병든 자 돌봄, 창조적 표현, 보다 일반적인 윤리적 성격

- 복음 명령의 성경 근거: 마 28:19-20; 행 1:8; 엡 2장
- 창조 명령의 성경 근거: 창 1-2장; 출 20:1-17(십계명); 렘 29:7; 미 6:8; 롬 13장; 갈 6:10; 벧전 2:13-14

두 명령의 관계

- 복음의 메시지는 개인적 구원뿐만 아니라 사회적 책임으로 연결되는 변화된 관계와 가치이다. 따라서 두 명령은 같은 소속이기에 둘 중에 하나만 선택할 수 없다. 그러나 둘의 차이를 유지하는 것은 유익하다.
- 복음 명령의 달성은 창조 명령을 달성할 수 있는 권능으로 연결된다. 구속받은 사람은 그리스도 안에서 보여 주는 하나님의 사랑의 권능과 성령님이 주시는 변화를 경험하게 된다. 하나님과의 관계가 바로 설 때만 창조 명령이 제대로 완수된다. 복음 명령은 크리스천들이 회복된 창조 질서를 삶으로 증거할 때 바르게 완수된다.

두 명령과 선교

- 선교의 목적과 과업은 이 두 가지 명령을 다 완수하는 것이며, 더 좋은 것은 두 가지를 통합적으로 수행하는 것이라 할 수 있지만,
- 복음 명령이 다음의 이유로 더 근본적이다. 1) 하나님과의 화해를

- The gospel mandate is more fundamental because: 1) only through reconciliation with God can the creation mandate be fulfilled in deepest sense, 2) Christ did not send his followers into the world merely to do good works but explicitly to be his witnesses and make disciples

- Thus the ethical obligations, such as being a good citizen or doing good or doing development projects by themselves cannot be rightly considered the purpose of missions > the cross of Christ is the unavoidable center of our mission

- There have been many cases of missions with various ministries/projects integrating the two mandates

- Church planting and community development undertaken by a mission is well known; A good example of this is Integrated Holistic Development (for church planting, evangelism, and a farm) in Issaan, Northeast Thailand initiated by North American missionaries from the Evangelical Covenant Church (documented in James Gustafson, Pigs, Ponds and the Gospel, Perspectives, 3rd ed. Pasadena, California: William Carey Library, 1999)

- Development can involve various self-help and business projects such as cooperatives, NGOs, or companies for agricultural products and services

- In recent years the development mandate is also complied with in the form of business as mission (BAM) doing traditional businesses or startup businesses

통해서만 창조 명령은 깊게 성취된다, 2) 그리스도께서는 그를 따르는 자들을 세상에 보내셨는데 이는 단순히 좋은 일을 하라고 보낸 것이 아니라 구체적으로 그의 증인이 되고 제자 삼으라고 한 것이다.

- 따라서, 좋은 시민이 되고, 선한 일이나 개발 사업을 하는 것 등의 윤리적 책임을 완수하는 것만으로는 선교의 목적이 달성된다 할 수 없다. 〉 그리스도의 십자가는 우리의 선교에 피할 수 없는 중심이 된다.

- 많은 선교 사역이 이 두 가지 명령을 통합하는 각양의 사역들과 프로젝트를 포함하였다.

- 교회 개척과 지역 개발을 같이 수행한 선교는 잘 알려져 있다. 이의 좋은 사례 하나는 북미 복음언약교회에서 파송한 선교사가 태국 북동부의 이산에서 수행한 교회 개척, 전도 및 농장을 같이한 취합적-통합적 개발 사역이다. (James Gustafson, "Pigs, Ponds, and the Gospel", *Perspectives*, 3rd ed. Pasadena, California : William Carey Library, 1999 자료 참조)

- 개발 사역은 농산물이나 용역 분야나 다른 제화나 용역의 무역을 위한 협동조합, NGO, 혹은 회사 형태의 자조 혹은 사업 프로젝트를 포함할 수 있다.

- 근년에는 개발 명령 수행 사업으로 전통적 사업이나 스타트업 사업을 수행하기 위한 선교로서 사업, 즉 밤(Business As Mission)의 형태를 취하기도 한다.

Task of Missions

- Task of Missions: proclamation of the gospel and conversion, discipleship, church planting and growth, humanization and liberation
- Broadly evangelism and development are the two elements of the task of missions
- Political, economic and social development supported by a free democracy, a free market economy, and a healthy civil society are considered basic institutional ground for humanization and liberation < Political and economic ideologies of western democracies based on the enlightenment philosophies and values

Transformational Development

- However, humanization and liberation without transformation of broken hearts is not complete > What is needed is Transformational Development > Best means to achieve this is fulfilling both the gospel mandate and the creation mandate = Holistic mission
- Just secular development and progress achieved by many advanced countries of OECD does not address the problems and miseries risen out of people's broken hearts, cut-throat competition and greed of the free market economy and globalization
- A good example of the incomplete development is political and economic development in Korea; While she is already an advanced country in terms of high income and political

선교의 과업/과제

- 선교의 과업: 복음의 선포와 회심, 제자화, 교회 개척과 성장, 인간 화 및 인간 해방

- 이의 두 핵심을 크게 보면, 전도와 개발이라 할 수 있다.

- 인간화와 인간 해방을 위한 기본 제도적 근거는 자유 민주주의, 자유 시장 경제 및 건강한 시민 사회에 의해 지원되는 정치, 경제 및 사회적 개발이 된다.

변혁적 개발

- 그러나 타락한 마음에 변화가 없는 인간화와 인간 해방은 온전하지 못하다. 〉 필요한 것은 변혁적 개발이다. 〉 이를 성취하기 위한 최고의 방법은 복음 명령과 창조 명령을 완수하는 것이다. = 총체적-통합적 선교

- 많은 OECD 선진국이 달성한 세속적 개발과 발전 만으로는 사람들의 타락한 심령과 극심한 경쟁과 자유 시장과 세계화가 야기하는 탐욕에 기인한 문제와 질곡을 해결할 수 없다.

- 온전치 못한 개발의 좋은 사례는 한국의 정치-경제 개발이다. 높은 소득과 정체-경제 제도의 관점에서 한국은 이미 선진국이지만, 국민 자살율이 나타내는 비인간화는 OECD 국가 중에 가장 높은 나라 중 하나가 되었다.

and economic institutions, dehumanization as shown in suicide ratio in the country is one of the highest among OECD countries

Purpose of Missions

- Purpose of Missions: the creation and expansion of kingdom communities among all the peoples of the earth; Kingdom communities are not so much formal religious institutions as they are committed fellowships of disciples of Jesus Christ seeking to live out the kingdom values in all of their individual and corporate lives
- Kingdom Values: Truth, love, righteousness, justice, reconciliation and service

Church and Kingdom of God and Mission

- Trinity God sends the Church, not so much a social organization but a divinely established institution, to the ends of the earth for His redemption work, the Mission
- But, the church is not the Kingdom of God (KOG); the church is only a living sign of KOG and an instrument of that kingdom which is yet to come in all fullness with Christ's return
- While divinely created, the church is made up of imperfect humans > It will not reach perfect sanctification or glorification until its Lord's return
- The Purpose or vision of the Church is the KOG
- Kingdom Communities live as signs of the KOG and advocate Kingdom Values wherever they might have influence

선교의 목적

- 선교의 목적: 지구상의 모든 사람들 중에 하나님 나라 공동체를 세우고 확장하는 것이다. 하나님 나라 공동체는 공적인 종교 기관이기보다는 하나님 나라의 가치를 그들 개인과 공동체의 삶의 모든 부문에서 살아 내기를 원하는 예수 그리스도의 제자들이 헌신하는 친교의 공동체이다.
- 하나님 나라의 가치: 진리, 사랑, 의로움, 정의, 화해와 섬김

교회와 하나님 나라와 선교

- 삼위 하나님은 사회적 조직이 아니고 영적으로 세워진 기관인 교회를 그의 구속 사역인 선교를 위하여 땅끝까지 보낸다.
- 그러나 교회는 하나님 나라(KOG)가 아니다. 교회는 하나님 나라의 현실적 상징에 지나지 않으며 그리스도의 재림시에 완전한 모습으로 올 그 나라의 한 도구이다.
- 하나님에 의해 세워졌지만 교회는 불완전한 사람들로 구성된다. 〉그들의 주님이 재림할 때까지는 교회는 완전한 성화나 영광에 이르지 못한다.
- 교회의 목적 혹은 비전은 하나님 나라이다.
- 하나님 나라 공동체는 하나님 나라의 상징으로서 사람이 살아가며 영향을 미칠 수 있는 모든 부문에서 그 나라의 가치를 이루기 위하여 노력한다.
- 그 광범위함에도 불구하고 전인적–통합적 선교는 교회 중심적이어야 한다. 왜냐하면 그렇지 않으면 그것은 쉽게 세속적인 개발 사업

- Despite its wide scope, Holistic Mission should be church-centered for otherwise it easily becomes a Secular Undertaking
- The Purpose of the holistic mission is for establishing and expansion of KOG

Biblical Worldview and Spiritual World

- Spiritual World = Unseen Realm but Reality under the Lord God of the Bible; like God is unseen but real reality
- Christian Worldview is of One World comprising the Seen World and Unseen World, both under the Lordship of God
- Bible does not teach Dualistic Worldview where God and Satan are of equal forces fighting each other; Satan and his forces are created and controlled by God, but in rebellion against Him; Satan is Not a god who is omniscient, omnipresent, and omnipotent
- Satan's chief means of rebellion is deception through which he pulls away people from faith in Trinity God of the Bible; People are easily deceived by Him due to their ignorance and fear
- Satan or Devil and his Underlings, Demons are Spiritual beings in rebellion against God
- Others like ghosts/spirits are Not Reality; They are fake reality made up by deceit of Satan but Most credulous people believe they are realities; Their ignorance and fear make them easy preys to Satan
- The unseen world is headed by the sovereign God and Satan and demons are under his direction and control
- But, they are still active and powerful in this age of conflict;

으로만 치중되기 때문이다.

- 전인적-통합적 선교의 목적은 하나님 나라를 세우고 확장하는 것이다.

성경적 세계관과 영적 세계

- 영적 세계 = 성경의 주님 하나님 아래에 있는 실재이지만 보이지 않는 영역, 마치 하나님은 보이지 않지만 실재하는 것처럼
- 기독교 세계관이 보는 세계는 보이는 세계와 보이지 않는 세계로 구성된 하나의 세계이며 둘 다 주님 하나님의 통치 하에 있다.
- 성경은 하나님과 사탄이 대등한 능력으로 서로 싸우는 이중 구조의 세계관을 가르치지 않는다. 사탄과 그의 세력은 하나님에 의해 창조되었고 통제를 받지만 그에게 반역하고 있는 존재이다. 사탄은 전지, 편만, 전능한 신이 아니다.
- 사탄의 대표적 반역 수단은 거짓이며, 이를 통해서 사람들을 성경의 삼위 하나님에 대한 믿음으로부터 유인해 낸다. 무지와 공포로 인해 사람들은 사탄에게 쉽게 속아 넘어간다.
- 사탄 혹은 악마와 그의 하수인 마귀는 하나님을 대적하는 영적 존재이다.
- 그 외의 귀신 혹은 신령들은 실존하는 것이 아니다. 사탄의 속임수에 의해 만들어진 가짜들인데, 쉽게 속아 넘어가는 사람들 대부분은 그들을 영적 실체로 믿는다. 그들의 무지와 공포로 인하여 그들은 사탄의 쉬운 먹잇감이 된다.
- 보이지 않는 세계는 만물을 주관하시는 하나님 아래에 있으며 사탄과 악마는 하나님의 지시와 통제 하에 있다.
- 그러나 대적의 시대인 오늘날 그들은 아직도 활발히 활동하며 권

They will be completely defeated when Christ Jesus returns, i.e. At his second coming

Kingdom of God and Spiritual Dynamics

- Nature of Present Age in Spiritual Realm: While Christ Jesus has defeated Satan on the cross and inaugurated Kingdom of God (KOG), Satan is still active, powerful ruler of a sinful world

- This Present Age: Age of Conflict = Age of the Spirit = Age of Satan's Rule: the setting for Our ongoing fierce Spiritual war with Satan and his demonic forces; We believers in Christ Jesus are in constant spiritual warfare with Satan and his demons, and for this We need Presence and Help of the Holy Spirit

- Hence, present world is the "Already-But-Not-Yet" Kingdom of God

- "Already-but-not-yet" nature of KOG: KOG was inaugurated by Christ Jesus, but it's not yet come in its fullness > We live in a time when Satan has limited rule over the earth

- While Satan's rule in this world is subject to God's overarching permission and power, Satan does presently rule over human society in rebellion against God; He is the prince of the world (John 12:31; 14:30; 16:11), the ruler of the kingdom of air (Eph 2:2), the god of this age (2 Cor 4:4), and rules a dominion of darkness (Col 1:13), and whole world is under his control (1 John 5:19)

- But, when he was on earth Lord Jesus challenged and broke Satan's power over the world

능이 있다. 예수 그리스도가 돌아올 때, 즉 재림할 때 그들은 완전히 파멸될 것이다.

하나님 나라와 영적 동력

- 영적 영역 속 현시대의 성격: 예수 그리스도께서 십자가에서 사탄을 패배시켰고 하나님 나라(KOG)를 수립하였지만, 아직도 사탄은 살아 있고, 죄로 타락한 세상의 권능의 통치자이다.
- 현시대: 영적 싸움의 시대 = 성령의 시대 = 사탄의 통치 시대, 사탄과 그의 부하 마귀들에 대한 우리의 현재 진행형인 치열한 영적 전투의 현장. 예수 그리스도를 믿는 우리들은 사탄과 그의 마귀들에 대하여 끊임 없는 영적 전투를 수행하고 있기에 우리는 성령님의 임재와 도움을 필요로 한다.
- 이리하여, 현 세계는 하나님의 나라가 "벌써 그러나 아직" 이루어진 상태이다.
- "벌써 그러나 아직" 성격의 하나님 나라: 그 나라는 예수 그리스도에 의해 세워졌지만 아직 완전하게 오지는 않은 상태 > 우리가 사는 이 시대는 사탄이 세상을 부분적으로 통치하는 때이다.
- 이 세상에 대한 사탄의 통치는 하나님의 큰 틀에서의 허락과 능력에 의해 제한되지만, 사탄은 현재의 인간 사회를 하나님에 반역하며 통치하고 있다. 그는 이 세상의 임금이며(요 12:31, 14:30, 16:11), 공중 나라의 통치자이며(엡 2:2), 이 시대의 신이며(고후 4:4), 어둠의 세력을 다스리는 자이며(골 1:13), 온 세상이 그의 지배 하에 있다(요일 5:19).
- 그러나 주님 예수님은 이 땅에 계실 때 사탄을 대적하였고 세상에 대한 그의 권능을 깨어 버리셨다.

- Christ's victory over Satan was rooted in his substitutionary atonement on the Cross; Because the penalty for sin has been paid and judgment averted by Christ's death, sin, Satan and death no longer have any hold over redeemed humanity

- Therefore, KOG means the hostile alien kingdom of demonic captivity, oppression, poverty and blindness (physical and spiritual) is coming to an end through the ministry of Christ Jesus; He is the bringer of the KOG for He is the destroyer of the kingdom of Satan

- Christ's Victory at the cross assures us God is fully in control and Satan's ultimate destruction is certain when KOG comes in all its fullness

- As God's people proclaim the good news of KOG and demonstrate kingdom values in ministry to human need, Christ builds his church and the gates of hell crumble (Mat 16:18-19)

- Mission can advance in the assurance of Satan's defeat, the ultimate triumph of Christ, and the establishment of kingdom in all its fullness on earth

- But though defeated, Satan is alive, active, and powerful and remains a serious foe, making this age an era of vicious, dangerous conflict

- Because mission is the front line in the attack on Satan's kingdom, spiritual warfare is a central feature of mission

- 사탄에 대한 그리스도의 승리는 그가 십자가 상에서 인류를 구속하기 위하여 대신 죽으신 것에 근거한다. 그의 죽음으로 인류의 죗값이 지불되었고 심판을 피할 수 있었기 때문에 죄와 사탄과 죽음이 더 이상 구속받은 인류를 지배할 수 없게 되었기 때문이다.
- 그러므로 그리스도 예수의 사역으로 도래하는 하나님의 나라는 귀신 들림, 박해, 가난과 육적 및 영적 어두움이 지배하는 적대적이고 이질적인 왕국이 종료됨을 의미한다. 그리스도는 사탄의 왕국을 파괴하는 자이기 때문에 하나님 나라를 가져오는 사람이다.
- 십자가에서 이루신 그리스도의 승리는 하나님이 이 세상을 완전히 통치하고 계시며 하나님 나라가 온전히 임할 때에 사탄은 종국적으로 파괴됨을 우리에게 확신시켜 준다.
- 하나님의 사람들이 하나님 나라의 복음을 선포하고 사람들에게 사역을 통하여 하나님 나라 가치를 보여줌으로써 그리스도는 그의 교회를 세우게 되고 지옥의 문은 무너진다(마 16:18-19).
- 선교는 사탄의 패배, 그리스도의 종국적 승리와 지상에 하나님 나라가 완전히 세워질 것을 확신하는 가운데 전진한다.
- 그러나 패배했지만 사탄은 아직도 살아 있고, 활동하며 강력하여 만만치 않은 대적으로 남아 있기 때문에 우리 시대를 악하고 위험한 싸움이 전개되는 시기로 만든다.
- 선교는 사탄의 왕국에 대한 공격의 최전방에서 이루어지기 때문에 영적 전투는 선교의 중심적 특징이다.

- Spiritual warfare is biblical metaphor referring to our conflict with Satan and his demonic spirit forces
- To successfully wage this war, mission work must go forward with a full knowledge of God's control over Satan's limitations, Satan's mode of attack, and believers' resources for battle

1) God's Control over Satan

- Although we are in a fierce spiritual warfare and face a strong enemy, we must never forget Satan and his demons are created beings and so are limited; Satan is not God: He is not omniscient, omnipresent, or omnipotent; In Christ we have nothing to fear from them
- As a limited, finite creature, Satan is himself fully under God's sovereign control; Martin Luther once said "the devil is God's devil" to emphasize God's control over Satan and his demonic forces
- Bible does not teach a dualistic worldview in which universe is scene of a struggle between equally balanced forces of good and evil; Bible God is the only God who is the Lord of all creatures
- Satan and all his demonic forces are not only subject to God, but God even uses the work of demons to accomplish his purposes (Judge 9:23-24; 1 Sam 16:14; 2 Sam 24:1, 1 Chron 21:1; and 1 Kings 22:19-23)
- Even Satan's most savage attacks are within God's sovereign control and permissive will for our lives (Job 1:12; 2:6; 2 Cor 12:7-10)

- 영적 전투는 사탄과 마귀의 영적 힘에 대한 우리의 영적 갈등에 대한 성경적 은유이다.
- 이 전투를 성공적으로 수행하기 위해서는 선교 사역은 하나님의 사탄의 한계에 대한 통제, 사탄의 공격 방법과 이 전투에 사용할 믿는 자의 자원들에 대한 폭넓은 지식을 가지고 전진해야 한다.

1) 사탄에 대한 하나님의 통제

- 우리가 맹렬한 영적 전투를 하고 있으며 강한 적을 마주하고 있을 지라도 우리는 사탄과 그의 마귀들이 피조물이기에 권능이 제한되어 있는 것을 절대 잊지 말아야 한다. 사탄은 하나님–신이 아니기에 전지하지 않고, 무소부재하지 않고, 전능하지 않다. 그리스도 안에서 우리는 그들을 두려워할 것이 아무것도 없다.
- 제한적이고 유한한 존재로 창조된 사탄은 그 자신이 하나님의 완전한 통제 하에 있다. 마르틴 루터는 사탄과 그의 마귀 세력이 하나님의 통제 하에 있다는 점을 강조하기 위하여 "사탄은 하나님의 사탄이다."라고 하였다.
- 성경은 우주가 대등한 권능을 가진 선한 세력과 악한 세력 사이의 투쟁의 장이라는 이원론적 세계관을 가르치지 않는다. 만물의 주가 되는 하나님은 성경의 하나님 한 분뿐이다.
- 사탄과 그의 마귀 세력은 하나님의 지배를 받을 뿐만 아니라 하나님은 마귀가 하는 일을 통해서 그의 뜻을 이루시기도 하신다(삿 9:23-24; 삼상 16:14; 삼하 24:1; 대상 21:1; 왕상 22:19-23).
- 사탄의 가장 악한 공격까지도 하나님의 주권적 통제와 우리 삶을 위하여 그분이 허용하는 뜻 안에 있다(욥 1:12, 2:6; 고후 12:7-10).

- Believers who are walking in obedience to God need not fear curses, objects or places dedicated to Satan, or people controlled by the demonic
- Stephen Lungu of African Enterprise reflects this confidence when he announces to those attending his evangelistic crusades, "You can practice your witchcraft on me but it won't work because I belong to Jesus—I cannot be harmed by curses when walking in obedience to God"

2) Satan's Weapons of Attack:
- Satan blinds the eyes of unbelievers (2 Cor 4:4) and snatches the Word away when it is planted in their hearts (Luke 8:12)
- He gains physical control and oppresses ("demonizes") people, bringing physical harm to those he thus afflicts (Luke 8:26-39; 9:37-43)
- He tempts (Acts 5:3; 1Cor 7:5; 1 Thess 3:5), accuses and slanders (Rev 12:10), discourages (1 Pet 5:6-8), and persecutes (Rev 2:10) believers
- God allowed Satan to disrupt Paul's missionary travel plans (1 Thess 2:18)
- At times God even allows Satan to attack believers physically (Job 1:6-7; 2 Cor 12:7); This of course does not mean all disease is caused by Satan, nor such disease is outside the permissive will of God; The scriptures give many reasons why God allows disease in the lives of believers
- Spiritual warfare is both personal and corporate; Satan attacks churches, mission agencies, and church-planting movements; He sows the seeds of doubt, mistrust, jealousy, anger, resentment,

- 하나님께 순종하며 걸어가는 신자들은 사탄의 저주나 사탄에게 바쳐진 물건이나 장소나 마귀의 세력에 의해 통제되는 사람들에 대하여 무서워할 필요가 없다.
- 아프리카 엔터프라이즈의 스데반 룽우가 그의 복음 집회에 참석하는 사람들에게 사탄에 관하여 "너는 나에게 마법을 걸 수는 있지만 나는 예수님께 속해 있기 때문에 그것은 나에게 아무런 효력이 없어! 하나님께 순종하며 걸어갈 때, 네 저주들이 나를 해칠 수 없어!"라고 선언한 것은 바로 이 확신을 잘 보여 주는 것이다.

2) 사탄의 공격 무기

- 사탄은 불신자들의 눈을 어둡게 하고(고후 4:4) 그들의 마음에 말씀이 심어질 때 그것을 낚아채 간다(눅 8:12).
- 그는 육체적 통제를 통하여 사람들을 악령으로 억압함으로써 이렇게 공격받은 사람들에게 육체적 해를 가져다 준다(눅 8:26-39, 9:37-43).
- 그는 믿는 자들을 유혹하며(행 5:3; 고전 7:5; 살전 3:5), 참소하고 비방하며(계 12:10), 낙심시키며(벧전 5:6-8), 박해한다(계 2:10).
- 하나님은 사탄이 바울의 선교 여행 계획을 막도록 허용하셨다 (살전 2:18).
- 하나님은 때로는 사탄이 신자들을 육체적으로 공격하는 것까지도 허락하신다(욥 1:6-7; 고후 12:7). 물론 이것은 모든 병이 사탄에 의해서 발생한다는 것을 의미하지 않고, 병이 하나님이 허용하는 뜻 밖에 있다는 것을 말하는 것도 아니다. 성경은 하나님께서 왜 신자들의 삶 가운데 병을 허락하는지에 대하여 많은 이유를 말한다.
- 영적 전투는 개인과 공동체 둘 다와 관련된다. 사탄은 교회, 선교

pride, and envy; He stimulates opposition from individuals, organizations, and governments

- Satan's attacks are intimately involved with our own sinful tendencies (the flesh) and our culture, making whole of our lives a spiritual warfare–touching every relationship, every social and cultural situation, and every private and public area of our lives

- The secularism of the modern worldview (modern rationalism; naturalism; secular humanism) tends to deaden even believers to his ongoing but unseen spiritual struggle, leading to "practical atheism" and a sense that all problems are psychological, social, physiological, or circumstantial; not spiritual

- Both modern "practical atheism" and pre-modern animism are wrong; Mission efforts must guard against a tendency to unconsciously depend on these

3) The Believers' Resources:

- We can use some of the blessings of the age to come in this age; The presence, power, and gifts of the Holy Spirit; the ability to break free from the bondage of sin; and authority over evil spirits

- While at times direct confrontation with demons may be appropriate, our primary focus should be on knowing and living out who we are in Christ yielding our entire lives to God; Our spiritual warfare is primarily "standing firm in Christ's mighty power" because He has defeated Satan in his sacrificial death on the cross and triumphal resurrection

기관과 교회 개척 운동을 공격한다. 그는 의심, 불신, 질시, 화, 분노, 교만과 질투의 씨앗을 심는다. 그는 개인, 조직과 정부로부터 반대를 부추긴다.

■ 사탄의 공격은 우리의 육체적 문화적 죄성과 밀접히 관련되어 있어서 우리 삶의 전체를 영적 전투의 영역으로 만든다. 모든 관계, 사회-문화 상황 및 우리 삶의 모든 사적 및 공적 영역을 공격한다.

■ 근대의 세속주의 세계관(근대 합리주의, 자연주의 및 세속 인본주의)은 신자들마저도 현재 진행중이지만 보이지 않는 영적 투쟁에 대해서 무디게 하여 "실용적 무신론주의"자로 만들며 모든 문제들은 심리적, 사회적, 육체적 혹은 상황적인 것이지 영적인 것이 아니라는 생각을 하게 만든다.

■ 근대 "실용적 무신론주의"와 전 근대 정령 신앙은 둘 다 잘못된 것이다. 선교 사역들은 무의식 중에 이 둘에 의존하려는 경향을 경계하여야 한다.

3) 영적 전투를 위한 신자들의 가용 자원

■ 우리는 미래 시대의 축복 중의 일부를 현시대에 사용할 수 있다. 즉, 성령의 임재와 권능과 은사들과 죄의 속박으로부터 풀려나는 능력 및 악령을 제압하는 권능이다.

■ 때로는 마귀와 직접 싸우는 것이 적절하지만 우리가 우선적으로 집중해야 하는 것은 그리스도 안에서 우리가 누구인지를 알고 우리의 삶 전체를 하나님께 바치는 삶을 살아 내는 것이다. 우리의 영적 싸움의 우선은 그리스도의 막강한 권능 안에서 든든히 서는 것이다. 왜냐하면 그리스도는 그의 십자가 상의 희생의 죽음과 승리의 부활을 통해서 사탄을 무찔렀기 때문이다.

- Repentance and confession of sin, practice of spiritual disciplines (Bible study, prayer, fasting, submission, loving one another, thankfulness, and devotion to purity and holy living) are foundational to spiritual victory; Living as transformed kingdom people in the power of the Holy Spirit is the basic resource to win the spiritual warfare with Satan

- The main point of the well-known passage in Eph 6:10-20 is that our battle is a spiritual battle that can be won only with the spiritual resources God gives to us in salvation (believers' armor)

- Prayer to God in humble dependence on His power and resources is another important resource available to us; Calling to His powerful name in prayers

The Holy Spirit and Mission

- Spiritual dynamics of mission is anchored on the role and work of the Holy Spirit: Spirit's role in Trinitarian grounding of mission; Missionary book of Acts is the testimony of the work of the Spirit; Mission could not even begin until disciples had been clothed with the power of the Holy Spirit (Acts 1:8)

- The following are key roles of Holy Spirit indispensable to missions

1) As the Spirit of truth (John 14:7, 15:26, 16:13) He reminds the apostles and missionaries of what Jesus has taught and directed them

2) Holy Spirit supernaturally convicts unbelievers and draws them to Christ; Jesus said Spirit would convict the world of "sin and

■ 영적 승리의 근본은 죄의 회개 및 고백과 영적 삶의 기강(성경 공부, 기도, 금식, 순종, 형제 사랑, 감사와 순수하고 거룩한 삶에 대한 헌신)을 실천하는 것이다. 변화받은 하늘 나라 사람으로서 성령의 권능 안에서 살아가는 것이 바로 사탄과의 영적 전투에서 승리하는 기본 자원이다.

■ 잘 알려진 엡 6:10-20 구절의 주요 메시지는 우리의 전쟁은 영적인 것이고 이는 우리의 구원 안에서 하나님께서 우리에게 주는 영적 자원(믿는 자의 전신 갑주)에 의해서만 이긴다는 것이다.

■ 우리에게 주어진 다른 또 하나의 중요한 자원은 그의 권능과 자원에 겸손하게 의지하는 가운데 하나님께 드리는 기도이다. 기도 중에 그의 권능의 이름을 부르는 것이다.

성령과 선교

■ 선교의 영적 동력은 삼위 하나님께 근거한 선교를 위한 성령의 역할과 사역에 고정하는 데 있다. 선교의 책인 사도행전은 성령의 사역에 대한 증거이다. 행 1:8에 의하면, 제자들이 성령의 권능의 옷을 입기 전에는 선교는 시작하는 것도 불가하였다.

■ 선교에 필수불가결한 성령의 주요 역할은 다음과 같다.

1) 진리의 영으로서 성령은 사도들과 선교사들에게 예수님이 가르치고 지시한 것들을 기억나게 해 준다(요 14:7, 15:26, 16:13).

2) 성령은 불신자들을 초자연적으로 책망하고 그리스도께로 오게 한다. 예수님은 성령이 세상을 죄와 의와 심판에 대하여 책망할 것이

righteousness and judgment" (John 16:7-11);

- He convicts people of the sin of their failure: to believe in Christ, to believe that Jesus is the only way that they can be righteous before God, and to believe that the cross defeated Satan and pronounced ultimate judgment on him
- Without this convicting work of Holy Spirit, individuals will not respond to the missionary's preaching of the gospel

3) Holy Spirit regenerates hearts of unbelievers and bring them to faith in Christ (John 3:5-8); Bringing spiritually dead human beings to new life in Christ is the work of the Spirit

- Regeneration of individuals is the prerequisite for planting and discipling churches to maturity and bringing societal transformation

4) Holy Spirit establishes and strengthens the church (1 Cor 12:13) which is both the root and the fruit of mission; He produces spiritual gifts in believers' lives (1 Cor 12; Eph 4:7-16)

- Maturing churches become a launching pad for planting new churches (Acts 13:1-3, 19:10)

5) Holy Spirit empowers and emboldens the church for ministry, especially in the face of persecution (Acts 4:8, 31, 7:55), and gives joy to the persecuted

6) Holy Spirit calls believers into specific missionary service and guides those he has called (Acts 13:3-4, 16:6-10, 26:16-18); All believers are called to engage in the Great Commission (Mat 28:18-20), but God specifically calls some to give a significant portion of their lives working cross-culturally

7) as the gospel spreads into pioneer areas around the world,

라고 말씀하셨다(요 16:7-11). 그가 세상의 죄를 책망하는데 그것은 그리스도를 믿지 않는 죄, 하나님 앞에서 그들이 의롭게 되는 유일한 길이 예수님이라는 것을 믿지 않는 죄, 십자가의 주님이 사탄을 패배시켰고 그의 궁극적 심판을 선포하였음을 믿지 않는 죄이다. 성령의 이 책망의 사역이 없이는 불신자들은 선교사의 복음 전도에 반응하지 않을 것이다.

3) 성령은 불신자들의 마음을 거듭나게 하여 그리스도를 믿게 인도한다(요 3:5-8). 영적으로 죽은 인간들을 그리스도 안의 새 생명으로 데려오는 것이 성령의 일이다. 개인의 심령 재생은 교회 개척과 교회의 성숙과 사회적 변화를 유발하는 제자 운동의 선결 요건이다.

4) 성령은 선교의 뿌리이자 열매인 교회를 세우고 강화한다(고전 12:13). 그는 신자의 삶에 필요한 영적 은사를 준다(고전 12; 엡 4:7-16). 성숙해지는 교회는 새 교회 개척을 위한 발사대가 된다(행 13:1-3, 19:10).

5) 성령은 교회가 선교를 위하여 힘있고 용감하게 한다. 특히 박해 앞에서 그렇게 하며(행 4:8, 31, 7:55) 피 박해자에게 기쁨을 준다.

6) 성령은 신자들을 특정의 선교 사역으로 부르며 그들을 인도한다(행 13:3-4, 16:6-10, 26:16-18). 모든 신자를 대 위임의 사역으로 부르지만(마 28:18-20), 하나님은 특별히 일부 사람들을 불러서 그들의 삶의 상당 기간을 타문화권 전도를 위하여 살게 하신다.

7) 복음이 세계의 미전도 지역으로 처음으로 전파되면서 성령은 때로는 전도의 메시지를 기적들을 통하여 확인하여 준다.

the Holy Spirit sometimes confirms the message through miraculous signs

- Mark's account of the Great Commission (Mark 16:15-18) emphasizes the confirmation of the gospel message with signs.

- The presence of miraculous signs is not a test for presence of the Holy Spirit, nor is this passage a promise that all believers would manifest these signs; Rather it records Jesus's promise that as the gospel breaks into new areas around the world, God would at times use the miraculous to demonstrate his power and protect his messengers

- In summary, apart from the work of the Spirit, advancing the gospel against Satan's kingdom in the new age, i.e. our age would be impossible (Luke 24:46-49)

- Dependence on the Holy Spirit for every aspect of ministry is foundational to the work of mission

Prayer and Mission

- If the cornerstone of mission is the power of Holy Spirit, and spiritual warfare is the context of our mission, then prayer is the way we express our dependence on the Spirit for his enablement in the middle of this vicious struggle

- Prayer is the human conduit of divine power

- Hence, our prayers counter and defeat the forces of darkness

- Failure to pray (for people to come to faith in Christ, for gospel to advance, and for God's will to be done on earth) is acceptance of

- 마가가 기록한 대 위임 말씀은 복음 메시지의 확증으로 기적을 강조한다(막 16:15-18).
- 이러한 기적과 이적의 존재가 성령의 임재 여부를 결정하는 것은 아니며, 이 말씀은 모든 신자가 이러한 기적을 시현할 것이라는 약속도 아니다 이는 복음이 세계의 새로운 지역으로 영역을 넓혀 나갈 때 하나님은 때로는 기적을 통하여 그의 권능을 보여 주시며 전도자-선교사를 보호하기 위하여 사용하신다는 것이다.
- 즉, 성령의 사역에서 분리되어서는 우리의 시대인 새 시대에 사탄의 왕국에 대하여 복음을 침투시키는 것은 불가능하다(눅 24:46-49).
- 사역의 모든 부문에서 성령에게 의존하는 것은 선교 사역의 바탕이 된다.

기도와 선교

- 선교의 모퉁잇돌이 성령의 능력이고 영적 전투가 선교의 상황이라면, 기도는 악한 싸움 가운데 능력을 받기 위하여 성령에게 의존함을 보여 주는 우리의 통로가 된다.
- 기도는 하나님의 능력이 인간에게 임하는 통로가 된다.
- 이리하여, 우리의 기도는 어둠의 세력을 대적하고 패배시킨다.
- 사람들이 그리스도 안의 믿음으로 나오고 복음이 전진하며 하나님의 뜻이 이루어지기를 기도하는 일을 하지 않는 것은 현시대에서 사탄의 부분적 통치를 수용하는 것이다.
- 신약성경에는 선교를 위하여 기도하라는 명령과 기도의 실례들이

Satan's partial rule in this present age

- The New Testament is full of commands and examples of prayer for missions
- Lord Jesus commanded his disciples to pray that God would send workers to the harvest field (Mat 9:38)
- Great missionary apostle Paul frequently stressed importance of prayer for the success of his ministry of outreach (Col 4:12; Rom 15:31-32; 2 Thess 3:1-2; Eph 6:18-20)
- John Piper says "Prayer is primarily a wartime walkie-talkie for the mission of the church as it advances against the powers of darkness and unbelief"
- "Warfare prayer" is necessary, but it should not give us wrong impression that it is limited to praying to cast out or bind demons who have control over someone or places
- It should include all prayers for the destruction of Satan's kingdom and the advance of Christ's rule through the gospel
- We must be aware of Satan's devices (2 Cor 2:11) and of the existence of the power of Satan and dark forces, but we should not give priority to knowing these before we dare bind them and spoil their goods (Mat 12:29) through prayers
- We do not need to know everything about demonism, the occult, the hierarchies of the spirit world
- While prayer is our primary weapon in spiritual warfare, we must make certain it does not degenerate into a "power tool" which is to manipulate God to use his power on our behalf, like what shamans do
- Primary purpose of prayer is to build a relationship with God,

많이 있다.

- 주님 예수님은 제자들에게 하나님께서 일꾼들을 추수터에 보내 달라는 기도를 하라고 명령하셨다(마 9:38).
- 위대한 선교사 사도 바울은 그의 전도 사역의 성공을 위한 기도의 중요성을 자주 강조하였다(골 4:12; 롬 15:31-32; 살후 3:1-2;엡 6:18-20).
- 존 파이퍼 목사는 말한다. "기도는 우선적으로 교회의 선교가 어둠과 불신의 세력에 대하여 진군할 때에 사용되는 전장의 워키토키이다".
- "영적 전쟁 기도"는 필요하지만 이것이 기도는 사람이나 장소를 지배하고 있는 마귀를 쫓거나 결박하는 것에 한정된다는 잘못된 인상을 주어서는 안 된다.
- 그 기도는 사탄의 왕국을 파괴하고 복음을 통한 그리스도의 통치를 전진시키기 위한 모든 기도를 포함해야 한다.
- 우리는 사탄의 계책(고후 2:11)과 사탄과 어둠의 세력의 존재와 능력을 알아야 하지만, 기도를 통하여 이들을 과감하게 묶고 그들의 수확을 망쳐 버리는 일을 하기(마 12:29) 전에 그들을 아는 것을 우선적으로 하지 않아야 한다.
- 우리는 마귀에 관한 이론, 비밀스런 마귀 섬김과 영의 세계의 세력 체계에 대하여 모든 것을 알아야 할 필요는 없다.
- 영적 전쟁에서 기도는 우리의 주무기이지만, 우리는 기도가 무당/샤만이 하는 것처럼 하나님을 조종하여 그의 권능이 우리의 목적을 위하여 사용하는 "힘의 도구"로 전락하지 않도록 확실하게 해야 한다.
- 기도의 주목적은 하나님과 관계를 맺고, 그와 소통하고, 그의 뜻에

to communicate with Him, and come into conformity with His will, not to manipulate Him

- Prayer should follow the New Testament pattern focusing on coming to know God and calling on him to use his power to extend the gospel and glorify himself
- Praying with those with whom the gospel is shared is as important as praying for them; Prayer with others is an important tool in demonstrating faith in God and assuring them of Christ's love and care
- Prayer walk has become a popular tool in contemporary missions, but it has both the positive and the negative
- Positive includes gaining special insight into needs of a specific field, commitment and focus on the part of those praying, and stimulating prayers at the sight
- However, it counters the biblical truth of the efficacy of prayer transcending limitations of place and time (e.g. Jesus' healing of the centurion's servant in Luke 7:1-10);
- Prayer walking also demands valuable resources of the church at the expense of supports to workers on the front line
- It can also endanger ministries in sensitive areas as a result of cultural insensitivity and triumphalism shown by some Western and modern Christians joining prayer walks
- In view of these, prayer walk calls for a careful examination; Extra care and prudence is necessary before any decision to mount a prayer walk is made
- Believers from the West have much to learn about prayer from their brothers and sisters in Africa, Asia, and South America

맞추기 위하는 것이지 그를 조종하기 위한 것은 아니다.

- 기도는 신약성경에서 보여 주는 형태를 따라서 하나님을 아는 것과 그의 권능을 사용하여 복음을 확장하고 그에게 영광을 돌리는 데 집중해야 한다.

- 복음을 나누는 대상의 사람들과 함께 기도하는 것은 그들을 위해 기도하는 것만큼이나 중요하다. 다른 사람들과 함께 기도하는 것은 그들에게 하나님에 대한 믿음을 보여 주고 그리스도의 사랑과 보살펴 주심을 확신시켜 주는 중요한 도구가 된다.

- 기도 걷기(땅 밟기 기도)는 현시대 선교의 인기 있는 도구가 되었지만, 그것은 긍정적인 면과 부정적인 면을 가지고 있다.

- 긍정적인 것은 특정 선교 지역의 필요에 대하여 특별한 통찰을 얻고 기도하는 사람들로 하여금 전념하고 집중하게 하며 현장에서 기도하는 것을 고무하게 하는 것을 포함한다.

- 그러나 그것은 장소와 시간의 한계를 초월하는 기도의 효능에 대한 성경의 진리에 어긋난다. (눅 7:1-10에서 예수님이 백부장의 종을 고치신 것이 이 진리의 예가 된다.)

- 땅 밟기 기도는 교회의 귀한 자원에 대한 수요가 되어서 선교 전선의 일꾼들을 위하여 사용할 자원을 줄이게 된다.

- 그것은 또한 그런 기도에 참여하는 근대 서구의 일부 그리스도인들의 문화적 무감각과 승리주의 자세로 인하여 문화적으로 예민한 지역의 선교 사역을 위험하게 할 수 있다.

- 이상을 볼 때, 땅 밟기 기도는 신중한 검토를 필요로 한다. 어떤 땅 밟기 기도를 시행하는 결정을 하기 전에 특별한 주의와 신중함이 필요하다.

- 서구의 신자들은 기도에 대하여 아프리카, 아시아 및 남아메리카

- A real story of the power of prayer happened in Addis Ababa, Ethiopia in 1978: against a real threat of confiscation of church building of an evangelical church by the communist government, the church leaders and believers prayed to God the whole night seeking for protection and (next morning officials came but a fight erupted among themselves and they went back forgetting why they came)

Conclusion on Spiritual Warfare

- As Great Commission followers of Christ, we must embark on our mission only in full dependence on the power of the Holy Spirit
- While we are engaged in brutal spiritual war and this will continue until Christ's return, ultimate victory has already been secured by our Lord at the cross and in the resurrection
- As we carry the gospel to the nations, we dare not ignore the unseen powers that seek to deceive and destroy, but we need not fear them
- Jesus has promised to build his church in the face of this satanic opposition (Matt 16:18) and has given us all the resources we need to wage this war
- Our responsibility is to use those resources through prayer and dependence on the Holy Spirit
- Missionaries and those to whom they minister must learn the disciplines of repentance, obedience, resisting the devil (1 Pet 5:9), trusting the sovereignty of God, and living in the truth of who

의 형제자매들로부터 배울 것이 많다.

■ 기도의 능력이 나타난 한 예가 1978년 에티오피아 아디스 아바바의 한 교회에서 일어난 일이다. 공산당 정부에 의한 한 복음주의 교회 빌딩 몰수 협박에 대하여 교회의 지도자들과 전 성도들이 하나님의 보호를 위하여 밤새도록 기도하였을 때, 다음날 아침에 온 정부 관리들이 갑자기 두 편으로 나뉘어져 말 싸움을 한 후 그냥 돌아간 기적이 일어났다.

영적 전투 부문 결론

■ 그리스도의 대 위임을 따르는 자들인 우리는 우리의 선교를 성령의 능력에 전적으로 의지함으로써만 수행해야 한다.

■ 그리스도의 재림까지 우리는 치열한 영적 전투를 계속해야 하지만 우리의 궁극적 승리는 주님의 십자가 상에서 그리고 부활 가운데 이미 확보되었다.

■ 우리가 복음을 모든 나라에 들고 갈 때에 속이고 파괴하기를 원하는 보이지 않는 영적 세력을 함부로 무시하지 않아야 하지만 그렇다고 그들을 두려워할 필요는 없다.

■ 예수님은 사탄의 공격에 대응하는 가운데 그의 교회를 세우겠다고 약속하였으며(마 16:18) 이 전쟁을 수행하는 데 필요한 모든 자원을 우리에게 주셨다.

■ 우리의 의무는 이 자원들을 기도하며 성령에 의존하며 사용하는 것이다.

■ 선교사들과 그들의 사역 대상자들은 회개와 순종과 사탄에 대한 저항을 강단 있게 하여야 하며(벧전 5:9) 하나님의 주권을 믿고 그리스도 안에서 우리가 누구인지에 관한 진리 가운데 살아나가야

we are in Christ

- Above all, we must engage in bold, intense, dependent intercession as the chief spiritual activity of mission.
- Such prayer demonstrates our utter reliance on the supernatural power of God, the indispensable fuel for biblical mission

한다.

- 무엇보다도 우리들은 담대하고 맹렬하고 순종하는 중보 기도를 선교의 가장 중요한 영적 사역으로 실천해야 한다.
- 이러한 기도는 우리가 성경적 선교를 위하여 필수불가결한 능력의 원천인 하나님의 초자연적 권능에 대하여 완전히 의존하고 있음을 보여 준다.

참고 자료

———

References

참고 자료 References ────

(1) Paul Hiebert, 2008, *Transforming Worldviews: An Anthropological Understanding of How People Change*, Grand Rapids, Michigan: Baker Academic

(2) Craig Ott and Harold Netland, Eds, 2006, *Globalizing Theology: Belief and Practice in an Era of World Christianity*, Grand Rapids, Michigan: Baker Academic

(3) James Plueddemann, 2009, *Leading Across Culture: Effective Ministry and Mission in the Global Church*, Downers Grove, Illinois: IVP Academic

(4) Edward Hall, 1976, *Beyond Culture, Garden City*, New York: Andrew Press

(5) James W. Sire, 2009, *The Universe Next Door*, 5th Ed., Downers Grove, Illinois: IVP Academic

(6) Inglehart and Baker, "Modernization, Cultural Change and the Persistence of Traditional Values" in *American Sociological Review*, Feb 2000, 65, 1

(7) Mircea Eliade, 1952, *Images and Symbols: Studies is Religious Symbolism*, tr. Philip Mairet, Princeton, NJ: Princeton University Press

(8) Harold Netland, 1991, *Dissonant Voices: Religious Pluralism and the Question of Truth*, Vancouver, British Columbia: Regent College Publishing

(9) Harold Netland, 2001, *Encountering Religious Pluralism: The Challenge to Christian Faith and Mission*, Downers Grove, Illinois: InterVarsity Press

(10) Harold Netland, 2015, *Christianity & Religious Diversity: Clarifying Christian Commitments in a Globalizing Age*, Grand Rapids, Michigan: Baker Academic

(11) Ronald M. Green, 1987, "Morality and Religion", in the *Encyclopedia of Religion*, ed. Mircea Eliade, New York: Macmillan

(12) Michael Goheen & Craig Bartholomew, 2008, *Living at the Crossroads: An Introduction to Christian Worldview*, Grand Rapids, Michigan: Baker Academic

(13) Larry Hurtado, 2016, *Destroyer of the gods: Early Christian Distinctiveness in the Roman World*, Waco, Texas: Baylor University Press

(14) Craig Ott & Stephen Strauss, 2010, *Encountering Theology of Mission: Biblical Foundations, Historical Developments, and Contemporary Issues*, Grand Rapids, Michigan: Baker Academic

(15) Timothy Tennent, 2010, *Invitation to World Missions: A Trinitarian Missiology for the Twenty-first Century*, Grand Rapids, Michigan: Kregel Publications

(16) Craig Ott, 2014, "Globalization and Contextualization: Reframing the Task of Contextualization in the Twenty-first Century", *Missiology*, published online 24 September 2014

(17) Norman Anderson, ed., 1975, *The World's Religions*, 4th ed. Grand Rapids, Michigan: William Eerdmans Publishing Co.

(18) Ralph Winter and Steven Hawthorne, eds. 1999, *Perspectives on the World Christian Movement*, 3rd ed., Pasadena, California, William Carey Library

(19) Worldview Articles of http://summit.org/resources/ (worldview chart; worldview dictionary)

(20) Worldview Articles of http://allaboutworldview.org (Christian worldview; secular worldview video; Marxist worldview video)

(21) *ESV Study Bible*, Wheaton, Illinois: Crossway, 2008

(22) 문상철, 기독교 선교를 위한 글로벌 문화 해석, 서울: 한국해외선교회 출판부, 2009 (Steve SC Moon, 2009, *Global Cultural Exegesis for Christian Mission*, Seoul, Korea: GMF Press (in Korean))

(23) 송병현, 엑스포지멘터리, 서울: 도서출판 국제제자훈련원, 2010 (Thomas B. Song, 2010, *An Exposimentary of Genesis*, Seoul, Korea: International Discipleship Training Institute (in Korean))

(24) 계환 외 7인, 불교의 이해와 신행, 서울: 조계종 출판사, 2007 (Gye Hwan, Do Bup, et al., 2007, *Understanding and Practice of Buddhism*, Seoul, Korea: Buddhist Jogye Order Press (in Korean))

(25) 김성기, 최영진 외 10인, 지금, 여기의 유학, 서울: 성균관대학교 출판부, 2006 (Sung Ki Kim, Young Jin Choi, et al., 2006, *Confucianism:*

Here and Now, Revised Ed., Seoul, Korea : Sungkyunkwan University Press (in Korean))

(26) 정우철, 글로컬 시대의 문화와 국제경영 : 인문사회학적 이해와 적용, 서울: 박영사, 2013 (Woo Chull Chung, 2013, *Culture and International Business in a Glocal Age : A Humanistic-Social Understanding and Application*, Seoul, Korea : Bakyoungsa Publishing Co. (in Korean))